AZTEKEN - MAYA - INKAS
Kunst und Kultur in Mittel- und Südamerika

AZTEKEN - MAYA - INKAS

Kunst und Kultur in Mittel- und Südamerika

TEXT VON SAMUEL K. LOTHROP

SKIRA
Klett-Cotta

Aus dem Englischen von Charles Hofer

*

Verlagsgemeinschaft Ernst Klett
J.-G. Cotta'sche Buchhandlung Nachfolger GmbH. Stuttgart.

ISBN: 3-88447-065-5

IN DER SCHWEIZ GEDRUCKT

Unser besonderer Dank gebührt den privaten Sammlern und den Museumskuratoren, die uns freundlicherweise erlaubten, die in ihrer Obhut befindlichen Kunstwerke abzubilden; Eigentumsrecht und gegenwärtiger Aufbewahrungsort eines jeden Kunstwerkes sind in den Unterschriften angeführt, die die Illustrationen begleiten.

Wir möchten auch nicht verfehlen, folgenden Personen zu danken, deren Mitwirkung und Rat die Zusammenstellung dieses Buches erleichterten: Herrn Dr. Eduardo Arias Robredo, Herrn Dr. Luis Aveleyra Arroyo de Anda, Herrn Charles Balser, Herrn Barbachano Ponce, Herrn Dr. Luis Barriga, Frau Dr. Etta Becker-Donner, Herrn Dr. Ignacio Bernal, Herrn Dr. Junius Bird, Herrn Dr. Geoffrey Bushnell, Herrn Dorton Manuel Cassas Mannique, Herrn Adrian Digby, Frau Louisa Dresser, Herrn Dudley T. Easby, Herrn Dr. Gordon Ekholm, Herrn Julio Espejo Núñez, Herrn Dr. Franz Feuchtwanger, Herrn Fernando Gamboa, Herrn Dr. René d'Harnoncourt, Herrn Cirilio Huapaya, Herrn Dr. Alfred Kidder, Herrn Rafael Larco Hoyle, Herrn Dr. Milton Arno Leof, Herrn Toribio Mejía Xesspe, Herrn Dr. Alejandro Méndez, Herrn Santiago Morera, Herrn Dr. Jorge Muelle, Herrn Miguel Mujica Gallo, Frau Lola Olmeda de Olvera, Frau Jane Rosenthal, Herrn Guillermo Salazar, Herrn Dr. Carlos Samayoa, Frau Dr. Doris Stone, Herrn Antonio Tejeda, Herrn Alvaro Vargas und Herrn Dr. Henry Wassén.

Desgleichen danken wir der Alfred A. Knopf, Inc., New York für die Illustrationen auf den Seiten 70, 74 und 135; dem Instituto Nacional de Antropología e Historia de México für die Illustrationen auf den Seiten 48 und 134; dem Fondo de Cultura Económica, Mexiko für die Illustration auf Seite 103 und der Zeitschrift „Chaski", Organo de la Asociación Peruana de Arqueología für die Illustration auf Seite 202.

A. S.

Tzinzuntzan
Tula
Tajin
Teotihuacan
Mexiko
Cholula
Xochicalco
MEXIKO
Tres Zapotes
Uxmal
Mayapan
Jaina-Insel
Chichen Itza
Monte Alban
Mitla
La Venta
Palenque
Bonampak
Tikal
BRITISCH-HONDURAS
GUATEMALA
Quirigua
Copan
Kaminaljuyú
HONDURAS
SALVADOR
KARIBISCHES MEER
NICARAGUA
Nicoya-Halbinsel
COSTA RICA
PANAMA
Coclé
STILLER OZEAN
Bogotá
KOLUMBIEN
Quito
ECUADOR
Túmbez
Piura
Lambayeque
Cupisnique
Trujillo
Chanchan
Moche
Chavin
Casma
Recuay
Amazonas
BRASILIEN
PERU
Lima
Pachacamac
Paracas-Halbinsel
Pisco
Ica
Huari
Machu Picchu
Cuzco
Nazca
Titicacasee
BOLIVIEN
La Paz
Tiahuanaco
Arica
CHILE

1
MEXIKO

DIE VORKLASSISCHE PERIODE

OSTMEXIKO

DER OLMEKEN-STIL - REMOJADAS - DIE KLASSISCHE VERA CRUZ-SKULPTUR - TAJIN
DAS GEBIET DER HUASTEKEN - CERRO MONTOSO

MITTELMEXIKO

TEOTIHUACAN - DIE TOLTEKEN VON TULA - DIE CHICHIMEKEN-PERIODE - DIE AZTEKEN

WESTMEXIKO

GUERRERO - MICHOACAN - COLIMA - NAYARIT

SÜDMEXIKO

DIE ZAPOTEKEN UND MONTE ALBAN - DIE MIXTEKEN

2
DIE MAYA

DIE TOLTEKEN VON YUCATAN

3
MITTELAMERIKA

EL SALVADOR UND HONDURAS

NICARAGUA UND COSTA RICA

PANAMA

KOLUMBIEN

4
PERU

NORDPERU

CHAVIN-STILE - MOCHICA - RECUAY - CHIMU

SÜDPERU

PARACAS - NAZCA - TIAHUANACO - DIE INKAS

DIE KUNST DER VORKOLUMBIANISCHEN ZIVILISATIONEN VON MEXIKO BIS PERU

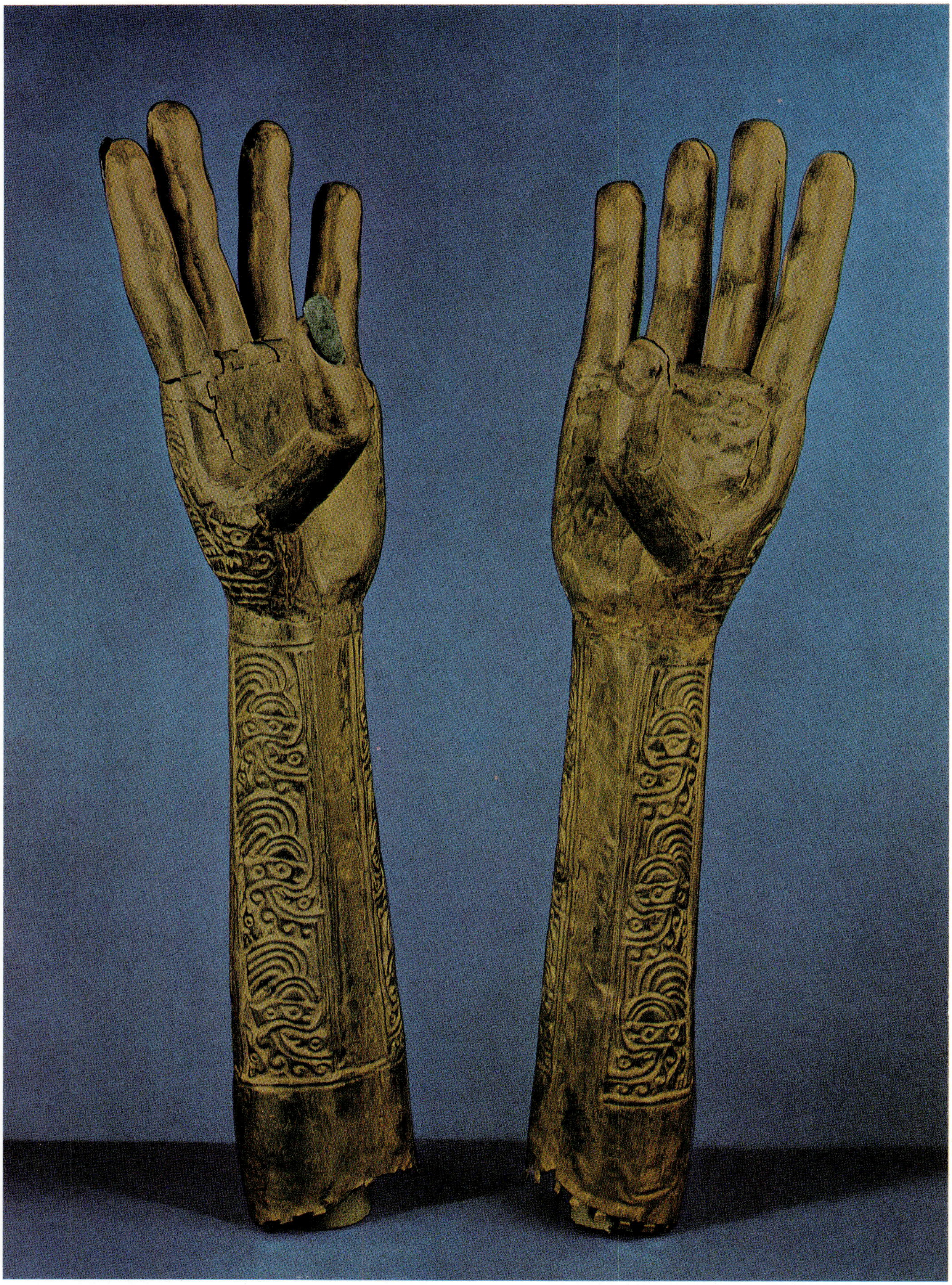

HÄNDE UND VORDERARME AUS GESCHMIEDETEM GOLD MIT SILBERBEDECKTEN NÄGELN - HERKUNFT UNBEKANNT - CHIMU-STIL - (32,4×12,8).
LIMA (PERU), SAMMLUNG MIGUEL MUJICA GALLO.

EINLEITUNG

Dieser Band will die hervorragenden Kunstwerke und kunsthandwerklichen Arbeiten des ursprünglichen Amerika zwischen Mittelmexiko und dem südlichen Peru und Bolivien, also des Gebietes höchster kultureller Entwicklung, wiedergeben. Dieses an sich tropische Gebiet weist dennoch fast jegliche Art der Geländebeschaffenheit von Ödland und regenreichen Waldgebieten im Tiefland bis zu den mit Gletschern und ewigem Schnee bedeckten Bergen auf. In früheren Zeiten waren die Bewohner in Gestalt, Sprache und sozialer Entwicklung fast genauso verschiedenartig wie die Landschaft. Niemals war das Gebiet politisch geeint, nicht einmal nach der Eroberung durch die Spanier und den darauffolgenden Jahrhunderten kolonialer Herrschaft. Die Zeitspanne erstreckt sich über 2500 Jahre von etwa 1000 v.Chr. bis 1500 n.Chr.
Die zu besprechenden Kulturschöpfungen sind uns heute durch europäische historische Quellen und archäologische Forschungen bekannt. Es liegen kaum Augenzeugenberichte der Eroberer vor und nur einer eines königlich-spanischen Geschichtsschreibers, der einst die Neue Welt besuchte. Zeitgenössische Beschreibungen der Hauptstadt der Azteken sind erhalten geblieben, aber kein Spanier, der die Hauptstadt der Inkas vor ihrer Zerstörung betrat, hinterließ eine Niederschrift.
Die frühen Entdeckungsreisen waren nicht sehr einträglich. Freilich wurden Gold und Perlen in Sicherheit gebracht, aber der Hauptgewinn wurde mit den Indianersklaven erzielt. Kolumbus verkaufte 509 in Sevilla im Jahre 1495; sein Bruder brachte weitere 300 im Jahre 1496 in Cadiz an Land. Zweifelsohne brachten Einzelne Andenken und Seltsamkeiten mit zurück, dennoch sind, abgesehen von Beutestücken aus Mexiko, wenig einheimische amerikanische Artefakten aus dem 16. Jahrhundert vorhanden. Einige der noch erhalten gebliebenen mexikanischen Artefakten geben wir im Bild wieder (S. 73, 75); alle andern Abbildungen sind archäologischen Ursprungs.
Neben Gold und Silber, die zu Barren eingeschmolzen werden konnten, fanden die Europäer kaum Verwendung für amerikanische Erzeugnisse, denn nur wenige hielten sie für Kunstgegenstände. Von den Zehntausenden zerstörter, aus Stein gebauter, befestigter Orte und Städte in Mexiko und Peru sind mit Ausnahme der Mitla-

„Paläste" in Mexiko keine großen Gebäude erhalten geblieben, die nach letzten Berichten teilweise als Kirche, teilweise als Stall benutzt werden. Das große Inka-Straßennetz ließ man zerfallen. An geringfügigen Überresten bis zum 18. Jahrhundert sind die Wandteppiche aus peruanischen Lamawolldecken mit eingewebten europäischen Mustern zu nennen. Philipp II. soll sie auf seinem Bett im Escorial benutzt haben. Amerikanische Gegenstände aus Jade wurden nicht wegen ihres künstlerischen Wertes, sondern einzig und allein wegen ihrer angeblichen medizinischen Wirksamkeit nach Europa gebracht.

Die Beutestücke aus Mexiko, deren genau beschriebener Bestand heute noch vorliegt, fanden in Spanien wenig Anklang und wurden als Seltsamkeiten hauptsächlich an Freunde Karls V. und Cortez' in Spanien, Italien und Österreich verteilt. Einige europäische Künstler, unter ihnen Albrecht Dürer und Benvenuto Cellini, waren hingegen von ihrer Schönheit sofort beeindruckt. Gutes kunsthandwerkliches Geschick verdient Anerkennung. So schrieb der erste königliche Geschichtsschreiber Peter Martyr d'Anghiera: „Ich wundere mich nicht über Gold und Edelsteine, aber mit Erstaunen sehe ich, wie die Geschicklichkeit das Material übertrifft." Ästhetik und Schönheit unterliegen in ihrer Wertschätzung Schwankungen. Die Lieblingsfarbe der Azteken und anderer Mexikaner war grün. Der Kaiser Montezuma erzählte beispielsweise einem ungläubigen Cortez, daß ihm die Federn des Quetzal-Vogels oder ein schöner Brustschmuck aus Jade kostbarer wären als zwei Ladungen Gold.

Unsere Wertschätzung der Kunst der Neuen Welt ist begrenzt, da wir nicht einen einzigen Namen eines Künstlers kennen. Die in der Alten Welt entwickelten Methoden, anonyme Werke Schulen oder sogar einzelnen Künstlern zuschreiben zu können, müssen erst noch in umfassendem Maße in der Neuen Welt erprobt werden. Gewiß liegen kritische Besprechungen vor, aber selbst in den Gebieten, in denen mehr oder minder ursprüngliche Niederschriften einmal bestanden, besitzen wir nicht eine Spur zeitgenössischer Würdigung.

Weiterhin wird unser Verständnis dadurch behindert, daß ein großer Teil der aus den Jahrhunderten vor der Eroberung erhalten gebliebenen Kunstgegenstände den Stempel verwickelter religiöser Anschauungen trägt und unbekannte Schönheitsgesetze und Sinnbilder längst vergessener Gottheiten widerspiegelt. Geschickte Deutungen der Quellen des 16. Jahrhunderts ermöglichen es jedoch, die Darstellung einzelner Gottheiten durch die Jahrhunderte hindurch an stilistischen Änderungen aufzuspüren. Die gewaltigen Skulpturen der früheren Götter sind durch ihre Größe und Darstellung ein Beweis der Wertschätzung, die sie einstmals erfuhren. Viele von ihnen können wir heute nur als Ungeheuer bezeichnen. Ich persönlich glaube nicht, daß der Lanzon von Chavin oder die blutdürstigen aztekischen Gottheiten für irgendeinen Eingeborenen eine Augenweide waren, aber dennoch strahlen sie eine bestimmte Erhabenheit aus und wirken sogar auf einen Nichteingeweihten ehrfurchteinflößend, der weder ihre Bedeutung noch ihren Namen kennt. Sie gehören entschieden zusammen mit andern Artefakten, die sowohl für den ursprünglichen amerikanischen als auch für den europäischen Geschmack annehmbar sind, in einen Band der „Schätze".

STEINZEIT-INDIANER

Heute sind Alaska und Sibirien durch die einige 90 km breite Behringstraße getrennt, deren längste Rinne offenen Wassers wegen mehrerer Inseln nur ungefähr 40 km breit ist. Im Winter kann man hinübergehen. Im Sommer kann man ohne irgendwelche Schiffahrtskenntnisse in kleinen Booten hinüberfahren. Vor 50 000 bis 35 000 Jahren waren das Nördliche Eismeer und der Stille Ozean durch eine 1600 km breite Ebene getrennt und ein eisfreier Zugang zog sich durch Alaska. Wahrscheinlich drangen zu dieser Zeit Menschen in die Neue Welt ein und ernährten sich teils von den weidenden Riesentieren des Pleistozän, dem Mammut und dem Elefanten, teils von dem amerikanischen Bison, Pferd und Kamel. Aus Bestimmungen des radioaktiven Kohlenstoffs leitet man ab, daß der Mensch die Magellanstraße vor mehr als 10 000 Jahren erreichte.

Die Werkzeugausrüstung der ersten Wanderer bestand scheinbar aus rohen, durch Stoß bearbeiteten Geräten. Danach wurde eine Bearbeitung durch Druck entwickelt. Diese sowohl Handwerk als auch Kunst genannte Technik wurde noch auf einer höheren Entwicklungsstufe in Mittelmexiko, Yucatan und anderswo bis zur Eroberung gehandhabt. Sowohl in den Maya-Niederungen als auch in Teotihuacan wurden während der klassischen Periode nicht nur Messer zum Gebrauch, sondern auch verwickelte Reliefdarstellungen mittels Druckbearbeitung geschnitten.

Aus der europäischen Steinzeit sind uns bestimmte Versuche bekannt, Menschen und Tiere darzustellen. Wenn auch die Steinschnitte roh sind, werden die Malereien auf den Wänden der Höhlen hingegen hoch eingeschätzt. In der Neuen Welt ist aus demselben Zeitabschnitt bisher sehr wenig damit Vergleichbares gefunden worden. In Mexiko fand man einen kleinen Mammutknochen mit eingeritzten Umrissen eines Bisons, Tapirs und Mammuts. Ein überraschender Fund vor etwa einem Jahrhundert war das geschnitzte Kreuzbein eines ausgestorbenen Lamas (Kamels), das ein Tier darstellen soll, vielleicht einen Präriewolf oder einen Hund. Es stammt aus der Nähe von Tequixquiac nördlich der Stadt Mexiko. Vermutlich wurde es in einer Tiefe von 12 m in einer geologischen Formation der letzten Eiszeit gefunden. Es dürfte der älteste Versuch einer bildnerischen Bearbeitung sein, die bisher in der Neuen Welt aufgefunden wurde.

DIE ERSTEN BAUERN

Während Tausenden von Jahren lebten die Steinzeitindianer von den großen Fleischstücken der Riesentiere, die sie jagten. Aber sie müssen auch andere Nahrungsquellen gehabt haben wie kleinere Tiere, wilde Früchte, Nüsse und Samenkörner. Als die Tierwelt des Pleistozän ausstarb, mußte sich der Mensch anderweitig Nahrungsmittel beschaffen. Das führte zur Entwicklung des Bodenanbaus. Die Notwendigkeit zu pflanzen und den Boden zu kultivieren zwang zur Siedlungsgemeinschaft.

Die Pflanzenaufzucht ist ein langwieriger Vorgang, der sicherlich Tausende von Jahren in Anspruch nahm. Nachweisbar begann die Bodenbearbeitung in Nordostmexiko um ungefähr 6000 v.Chr.; die älteste bekannt gewordene Landbestellung in Peru ist etwa 2000 Jahre später. Die ersten Siedlungen waren weitgehend von tierischen Nahrungsmitteln und wilden Pflanzen abhängig. Mit der Zucht von Mais als einer hauptsächlichen Nutzpflanze wurde die Landbestellung zunehmend wichtig. In Mexiko wurde der Mais um 3500 v.Chr. bekannt; in Peru findet man Mais zum ersten Mal um 1500 v.Chr. Der Anbau von Saatpflanzen hat nach der gegenwärtigen Auffassung seinen Ursprung in Mittelamerika und breitete sich nach Süden aus. Knollengewächse wie Maniok und Kartoffeln stammen wahrscheinlich aus Südamerika.

Auf den Anbau der Nutzpflanzen und die Errichtung fester Siedlungen folgte keine gleichförmige kulturelle Entwicklung. Grundlegende handwerkliche Arbeiten wie Flechten, Weben, Herstellen von Töpferwaren und Schmelzen von Metallen kamen langsam auf und führten schließlich zum Kunstwerk. Trotz hindernder Umstände in der Neuen Welt im Vergleich zu Europa wurden dennoch Artefakten beträchtlichen Wertes hergestellt, so daß wir sie in diesem Band wiedergeben.

Dieses Buch ist nicht kunstgeschichtlicher Art, es ist eher eine Reproduktion hervorragender Gegenstände, die sich jetzt in Museen und Privatsammlungen befinden. Sie werden vom Norden bis zum Süden beschrieben, indem jeweils mit dem frühesten vollentwickelten Stil in jedem Gebiet begonnen wird

1

MEXIKO

KERAMIKFIGURINE AUS TLATILCO (MEXIKO) - MITTLERER VORKLASSISCHER STIL. MEXIKO, PRIVATBESITZ.

MEXIKO

Keine einzige große Wanderung in der Geschichte seit Menschengedenken ist so ausführlich beschrieben worden wie die Entdeckung und Kolonisierung der Neuen Welt durch Europäer. Noch niemals wurden die verschiedenartigen Kulturen eines ganzen Kontinents in so kurzer Zeitspanne zugrunde gerichtet und ausgelöscht. In der Tat wurden große Siedlungen wie die Karthagos völlig zerstört, auch wurden ganze Provinzen verwüstet; in Mexiko jedoch, wo der erste große kriegerische Zusammenstoß zwischen der Alten und der Neuen Welt stattfand, erwies sich die Berührung einander völlig fremder Zivilisationen als katastrophal und tödlich.
Es sei daran erinnert, daß eine päpstliche Bulle die Zugehörigkeit der Amerikaner zur Menschheit festlegte und die Eingeborenen, als auch aus dem Samen Adams herrührend, der Erlösung zugänglich erkannte. Für die spanischen Eindringlinge blieben sie dennoch Kannibalen, die Menschenopfer darbrachten und einen Teufelskult trieben. Hätten die Spanier Kentauren, Zyklopen und Einhörner angetroffen, wären sie nicht minder erstaunt gewesen. Der Schrecken, den die Forderung der Azteken nach Blutopfern zur Besänftigung ihrer Götter unter ihren Nachbarn hervorrief, machte diese zu Verbündeten von Cortez und fachte die Wut noch mehr an.
So wurden in ganz Mexiko die Eingeborenen unterjocht, ihre Glaubensanschauungen in schlechten Ruf gebracht und die Bilder ihrer Götter zerstört. Durch den Sieg der Spanier wurden die einheimischen Kunstwerke zusammen mit ihrem Symbolismus ausgelöscht. Unsere Untersuchung der frühen Kunst wird daher zu einer „archäologischen Leichenschau", die durch einige Augenzeugenberichte aus dem 16. Jahrhundert unterbaut wird. Forscht man zurückgehend in der Vergangenheit nach, kann man feststellen, daß bereits ältere Kulturen gewaltsam zugrunde gerichtet wurden, und daß sich die Azteken selbst der Bücherverbrennung bedienten. Gebäude in Tula, der Hauptstadt der Tolteken, wurden niedergerissen. Jahrhunderte früher wurde Teotihuacan, die größte aller mexikanischen Städte, durch Feuer zerstört. Doch diese Kriege unter Eingeborenen dürften in kultureller Hinsicht kaum so unheilvoll gewesen sein wie der Konflikt zwischen zwei Kontinenten.

KERAMIKFIGURINEN DER VORKLASSISCHEN PERIODE AUS MEXIKO. PRIVATBESITZ.

Zahlreiche von Hand hergestellte Keramikfigurinen wurden während der vorklassischen Periode in Mexiko angefertigt. Obgleich eine geradezu verwirrende Vielfalt von Typen vorliegt, ermöglichte doch ein eingehendes Studium die Aufeinanderfolge der stilistischen Richtungen zu verfolgen; die kleinen Bildwerke wurden in Verbindung mit den durch Radiokohlenstoffteste ermittelten Daten zu einem wichtigen Schlüssel für unser archäologisches Wissen. In Fachveröffentlichungen sind die verschiedenen Typen und Untertypen durch ein komplexes System von Buchstaben und Zahlen bezeichnet.
Die auf den Seiten 18 und 19 wiedergegebenen Beispiele wurden der mittleren vorklassischen Periode zugeordnet. Das Motiv in allen außer zwei Fällen ist eine stehende weibliche Figur mit kurzen, stämmigen Armen, breiten Hüften und Oberschenkeln, jedoch kleinen Füßen. Die sorgfältige Ausarbeitung des Haares ist ein bei allen anzutreffendes Merkmal, aber nur bei zweien ist das Haar in der gleichen Art angeordnet. Von den beiden männlichen Figuren in der Mitte dieser Seite trägt die eine Hosen und die andere ist vielleicht in Felle gekleidet. Die Frauen sind wohl alle nackt, dürften aber mit Ohrscheiben und Halsketten und durch einfache, auf Gesicht und Körper aufgemalte Zeichnungen geschmückt sein.
Alle diese Figurinen mit Ausnahme der beiden rechts auf Seite 19 stammen aus Tlatilco an der Grenze der Stadt Mexiko. Die größere kann keiner bestimmten Ortschaft zugeordnet werden, sie wurde jedoch im Tal von Mexiko gefunden. Zwei lange Haarflechten hängen an den Seiten bis zu den Hüften herab, aber quer über dem Rücken in Schulterhöhe ist das Haar abgeschnitten. Gleich daneben sieht man ein Beispiel vom Chupícuaro-See im Staat Guanajuato. Die Höhe der Figurinen beträgt 8,5 bis 14,5 cm.

KERAMIKFIGURINEN DER VORKLASSISCHEN PERIODE AUS MEXIKO. PRIVATBESITZ.

DIE VORKLASSISCHE PERIODE

Die Entwicklungsstadien zwischen der Periode der nomadisierenden Steinzeitindianer und der der Errichtung dauernder bäuerlicher Siedlungen erstrecken sich über mehrere tausend Jahre. Dank der Auffindung von Artefakten in trockenen Gebieten oder schützenden Höhlen werden die jetzt in Gang befindlichen archäologischen Arbeiten zweifelsohne Zeit und Ort grundlegender Schöpfungen und die kulturelle Ausbreitung über weite Gebiete aufhellen. Die Versuche, zum Gebrauch dienende Artefakten auszuschmücken, müssen weit in die Vergangenheit zurückgehen, jedoch traten die ältesten, bis jetzt bekannt gewordenen Versuche künstlerischer Gestaltung erst nach der Entdeckung der Töpferei auf.

Niemand weiß, wo oder wann zum ersten Mal in der Neuen Welt Ton modelliert und gebrannt wurde. In Mexiko und im nördlichen Mittelamerika trat dieses Ereignis vor 2000 v.Chr. ein. Jedenfalls bestanden um ungefähr 1800 v.Chr. in der näheren Umgebung der großen Seen in Mittelmexiko Gemeinden, die, obgleich ihnen die charakteristischen Merkmale der späteren klassischen Kulturen fehlten, bereits weit vom Primitiven entfernt waren. Weiterhin dehnten sich die gleichen Siedlungsmuster mit örtlichen Stilabänderungen über das südliche Mexiko, Guatemala, El Salvador, das

FLASCHE MIT BILDWERK AUS LAS BOCAS (STAAT PUEBLA) - MITTLERER VORKLASSISCHER STIL - (H. 18 CM). PRIVATBESITZ.

östliche Honduras und vielleicht Teile von Nicaragua aus. Unsere Beobachtungen und Abbildungen stammen hauptsächlich aus dem Tal von Mexiko und dem angrenzenden Gebiet, und zwar nur deswegen, weil dort gründliche archäologische Forschungen während der letzten fünfzig Jahre betrieben wurden.

Die dieser weit verbreiteten Kultur zugrunde liegenden Wesenszüge lassen auf eine aus Mais und Bohnen verschiedenster Art aufgebaute Landwirtschaft schließen. Diese Nahrung wurde durch Gemüse und viele Früchte ergänzt. Aufgefundene Tabakpfeifen deuten auf den Genuß von Tabak hin. Über die Wohnweise in den meisten Gebieten ist nichts bekannt, nur weiß man, daß in Mittelmexiko kleine Siedlungen mit rechteckigen Häusern bestanden. Die Wände waren entweder aus Luftziegeln oder übertünchtem Flechtwerk, so wie es dort heute noch Brauch ist. Unter den hauptsächlichen Ansiedlungen in Mittelmexiko wären El Arbolillo, Zacatenco, Tlatilco, Ticoman und Cuicuilco zu nennen. Eine jede war während vieler Jahrhunderte bewohnt und hinterließ tiefe Abfallbetten in schichtenmäßigen Ablagerungen. Das sind die „typischen Plätze" für die sorgfältige Analyse des prähistorischen Kehrichts.

Die Durchforschung abgelagerter Artefaktenfragmente dürfte für jeden, der nicht beruflicher Archäologe ist, eine denkbar öde Arbeit sein. In den vorklassischen Siedlungen wurden indessen alte Gräber gefunden, die zeitweilig eine Fülle von Totengeräten enthielten. Es sind nicht ummauerte Gräber, sondern nur Gruben als Einzel-, Doppel- oder Massengrabstätten, in die die Toten hineingelegt wurden. Die Körper lagen darin vermutlich ausgestreckt oder in gebeugter Haltung mit dem Gesicht nach oben, unten oder zur Seite. Die Gegenstände, die dem Toten mitgegeben wurden und wahrscheinlich zur Benutzung in einer andern Welt dienen sollten, lassen nichts über die Bestattungsfeierlichkeiten offenbar werden. Über die Gestalt dieses vergangenen Volkes kann nur etwas auf Grund der aufgefundenen Knochen ausgesagt werden. Sie waren danach von kurzer Gestalt und schmalköpfig. Auf Grund morphologischer Studien nimmt man an, daß sie die Vorfahren der heutigen Indianer waren. Über ihre Sprache wissen wir nichts. Die den ehemaligen Siedlungen gegebenen Namen sind in jedem Fall die heute gebräuchlichen. Die vorklassische Periode Mittelmexikos wird willkürlich in eine untere, mittlere und obere Entwicklungsstufe eingeteilt.

Die ältesten archäologischen Fundstätten brachten Artefakten zutage, die relativ einfach, aber keineswegs primitiv sind. Die Töpferwaren sind gewöhnlich einfarbig: weiß, schwarz oder kaffeebraun. Die Verzierung besteht hauptsächlich aus eingeschnittenen geometrischen Mustern und Schraffierungen. Die Figurinen stellen gewöhnlich Frauen dar. Die ersten Arten treten noch in der mittleren Entwicklungsstufe auf,

Las Bocas ist ein kürzlich entdecktes archäologisches Gebiet, das in starker stilistischer Verbindung mit Tlatilco stehen soll. Das hier im Bild wiedergegebene Stück ist einzigartig. Bei flüchtiger Betrachtung scheint es eine Adlermaske zu sein, die über das Gesicht gestülpt werden könnte, wobei man durch die Augenlöcher sehen kann; sie hat jedoch keine Löcher zum Befestigen. Ferner bilden die Wangen, das Kinn und der Vorderkopf ein hohles Gefäß, und oben am Kopf ist eine Öffnung zum Füllen.

aber jetzt werden die Töpferwaren im allgemeinen zweifarbig, z.B. Weiß auf Rot, Rot auf Weiß, usw. Die Figurinen ändern sich. Gewebte Textilien und verschiedene Kleider werden dargestellt. Das Feilen der Zähne, das Tätowieren und die Kopfentstellung werden gezeigt. Männliche Figurinen stellen Ballspieler, Zwerge, Tänzer, Musiker und Akrobaten dar. Neue Arten von Töpferwaren sind Masken, auch flache und Rollenstempel. Mit Bildwerk versehene Gefäße in exotischen Formen und auch mit eingeschnittenen Tiermotiven finden sich nunmehr vor. Wir müssen auch noch die wie ein Steigbügel gestalteten Ausgüsse erwähnen, eine in Mexiko seltene Form, die aber für peruanische Töpferwaren charakteristisch ist — siehe die Seiten 167, 179, 183. Wichtiger ist an verschiedenen Stätten das Auftreten der Olmeken-Bildwerke in der Töpferei, und zwar in einem derart unverfälschten Stil, daß daraus auf einen Bevölkerungswechsel geschlossen wurde. Die in Mittelmexiko aufgefundenen, dem Olmeken-Stil eigenen Besonderheiten sind Katzenmotive und die wohlbekannten, auf den Seiten 25-29 gezeigten „Baby-Gesichter". Jadearbeiten treten zum ersten Mal auf, aber nur in kleinen Stücken und nicht im Olmeken-Stil geschnitten.
Die obere vorklassische Entwicklungsstufe in Mexiko ist durch die Einführung neuartiger Figurinen, vielfarbiger Töpferwaren und anderer neuer Handwerkszweige einschließlich des Steinschneidens gekennzeichnet. Dies ist der Erwähnung wert, weil es die Entwicklung der Kultstätte und des sie umgebenden Siedlungsmusters bezeugt, was für die klassische Periode nicht nur in Mittelmexiko, sondern auch im Süden und Osten im Maya-Gebiet charakteristisch wurde. Ein vergleichbarer Aufbau wurde im westlichen Südamerika gefunden.
Die Kultstätte war, wie es der Name besagt, der religiöse Mittelpunkt einer Gemeinde. Gewöhnlich war es eine große, abgestumpfte Pyramide, auf der ein Tempel errichtet war (S. 48). Wahrscheinlich wohnten darin nur wenige Priester als Hüter, aber die ganze Gemeinde, die sich in dem umgebenden Bezirk verstreut niedergelassen hatte, versammelte sich dort bei den großen religiösen Festen. Oft war auch der öffentliche Markt in nächster Nähe, auf dem sich die Eingeborenen an bestimmten Tagen versammelten, wie es indianischer Brauch ist. Das gewaltige Ausmaß dieser Bauten läßt auf einen gut organisierten und durch die Regierung gestützten Priesterstand schließen, der mächtig genug war, die Durchführung der notwendigen Arbeiten zu erzwingen. In Mexiko gab es zwei hervorragende Kultstätten, die am Ende der vorklassischen Periode entstanden. Die ältere, jetzt als Cuicuilco bekannte, war ein runder, oben abgeflachter Erdhügel, der bei verschiedenen Anlässen vergrößert wurde, bis er schließlich einen Durchmesser von über 120 m und eine Höhe von 24 m erreichte. Man gelangte zu ihm über eine Rampe und eine Treppe. Oben auf diesem abgestumpften Kegel befand sich ein Altar mit Strohdach; weitere kleine Gebäude umgaben den Fuß dieser Pyramide. Einzelheiten liegen heute nicht mehr vor, da alles durch die Lava des Xitle-Vulkans verbrannt wurde. Es ist einleuchtend, daß zum Bau eines Hügels von solchen Ausmaßen, auch wenn er aus Erde und unbehauenen Steinen errichtet ist, eine gewaltige politische und religiöse Organisation nötig war, die über eine große Zahl arbeitsfähiger Menschen herrschend verfügte.

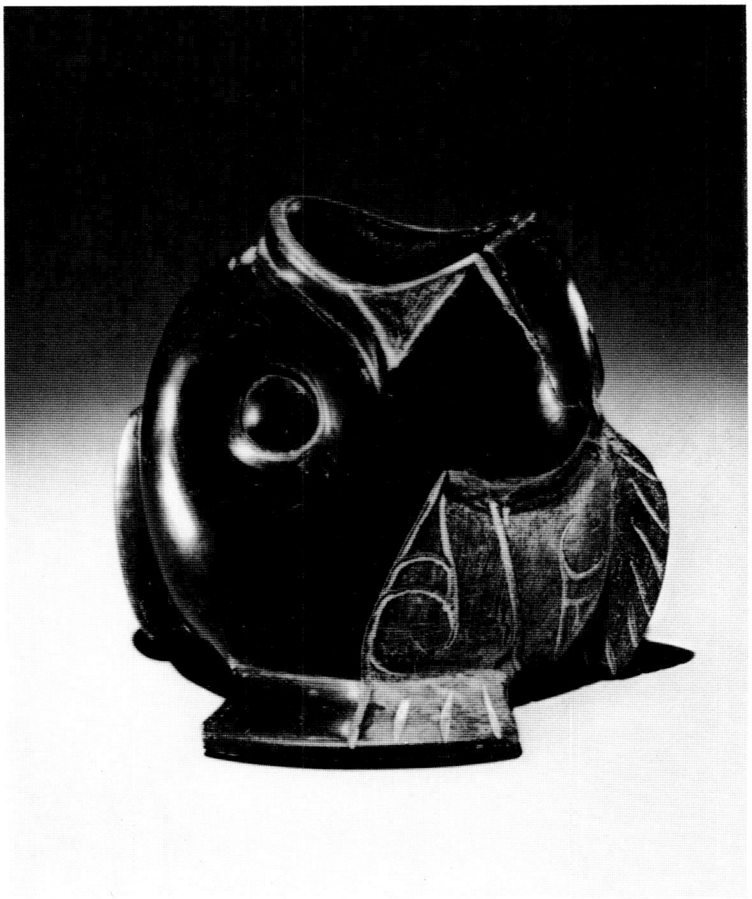

KRÜGE MIT BILDWERK, DIE EINEN TOUCAN (LINKS) UND EINEN FISCH (RECHTS) DARSTELLEN - AUS TLATILCO (MEXIKO). MITTLERER VORKLASSISCHER STIL - (H. 13 UND 14 CM). MEXIKO, PRIVATBESITZ UND MUSEO NACIONAL DE ANTROPOLOGÍA.

Diese Gefäße stellen eine von mehreren der zeitgenössischen mexikanischen Arten dar, die seit der Entdeckung des Tlatilco-Platzes in stilistischer Beziehung zur Chavin-Kultur von Peru stehen sollen. Es kann nicht geleugnet werden, daß auffallende Parallelen bestehen, insbesondere hinsichtlich des Vorhandenseins eines hochstehenden Ausgusses in beiden Gebieten um etwa 800 v.Chr. Sowohl in Mexiko (S. 23) als auch in Peru (S. 167) wurden Gefäße aus schwarzem Ton mit hochpolierten Flächen hergestellt, die einen Kontrast zu den matt gelassenen Flächen bilden. Die in diesem Band aufgeführten Beispiele stellen zwei verschiedene Techniken dar. In Mexiko wird die schwarze Farbe eindeutig durch ein Pigment hervorgerufen, das man nur auf der Außenfläche findet. In Peru entsteht die schwarze Farbe durch Manipulationen während des Brennens und geht durch und durch. In Mexiko kam der hochstehende Ausguß bald außer Gebrauch und trat erst wieder in der späten vorklassischen Periode auf. In Peru erhielt sich diese Form an der Nordküste bis zur spanischen Eroberung.

Die berühmtesten Bauten der vorklassischen Periode sind die Sonnen- und die Mondpyramide der Ruinen von Teotihuacan. Cuicuilco wurde nach einem Vulkanausbruch verlassen, aber Teotihuacan bezeugt den Wechsel im vorklassischen Stil. Deshalb besprechen wir ihre Größe und Ausdehnung an anderer Stelle. Vorher jedoch werden wir die frühen Kunststile, die im Osten der tropischen Niederungen am Golf von Mexiko aufgefunden wurden, untersuchen. Obgleich sie bereits zur Zeit des vorklassischen Stils entstanden, erreichten sie eine hohe künstlerische Entwicklung.

OSTMEXIKO

DER OLMEKEN-STIL

In Mittelmexiko ging der lange Stillstand der gestaltenden oder vorklassischen Periode während der ersten vorchristlichen Jahrhunderte mit dem Anwachsen der großen Kultstätten zu Ende (S. 22). Jedoch etwa tausend Jahre früher, mit Sicherheit um das 9. vorchristliche Jahrhundert, wurden, so unwahrscheinlich dies klingt, Kultstätten in der feuchtwarmen Sumpfgegend der dem Golf von Mexiko gegenüberliegenden Staaten Vera Cruz und Tabasco errichtet. Hier findet man einen völlig neuen Kunststil, für den Basaltsteinschnitte und erlesene Jadeschnitzereien kennzeichnend sind. Die ältesten Ansätze zu Zahlen und Schriftzeichen findet man hier. Heute nennt man diesen gesamten Kulturkomplex Olmek, eine an sich falsche Bezeichnung, da der Olmeke diese Gebiete in geschichtlicher Zeit bewohnte. Wir wissen jedoch nicht, wer lange vorher dort lebte.

Olmek ist die erste große Kunstepoche in Mexiko. Sein Stil spricht die Europäer besonders an, da ihm die blumenreiche Vielfalt und der Symbolismus der späteren klassischen Stile fehlt. Er verbindet eine scharfe Zucht in der Darstellung mit technischer Meisterung des Materials. Bei den späteren Jadeschnitzereien der klassischen Stile, wie bei den Maya- oder Zapoteken-Stilen, ist die endgültige Gestalt öfters offensichtlich durch die ursprüngliche Form des zu bearbeitenden Materials beeinflußt worden, dabei ist die Feinheit der Linienführung durch die Werkzeuge und Behandlungstechnik bestimmt.

In früheren Zeiten waren die Olmeken-Erzeugnisse sehr beliebt. Sowohl Töpferwaren als auch Jadeschnitzereien tauchen an vielen vorklassischen Stätten in Mittelmexiko auf. Der archäologisch wenig bekannte Staat Guerrero brachte viele kleine Olmeken-Schnitzereien ans Tageslicht, hingegen keine großen Steinskulpturen. Leicht zu transportierende Olmeken-Schnitzereien sind in Guatemala, Honduras, El Salvador, Costa Rica und Panama nachweisbar. Klassische Maya-Stelen stellen wahrscheinlich längst vergessene Herrscher, geschmückt mit Olmeken-Jadeschnitzereien, dar. In Mayapan in Yucatan, einer im 15. Jahrhundert n.Chr. blühenden Maya-Stadt, wurde von der Carnegie-Gesellschaft in Washington ein Schrein ausgegraben, der einen Olmeken-Steinkopf in die Mauer eingelassen enthält. Dieses jetzt im Museum in Mérida (Yucatan) aufbewahrte Kunstwerk wird während vielleicht zweitausend Jahren als Erbstück gehegt worden sein.

Olmeken-Artefakten sind hinsichtlich Ort und Zeit so weit verstreut, daß sie für eine sichere Zeitbestimmung keine Grundlage geben. An der südlichen, den Golf von Mexiko umschließenden Küste sind Olmeken-Kulturstätten untersucht worden, die bis auf ungefähr 900 v.Chr. zurückgehen. Es waren keine Städte mit zusammengeballten Wohnstätten, sondern Gemeindesammelpunkte der umliegenden landwirtschaftlichen Gebiete für zeremonielle Zusammenkünfte und Märkte.

SITZENDE FIGUR AUS ANDESIT - AUS SAYULA (VERA CRUZ) - OLMEKEN-STIL - (H. 122 CM). JALAPA, MUSEO DE ANTROPOLOGÍA, UNIVERSIDAD DE VERA CRUZ.

OLMEKEN-BASALTKOPF AUS SAN LORENZO (VERA CRUZ). ES IST DAS GRÖSSTE BEKANNTE BEISPIEL DIESER ART VON 2,85 M HÖHE. DER MUND IST ÜBER 90 CM BREIT. JALAPA, MUSEO DE ANTROPOLOGÍA, UNIVERSIDAD DE VERA CRUZ.

Wir kennen heute die sozialen und wirtschaftlichen Verhältnisse der fernen Vergangenheit nicht. Wie bekannt, siedelten sich die Azteken aus Sicherheitsgründen auf einer Insel in einem sumpfigen See an; als sie mächtig geworden waren, erklärten sie jedoch, sie hätten es auf Anweisung ihrer Götter getan. Olmeken-Steinschneidearbeiten im gewachsenen Fels im südlichen Mexiko, Guatemala und El Salvador lassen auf die Anwesenheit von Eroberungsheeren schließen.

La Venta, eines der bekanntesten Olmekenzentren, liegt auf einer Insel in einem an den Rio Tonalá angrenzenden Sumpfgebiet. Der wichtigste stehengebliebene Teil ist eine abgestumpfte Pyramide aus Ton, die einst der Unterbau eines Tempels war. Heute ist sie 34 m hoch mit einer Grundfläche von 73 × 128 m. Weit größere Unterbauten wurden später in Mexiko (S. 47) und Peru errichtet. Als man diese Pyramide baute, war sie sicherlich das größte, je von Menschenhand in der Neuen Welt geschaffene Bauwerk. Vor der Pyramide lagen mehrere, von kleineren Hügeln umschlossene Plätze. Einst waren Wände und Böden reich bemalt. Mosaikbodenbeläge aus Serpentin und farbigen Tonen vermehrten ihre Pracht. Über die Plätze verstreut standen mächtige, einst verputzte und bemalte Skulpturen aus Basalt. Am eindrucksvollsten sind die vier in La Venta gefundenen gewaltigen Köpfe. Auch Stelen und Altäre mit Relieffiguren trifft man an. Einige der Köpfe waren etwa 3 m hoch und wogen schätzungsweise bis zu 10 Tonnen. Die nächsten Steinbrüche waren 128 km entfernt, so daß der Transport sicherlich auf dem Wasserwege erfolgte.

An zwei anderen Plätzen wurden riesige Köpfe gemeißelt. Einer von diesen ist das sich an verschiedenen Hügelketten ungefähr einen Kilometer lang hinziehende San Lorenzo. Im Unterschied zu anderen archäologischen Zentren bestehen hier anscheinend zwei aufeinanderfolgende Abschnitte einer Urbesiedlung. Die ältere Bevölkerung, die Steinschneidearbeiten ausführte, verließ dieses Gebiet aus unbekannten Gründen. Es liegen keinerlei Anzeichen eines Krieges vor. Einige Zeit später siedelte sich eine zweite Bevölkerung in San Lorenzo an und fand die vorhandenen Gebäude nicht nach ihrem Geschmack. Sie verstümmelte sie nicht und riß sie auch nicht ab, um Baumaterial zu gewinnen, sondern rollte sie einfach in die angrenzenden Schluchten, um sie loszuwerden. Dadurch wurde relativ wenig Schaden angerichtet, so daß die Steinschneidearbeiten von San Lorenzo besser erhalten sind als die anderer Plätze. Der auf Seite 26 im Bild wiedergegebene große Kopf war über dem rechten Auge beschädigt; bei den Ausgrabungen wurden aber die zerbrochenen Teile wiederentdeckt und an der richtigen Stelle eingesetzt. Dieser aufgefundene Kopf hat eher negroide Züge, dennoch sind Augen und Lippen zart gezeichnet. Die Pupillen der Augen sind durch erhöhte Kreise angedeutet. San Lorenzo weist keine großen Grabhügel auf wie La Venta.

Ein anderes wichtiges Zentrum der Olmeken im Staate Vera Cruz ist Tres Zapotes. Hier wurde ein ungeheuer großer Kopf gefunden; anscheinend erhielt sich hier aber der Stil der Olmeken nach dem Verlassen anderer Plätze. In La Venta wurde eines der ältesten geschriebenen Daten der Neuen Welt, 31 v.Chr., gefunden, das auf einer Stele im Kalendersystem der Maya eingeschnitten ist.

Oft ist die Olmeken-Skulptur eine Freifigur. Zuweilen vermutet man eine persönliche Büste. Viele Basalt- und Jadearbeiten werden „Baby-Gesichter" genannt. Sie haben weiche Lippen mit herabhängenden Mundwinkeln. Obwohl die Zähne gewöhnlich nicht gezeigt werden, stellt diese Art anscheinend einen Jaguar in Menschengestalt dar, der als Regengottheit identifiziert wurde. Oft zeigen Olmeken-Jadearbeiten, die auch als Freifigur geschnitzt sind, die Monumentalität einer Steinskulptur. Manchmal sind sie durch unglaublich fein eingeschnittene Motive verschönt. Die stehenden Figuren auf den Seiten 30-31 stellen, obwohl sie einzeln nicht von Bedeutung sind, doch einen Typ dar, zu dem die schönsten Olmeken-Jadearbeiten gehören. Sie sind nackt mit Ausnahme eines gelegentlichen Gürtels und Lappens hinten. Die Arme sind frei herausgeschnitten, aber nicht sorgfältig geformt. Die Köpfe sind entstellt.
Neben den eine Jaguargottheit darstellenden Statuetten pflegten die Olmeken auch einen Axt-Kult. Es wurden Ablagerungen von Äxten in parallel liegenden Reihen aufgefunden. Manchmal sind sie aus einem für den praktischen Gebrauch zu weichen Stein. Oft bestehen sie aus blaugrüner Jade, was, abgesehen von Olmeken-Artefakten, selten ist. Zuweilen sind sie mit eingeschnittenen Motiven verziert oder weisen Köpfe im Relief auf. Die Kunz'sche anthropomorphische Axt, so nach Dr. G. F. Kunz, einem berühmten Edelsteinexperten, benannt, wurde viele Jahre vor der Definierung der Olmeken-Kultur veröffentlicht. Sie gleicht sich dem Baby-Gesichts-Typ der Skulpturen der Olmeken mit der animalischen Natur, die durch breite Nasenlöcher und einen ungeheuren Mund hervorgehoben ist, auffassungsmäßig an. Die Gestaltung von Kopf, Schultern und Armen ist jedoch menschlich. Einzelheiten werden durch feinlinige Eingravierungen angedeutet. Die Art und Weise, wie tieferliegende Teile auf Wangen und Körper herausgearbeitet wurden, ist nicht für Jadeschnitzereien, wohl aber für die ungefähr zeitgenössischen Töpferwaren charakteristisch (S. 23).
Der Ursprung des Olmeken-Stils liegt weit im Altertum zurück. Die großen Zentren in der Nähe des Golfs von Mexiko dürften eine Blütezeit darstellen, die hier oder anderswo ihren Ursprung hatte. Die meisten Gelehrten halten jedoch Olmek für eine „Mutterkultur" der großen mittelamerikanischen klassischen Kulturen einschließlich Teotihuacan, Maya und Zapotek. Olmeken-Jadearbeiten gelangten bis nach Costa Rica, wo zwei Hauptjadebearbeitungszentren bestanden (S. 146). Obgleich die südlichen Stile örtlich gebunden sind, kann die Bearbeitungstechnik dieses schwierigen Materials aus dem Norden gekommen sein.
Was den Niedergang oder die gänzliche Aufgabe des Olmeken-Stils veranlaßte, ist ebenso geheimnisvoll wie seine Entwicklung. Wir wissen nur, daß die Hauptzentren in der Nähe des Golfs von Mexiko scheinbar von unbekannten Völkern erobert wurden, die ihre Denkmäler zu übertrumpfen suchten und sie dabei entstellten. Darauf folgte eine Verschiebung leicht nach Norden und eine Entwicklung neuer Stile in Keramik, Steinschnitt und im Baustil. Die zeitliche Einordnung und die gegenseitigen Beziehungen in der Entwicklung sind ungeachtet der Vielzahl an Gegenständen in öffentlichen und privaten Sammlungen noch nicht aufgeklärt, weil bisher geschulte Beobachter kaum Gelegenheit hatten, die Umstände ihrer Auffindung zu erfahren.

DIE KUNZ'SCHE ANTHROPOMORPHISCHE AXT. EINE MASSIVE, ZU ZEREMONIEN BENUTZTE AXT AUS DIOPSID-JADEIT - VERMUTLICH AUS OAXACA (MEXIKO) - OLMEKEN-STIL - (H. 27 CM). NEW YORK, AMERICAN MUSEUM OF NATURAL HISTORY.

Diese Gruppe wurde tief verborgen aufgefunden. Sie besteht aus einer Miniaturwand von aufrechtstehenden Jadeaxtklingen. Eine kleine Figur aus gewöhnlichem Stein steht, mit ihrem Rücken zur Wand gekehrt, fünfzehn Einzelpersonen aus Jade oder schönem Serpentin gegenüber. Man vermutet, daß die Szene eine religiöse Zeremonie darstellt oder aber einen Gefangenen zeigt, der geopfert werden soll. Obgleich kein einziger der verschiedenen Schnitte bester Qualität ist, ist die Gruppe als Ganzes einzigartig im Olmeken-Stil.

RITUELLES LAGER DER OLMEKEN - AUS LA VENTA (VERA CRUZ) - (H. UNGEFÄHR 20 CM). MEXIKO, MUSEO NACIONAL DE ANTROPOLOGÍA.

REMOJADAS

Der südliche Teil des mexikanischen Staates Vera Cruz war zur Zeit der Eroberung durch die Spanier von einem Volk, den Olmeken, besiedelt. Dieser Name wurde, wie wir sahen, auf archäologische Funde einer viel entfernter liegenden Periode übertragen. Im gleichen Staat weiter nördlich trafen die Spanier auf eine Gruppe, die man als Totonaken bezeichnete. Dieser Name wurde bis vor kurzem allen archäologischen Funden in diesem Gebiet ohne Rücksicht auf das Alter gegeben. Viele Jahre hindurch lieferte dieses Gebiet hohle Keramikfigurinen in geringer Anzahl, die von Sammlern begierig gesucht wurden, da sie den europäischen Geschmack ansprachen.
Vor etwa dreißig Jahren führte die Suche nach Öl Außenseiter in entfernte und bis dahin noch nicht berührte Teile von Vera Cruz. Nunmehr kamen neue und großartige Bildwerke in beträchtlicher Zahl auf fremde Märkte. Da sich das Gebiet der Remojadas als besonders fruchtbar erwies, wird dieser Name allgemein auf eine Vielfalt von Keramikerzeugnissen angewandt, die, wie jetzt bekannt, Jahrhunderte hindurch angefertigt wurden. Sie weisen eindeutig symbolische und stilistische Bindungen mit andern Kulturen auf, haben jedoch einen ausgesprochen örtlichen Charakter.
Die vorklassischen Figurinen aus Mexiko und Mittelamerika sind durchgängig gediegen und mit Knöpfen und Lendentüchern aus Ton verziert, die zuweilen auch nur durch Einritzen angedeutet wurden (S. 18). Ihre Größe ist durch die Porosität des Tons bedingt, denn beim Brennen müssen Luft und andere Gase entweichen können. Im Gegensatz dazu wird eine hohle Figurine geringerer Wandstärke durch inneren und äußeren Druck angefertigt, wodurch eine sehr unterschiedliche Oberflächenbeschaffenheit entsteht. Da sie mit Löchern zum Entweichen der Luft versehen ist, hängt die Begrenzung der Größe nur von der Geschicklichkeit des Töpfers beim Brennen ab.
Die Fortschritte in der Kunst bauen sich oft auf technische Entwicklungen auf. Die Erfindung einer Methode, hohle Tonfiguren herzustellen, muß offensichtlich den Olmeken zugeschrieben werden. Jedenfalls treten solche Figurinen im reinen Olmeken-Stil um 1000 v.Chr. in Tlatilco und anderen alten Siedlungen des mittelmexikanischen Hochplateaus auf, und übereinstimmend damit werden mit Bildwerken versehene Gefäße rein örtlichen Charakters angefertigt (S. 23). Große hohle Keramikfiguren sind für Mexiko charakteristischer als für andere Teile der Neuen Welt. Sie sind für Westmexiko und für den Zapoteken-Stil von Oaxaca typisch. Große Tonreliefbildnisse werden den Tolteken zugeschrieben. In späteren Zeiten stellten die Azteken Weihrauchbecken gewaltigen Ausmaßes her.
Remojadas ist jetzt ein Sammelbegriff für verschiedenartige Keramiken wechselnder Ähnlichkeit. Wohlbekannt sind die lächelnden Figuren von Männern und Frauen, die jung und entschieden glücklich sind (S. 35). Vielleicht stellen sie den erfolgreichsten Versuch in der Neuen Welt dar, eine Stimmung im Gegensatz zu einer Handlung wiederzugeben. Auch viele Arten von Figurinen ohne irgendeine symbolische Bedeutung wurden aufgefunden, beispielsweise Paare, die in Schaukeln sitzen, alte und junge Einzelpersonen und sogar ein lächelndes Gerippe (S. 34).

KERAMIKSTATUE, DIE EINE IM KINDBETT GESTORBENE FRAU DARSTELLT - AUS TLALIXCOYAN (VERA CRUZ) - REMOJADAS-STIL - (H. 136,5 CM).
JALAPA, MUSEO DE ANTROPOLOGÍA, UNIVERSIDAD DE VERA CRUZ.

KERAMIKFIGUR EINES LÄCHELNDEN GERIPPES - AUS LOS CERROS, TIERRA BLANCA (VERA CRUZ) - KLASSISCHER REMOJADAS-STIL - (H. 37 CM).
JALAPA, MUSEO DE ANTROPOLOGÍA, UNIVERSIDAD DE VERA CRUZ.

LACHENDER KOPF EINER ZERBROCHENEN KERAMIKFIGURINE - AUS LOS CERROS, TIERRA BLANCA? (VERA CRUZ). REMOJADAS-STIL - (H. 16,5 CM). JALAPA, MUSEO DE ANTROPOLOGÍA, UNIVERSIDAD DE VERA CRUZ.

Lächelnde Keramikgesichter aus Vera Cruz sind seit vielen Jahren bekannt. Da nur wenige davon vorhanden sind, können viele Museen nur Abgüsse ausstellen. Kürzliche Remojadas-Funde weisen zahlreiche vollständige Figuren auf, die sowohl Jungen als auch Mädchen singend und tanzend darstellen. Im Mochica-Gebiet in Peru wurden zuweilen mit Bildwerk versehene Gefäße, die Fröhlichkeit ausdrücken, modelliert.

Auf der gegenüberliegenden Seite dürfte es sich um die Azteken-Gottheit Mictlantecutli, den Herrn der Unterwelt, handeln. Eine Darstellung dieses Gottes durch die Mixteken (S. 92) zeigt einen mageren Unterkiefer, aber das Beispiel von der Ostküste hat Lippen und Wangen mit grinsendem Ausdruck und trägt einen großen Hut und ein Hemd.

KERAMIKKOPF EINER SCHLANGE, DIE EINE DER BEIDEN IN EINER HÖHLE AUFGEFUNDENEN IST - AUS ACATLAN DE PÉREZ FIGUEROA (OAXACA). REMOJADAS-STIL - (H. 79 CM). MEXIKO, MUSEO NACIONAL DE ANTROPOLOGÍA.

Auch Götter und gesellschaftliche Stände sind vertreten. Wir kennen ihre aztekischen Namen des 16. Jahrhunderts. In vorklassischen Zeiten finden wir nur den Feuergott Huehueteotl, den „Alten, Alten Gott", und Tlaloc, den Regengott. Das vielfältige Pantheon der Azteken wies Gottheiten auf, deren Verehrung von vielen Völkern übernommen wurde. Wenn wir auch nicht wissen, in welcher Sprache sie einst angerufen wurden, können wir doch ihre charakteristischen Darstellungen durch die Jahrhunderte hindurch verfolgen. In der Welt der Remojadas finden wir die Adlerritter der Azteken, Krieger mit vogelförmigen Helmen und mit menschlichen Gesichtern im offenen Schnabel. Tlaloc-Figuren und -Symbole finden sich laufend vor. Eine der großen, noch erhalten gebliebenen Statuen ist eine halblebensgroße Büste des Eecatl mit den charakteristischen aufgeworfenen Lippen, die sich jetzt im Museum of Primitive Art in New York befindet. Die fast lebensgroße Figur auf Seite 33 stellt eine tote Frau mit geschlossenen Augen und geöffnetem Mund dar, wahrscheinlich eine Kindbett- und somit eine Todesgöttin, die der Cihuacoatl der Azteken, der Schlangenfrau, ähnlich ist; die Statue hat im Profil zwei Schlangenköpfe in der Kopfbedeckung. Eine kürzliche wichtige Entdeckung in Mexiko ist ein Paar gewaltiger Schlangenköpfe aus Keramik, die in einer Höhle nahe der Grenze zwischen Oaxaca und Vera Cruz aufgefunden wurden (S. 36). Es handelt sich nicht um die für Quetzalcoatl oder Kukulcan symbolischen gefiederten Schlangen. Obgleich sie außerhalb des Remojadas-Gebietes gefunden wurden, müssen sie doch diesem Stil zugeordnet werden. Ein kleinerer, aber fast gleichartiger Kopf findet sich als Teil der Kopfbedeckung an einer Keramikstatue aus dem mittleren Vera Cruz.

DIE KLASSISCHE VERA CRUZ-SKULPTUR

Diese Gruppe von Steinschneidearbeiten heißt auch Totonak und Tajin. Mit dem letzteren Begriff wird der mit der so benannten ehemaligen Stadt verbundene spezifische Stil bezeichnet (S. 42). Bis vor kurzem wurden klassische Vera Cruz-Artefakten unter die „religiösen" eingeordnet. Jedoch konnte ermittelt werden, daß die meisten, wenn auch nicht alle, mit dem seltsamen Ballspiel zusammenhängen, dem *tlaxtli* der Azteken, das einen körperlichen Wettkampf mit einem religiösen Kult vereinigt.
Ein mit einem großen, festen Gummiball durchgeführtes Spiel war mit zweifelsohne örtlichen Abänderungen von Paraguay durch die südamerikanische Tiefebene hindurch bis nach Westindien, Mittelamerika, Mexiko und sogar dem südwestlichen Teil der Vereinigten Staaten vereinzelt bekannt. Das wesentliche Merkmal dieses Spiels bestand darin, den Ball mehr mit dem Körper als durch die Hände fortzubewegen. Von den klassischen Zeiten an hatten die meisten Maya- und mexikanischen Siedlungen Spielhöfe, die mit Steinmauern hervorragender architektonischer Gestaltung umgeben waren. Die Spielfelder hatten die Form eines großen I. Obgleich die Enden des Feldes verteidigt werden mußten, bestand doch der Hauptzweck des Spiels darin, den Ball durch Ringe zu schlagen, die vertikal auf den parallelen Wänden aufgesetzt waren.

Eine vollendete Leistung berechtigte den Spieler, alle Kleider irgendeines Zuschauers, den er fassen konnte, an sich zu nehmen; der Führer der verlierenden Mannschaft konnte, wie wir aus Flachreliefs wissen (S. 134), enthauptet werden. Der Ball war so schwer, daß er sogar tödlich verletzen konnte. Deshalb mußten die Spieler einen Schutz tragen.

STEINERNES „JOCH" AUS DEM STAAT VERA CRUZ (MEXIKO) - KLASSISCHER VERA CRUZ-STIL - (H. 41 CM). NEW YORK, AMERICAN MUSEUM OF NATURAL HISTORY.

Die auf Seite 38 gezeigte seltsame Skulptur aus Vera Cruz wurde lange Zeit für ein steinernes „Joch" gehalten. Einige dieser Skulpturen weisen keinerlei Verzierungen auf, während andere hingegen durch sorgfältig eingeschnittene gekrümmte Linien, die durch Schnörkel zusammengehalten werden, verziert sind. Einige tragen abstrakte geometrische Zeichen, andere wiederum stellen eindeutig Frösche, Eulen oder Menschen dar, die sinnreich in das seltsame Muster der Verzierungen eingepaßt sind. Fast immer sind sie aus sehr hartem Stein bester Qualität, der auf Hochglanz poliert ist; die Schneidearbeiten sind peinlichst genau ausgeführt. Wie andere archäologische Rätsel, wurde die Bedeutung der steinernen Joche auf einfache Art und Weise ermittelt, und zwar an Figurinen und Reliefs, auf denen außer anderem Ballspielplätze dargestellt sind. Danach dienten sie zum Schutz des Körpers und wurden seitlich über die Hüften gestreift. Die Tatsache, daß sie für einen normal gebauten Menschen passen, nicht abfallen und auch nicht die Beweglichkeit hindern, obgleich sie dreißig bis sechzig Pfund wiegen, brachte die Bestätigung.
Sicherlich wurden sie für normalen Gebrauch aus einem andern Material als Stein wie Holz oder Felle hergestellt. Auf den Fresken der Tolteken in Chichen Itza wird auch Flechtwerk gezeigt. Vielleicht sind die steinernen Joche nur bei feierlichen Anlässen als eine Art gleichmäßiger Kleidung getragen worden. Vielleicht auch dienten sie beim Wettkampf zur Erhöhung der Schlagkraft ähnlich einem schweren Schlagholz, um so den Verlust an Beweglichkeit auszugleichen. In großer Zahl trifft man steinerne Joche entlang der mexikanischen Golfküste an, aber auch weiter entfernt in den klassischen Maya-Zentren wie in Honduras und El Salvador. Sie sind also in gleicher Weise verstreut wie der Ballspielhof mit Ringen. In diesem Zusammenhang sind noch zwei „umstrittene" Arten von Steinschneidearbeiten zu nennen, die *hachas* und *palmas*. Beide sind auf der Rückseite so eingekerbt, daß sie augenscheinlich an irgend etwas befestigt werden sollten. Figurinen und Skulpturen (S. 134) deuten an, daß sie auf die Joche so aufgesetzt wurden, daß sie vom Körper des Trägers nach vorne sahen.
Die Hachas sind ursprünglich so wegen ihrer Ähnlichkeit mit den bei den Feierlichkeiten verwendeten Äxten benannt worden, denn sie sind im Kreuzschnitt keilförmig. So bieten sie also zwei leicht auseinanderlaufende Flächen zur Verzierung im Reliefschnitt. Einige sind dicker, so daß die eingeschnittenen Verzierungen von einer Seite zur andern laufen können, jedoch nicht ganz herum. Die meisten Hachas stellen Köpfe dar, und zwar einige von Tieren wie Fledermäusen, Affen oder Vögeln. Vorherrschend werden menschliche Köpfe mit oft phantastischen Kopfbekleidungen oder Helmen dargestellt (S. 41). Sehr selten weisen die beiden Seiten einer Hacha voneinander verschiedene eingeschnittene Zeichnungen auf, z.B. mit einem lebenden Gesicht auf der einen Seite und mit einem toten auf der andern.
Die Palmas besitzen wie die Hachas eine Kerbe an der unteren hinteren Ecke, um auf ein Joch aufgesetzt werden zu können. Während die Hachas von der einen Seite zur andern schmal sind, werden die Palmas von hinten nach vorne flacher, und zwar mehr am oberen Teil, so daß die Umrißlinie einer umgekehrten Birne gleicht. Eine Figur, Tier oder Mensch, ist in starkem Hochrelief auf dem unteren Teil eingeschnitten und

MIT MENSCHENHÄNDEN VERZIERTE BASALT-„PALMA“ - AUS TLACOLULAN (VERA CRUZ) - KLASSISCHER VERA CRUZ-STIL - (H. 36 CM).
JALAPA, MUSEO DE ANTROPOLOGÍA, UNIVERSIDAD DE VERA CRUZ.

„HACHA", DIE EINEN MENSCHLICHEN KOPF MIT EINER KOPFBEKLEIDUNG IN FORM EINES SPRINGENDEN DELPHINS DARSTELLT - AUS SAN ANDRES TUXTLA (VERA CRUZ) - KLASSISCHER VERA CRUZ-STIL - (H. 28,5 CM). MEXIKO, MUSEO NACIONAL DE ANTROPOLOGÍA, SAMMLUNG COVARRUBIAS.

springt gegen den Hintergrund der abgerundeten Spitze vor, die mit typischen Schnörkeln gekrönt sein kann. Eine seltsam abweichende Form zeigt ausgestreckte Hände und Arme wie in Anflehung oder im Gebet (S. 40). Es muß auch noch eine nach hinten gebeugte menschliche Gestalt mit offenem Schlitz in der Brust erwähnt werden. Es dürfte dies eines der ältesten Zeugnisse der Opferung sein, bei der das noch schlagende Herz herausgerissen wird.

TAJIN Der Ausgangspunkt der seltsamen, im vorhergehenden Textteil beschriebenen Steinschnitte ist nicht bekannt. Dies gilt auch für die Verbreitung. Es wurden jedoch ehemalige Städte gefunden, in denen die Entwicklung der klassischen Vera Cruz-Kunst ihr Ende fand. Ein hervorstechendes Beispiel sind die jetzt bekannten Ruinen von Tajin. Der Haupttempel, eines der hervorragendsten Gebäude der ursprünglichen Neuen Welt, stand auf einer abgestumpften, terrassenförmigen Pyramide mit sechs aufeinanderfolgenden Rängen und mit 365 Nischen, wie die Tage des Jahres. Es ist nicht wahr, wie vielfach verlautet, daß jede Nische einst die Statue einer Gottheit enthielt, dennoch folgten die Tajin-Architekten nicht der älteren mexikanischen Überlieferung, die an den Außenwänden tiefer eingesetzte Felder und Formen verwendete, wofür als Beispiel Monte Alban und Teotihuacan dienen. Viele Gebäude zeigen nach außen Wände und Säulen mit eingeschnittenen Reliefs, eine Art der Verzierung, die an klassischen Maya-Tempeln und bei späteren mexikanischen Bauten, z.B. der der Tolteken von Tula oder der Mixteken in Mitla, gefunden wird.
Einige der Tajin-Flachreliefs bestehen aus großen rechteckigen Mauerfeldern, die die charakteristischen Schnörkelmotive des klassischen Vera Cruz-Stils aufweisen. Sie können recht verwickelte Opferszenen darstellen. So rufen sie in ihrer inhaltlichen Darstellung die Wandreliefs der Tolteken von Tula in Erinnerung, und zwar besonders die in dem großen Ballspielhof in Chichen Itza in Yucatan gezeigten. Im Gegensatz dazu kommen Schnörkelmotive in der klassischen Vera Cruz-Art in unverfälschter Form in Teotihuacan (S. 50) vor, das, wie wir wissen, Jahrhunderte vor dem Eintreffen der Tolteken verlassen worden war.

DAS GEBIET DER HUASTEKEN

Das Teile der Staaten Tamaulipas, San Luis Potosí und Vera Cruz umfassende Gebiet an der mexikanischen Golfküste ist die Heimat der Huasteken, einer abgesonderten Gruppe der mayasprechenden Indianer. Man vermutet, daß Mayastämme in ferner Vergangenheit die gesamte Küste am Golf von Mexiko, so weit das Huasteken-Gebiet reicht, bewohnten, und später die Totonaken von Vera Cruz und die wenig bekannten nahuasprechenden Gruppen weiter südlich in Tabasco die Huasteken von der Hauptgruppe der Maya trennten, bevor sich die klassische Maya-Kultur entwickelte.
Ausgrabungen brachten viele Arten von Töpferwaren zutage, die zeitlich in sechs Hauptperioden eingeordnet werden können. Die beiden ersten Perioden können mit der Tieflandmaya-Töpferkunst der vorklassischen Periode und mit den beiden frühseten Monte Alban-Stilen in Wechselbeziehung gebracht werden. Die beiden mittleren Perioden lassen seit der klassischen Teotihuacan-Periode auf einen Wechsel in der Verbindung mit der Außenwelt und in der Beziehung mit den mexikanischen Hochländern schließen. In der fünften macht sich der beherrschende Einfluß der Tolteken in Mittelmexiko und Yucatan bemerkbar. Die letzte Periode umfaßt die Jahrhunderte vor der Eroberung.

HUASTEKEN-STATUE, VON VORN (LINKS) UND VON HINTEN (RECHTS) - DIE HINTERSEITE DES KOPFES STELLT EINEN SCHÄDEL MIT EINEM DARUNTERHÄNGENDEN GERIPPE DAR - AUS SAN VICENTE TANCUAYALAB, SAN LUIS POTOSÍ (MEXIKO) - (H. 158 CM). NEW YORK, BROOKLYN MUSEUM.

Das Huasteken-Gebiet hat mehrere charakteristische Arten von Skulpturen hervorgebracht, von denen keine zeitlich genau eingeordnet werden kann. Eine der interessantesten weist aufrechtstehende männliche und weibliche Gestalten auf. Beide Geschlechter tragen gewöhnlich die gleiche Art der Kopfbedeckung, eine viereckige, oben kegelförmig zugespitzte Mütze mit einem halbkreisförmigen Federfächer auf der Rückseite. Beine und Arme sind teilweise voll herausgearbeitet, wobei die letzteren asymmetrisch angeordnet sind. Kopf und Körper sind in den meisten Fällen in Vorderansicht dargestellt, sie wirken im allgemeinen aber steif und leblos. Der Stil verdankt bestimmt nichts der im Nachbargebiet gefundenen klassischen Maya- oder Vera Cruz-Skulptur. Einige der mehr ausgearbeiteten Statuen sind voll herausgemeißelt. Vom Nacken abwärts sind der Körper und die Glieder vollständig mit Flachreliefbildern bedeckt, die einst auf dem Lebenden gemalt oder tätowiert waren. Das auf Seite 43 gezeigte Beispiel ist einzigartig, weil die Vorderseite (aus der Stellung der Füße zu ersehen) einen Lebenden, die Rückseite des Kopfes hingegen einen Schädel darstellt, unter dem ein Skelett in Relief gezeigt wird. Dieses Skelett ist schmaler als der Körper des Lebenden; die menschlichen Fußknochen sind durch Vogelklauen ersetzt.
Die Darstellung von Leben und Tod in einem einzigen Wesen findet man sowohl auf Töpferwaren als auch auf Steinen, wobei gewöhnlich die Vorderseite das Leben und die Rückseite den Tod zeigt. Diese an und für sich etwas ungewöhnliche Idee ist alt und weit verbreitet. In Mexiko trifft man sie in der mittleren Tlatilco- und Monte Alban II-Töpferkunst an. Abänderungen sind aus Kolumbien und Peru bekannt. Da dieses Leben- und Todmotiv auch bei einer Schnitzerei aus dem Huasteken-Gebiet angetroffen wurde, nimmt man an, daß die Skulptur einem früheren Zeitabschnitt, als bisher geglaubt wurde, zugeordnet werden muß. Es sei noch erwähnt, daß die Huasteken des 16. Jahrhunderts die Missionare schockierten, weil sie keine Lendenbekleidung trugen. Die auf Seite 43 gezeigte Statue trägt sowohl einen kurzen Rock als auch einen Lendenschurz, der durch einen vorne geknoteten Gürtel gehalten wird; sogar das Skelett ist mit einem kurzen Rock sittsam bekleidet.
Auf den vorhergehenden Seiten ist es nur möglich gewesen, kurz einige der Glanzstücke der klassischen archäologischen Funde aus den Niederungen am Golf von Mexiko vorzuführen, und zwar aus dem Zeitabschnitt von etwa 1000 vor bis 1000 Jahre nach Beginn der christlichen Ära. Neue Entdeckungen heben die Wichtigkeit dieses Gebietes im Gesamtbild der kulturellen Entwicklung Mexikos noch mehr hervor, dennoch muß weiterhin viel Forschungsarbeit geleistet werden.

CERRO MONTOSO

Die im 16. Jahrhundert an der Golfküste von Mexiko wohnenden Eingeborenen nannten sich selbst Totonaken. Dieser Name wurde früher auf alle archäologischen Funde in diesem Gebiet angewandt. Man weiß nicht, wie lange sie dort lebten. Bauliche Überreste einschließlich zerfallener und verlassener Städte sahen die Spanier noch. Zwei Arten schöner Töpferwaren werden den Totonaken zugeschrieben, obschon wenig über die ganze Reihe ihrer Stile bekannt ist. Eine nach der Isla de Sacrificios benannte Gruppe ist aus braungelbem Ton mit linearen Zeichnungen in Schwarz,

KERAMIKGEFÄSS MIT EINEM TAUSENDFÜSSLER - AUS OTATES (VERA CRUZ) - CERRO MONTOSO-STIL - (H. 15,5 CM). MEXIKO, MUSEO NACIONAL DE ANTROPOLOGÍA.

Der Cerro Montoso-Stil ist durch kühn gemalte Zeichnungen in dunklem Rot und in Schwarz, um die Umrißlinien nach dem Brennen des Gefäßes eingeschnitten wurden, gekennzeichnet. Obgleich diese Technik an vorklassischen Stücken auftritt, wird der Cerro Montoso-Stil in das 14.-15. Jahrhundert verlegt.

Weiß und Rot. Die Stücke aus Cerro Montoso haben Zeichnungen in Rot und Schwarz mit eingetiefter Umrißlinie. Sie wurden besonders durch ein mit einem Tausendfüßler verziertes Gefäß (siehe oben) bekannt.

FASSADE MIT SKULPTUREN DES QUETZALCOATL-TEMPELS VON TEOTIHUACAN (D.F., MEXIKO).

MITTELMEXIKO

TEOTIHUACAN

Teotihuacan ist eine große Ruinenstadt ungefähr 50 km nordöstlich der mexikanischen Hauptstadt. Nachdem es vor Hunderten von Jahren verlassen wurde, die Namen seiner Erbauer der Vergessenheit anheimgefallen waren, wurde es von den Azteken „Ort der Götter" genannt, die glaubten, es wäre von Riesen errichtet worden, zweifellos weil Elefantenknochen in der Nähe aufgefunden worden waren. Der Name Teotihuacan wird auch auf die glänzendste aller amerikanischen Kulturen angewendet. Die Teotihuacan-Stilarten breiteten sich über Mittel- und Südmexiko aus; in leicht abgeänderter Form treffen wir sie in den klassischen Maya-Städten des Hoch- und Tieflandes von Guatemala und sogar in El Salvador an.

Das heutige Teotihuacan besteht aus einem Kult- oder „Innenstadt"- Bezirk, der durch eine breite, „Straße des Todes" genannte, Straße gesäumt wird. Sie endet auf einen Platz am Fuße der Mondpyramide und läuft über anderthalb Kilometer südlich. Etwa 45 m breit, stehen auf ihren beiden Seiten große und kleine Tempel auf terrassenförmigen Unterbauten. Abseits davon findet man kleinere Gemeindezentren, auch Häuser Wohlhabender, die um Höfe herum errichtet waren und die wegen ihrer Vielräumigkeit, ohne zu übertreiben, den Namen „Palast" verdienen. Die kalkweißen Wände dieser Häuser sind oft mit farbigen Wandmalereien geschmückt. Daneben finden sich auch noch große, anscheinend von vielen Familien bewohnte Häuser. Der ganze Stadtbezirk von schätzungsweise 15,5 qkm Fläche kann erst durch zukünftige Ausgrabungen erforscht werden.

Einige der noch vorhandenen Bauten sollen nun ausführlicher besprochen werden. Der größte, jetzt Sonnenpyramide genannte Bau ist eine abgestumpfte Pyramide, auf der ein Tempel und ein gewaltiges Götzenbild standen, die im 16. Jahrhundert zerstört wurden. Sie steht etwas abseits von der „Straße des Todes" auf einer großen, gepflasterten Plattform, die an jeder Seite nahezu 400 m mißt. Heutzutage besteht die Pyramide aus schlüpfrigen Mauerwerkswänden mit vorspringenden Steinpflöcken, die ehemals mit einer dicken Stuckschicht bedeckt waren. Während der „Rekonstruktion" vor vielen Jahren wurden eine ähnliche Außenmauer und ungefähr 6 m Ablagerungen auf allen drei Seiten der Pyramide entfernt. Dadurch wurde sie größenmäßig kleiner, so daß die Seiten der Grundfläche jetzt 224 m lang sind und ein Gebiet von 4 ha bedecken. Gegenwärtig ist sie 64 m hoch. Ihr Inhalt beträgt etwa eine Million Kubikmeter. Die mexikanische Regierung hat auf Bodenhöhe zwei Tunnel durch die Sonnenpyramide treiben lassen. Dabei stellte sich heraus, daß der gesamte Bau von Menschenhand errichtet worden war, da keinerlei Bodenerhebungen festgestellt wurden. Im Innern wurden alte Mauern und auch Keramikfiguren eines Stiles aufgefunden, der jetzt im Hinblick auf Figurinen aus Cuicuilco und anderen späteren vorklassischen Plätzen Teotihuacan I und II genannt wird.

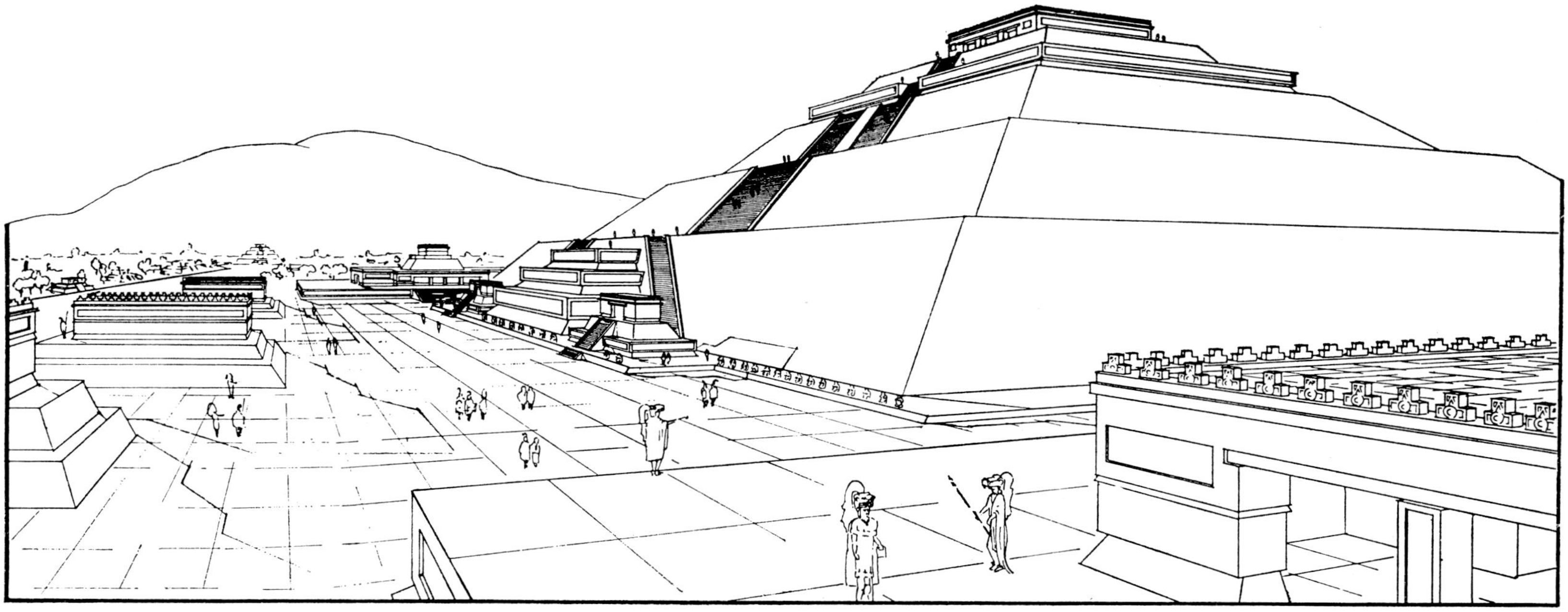

REKONSTRUIERTE ANSICHT DER SONNENPYRAMIDE, TEOTIHUACAN (D.F., MEXIKO).

Die Mondpyramide ist kleiner als der Sonnentempel und stellt wahrscheinlich die Grundform des größeren Baues dar. Sie ist 45 m hoch. Die Maße der Grundfläche betragen 130 × 163 m. Die Grundfläche bedeckt ungefähr 1,5 ha. Der Inhalt beträgt mehr als eine Viertelmillion Kubikmeter. Dieser Tempel mit Vorderhof, anschließende Gebäude entlang der „Straße des Todes" und ein ehemaliger Siedlungsbezirk sind jetzt ausgegraben und wiederhergestellt worden. Dieser als Zitadelle bekannte Gebäudekomplex liegt an der Ostseite der „Straße des Todes" nahe beim Südende. Es ist ein mächtiger Platz mit vertikalen Außenwänden, der auf jeder Seite über 400 m lang ist, wodurch der Eindruck einer Festung erweckt wird. Es sind jedoch keine Verteidigungsmauern, sondern weitflächige Plattformen, auf denen fünfzehn kleine Tempel standen, und zwar drei auf einer Seite und je vier auf den andern. Der Mittelpunkt dieses Platzes liegt mit dem Mittelpunkt der Plattform, die die Sonnenpyramide trägt, auf gleicher Strecke, was eine zeremonielle Beziehung vermuten läßt.
Die interessanteste Eigentümlichkeit des Hofes wurde bei der Wiederherstellung einer östlich vom Mittelpunkt stehenden terrassenförmigen Pyramide entdeckt. Innerhalb des neuen Baues war ein Treppenaufgang und nur die Vorderfläche eines älteren, überreich mit plastischen und Reliefsteinschnitten verzierten Gebäudes verborgen. Die Steinschnitte waren noch reichlich mit dem ursprünglichen Farbanstrich bedeckt. Schlangenköpfe verzieren die Balustraden. Die vertikalen Wände der Terrassen, von denen wahrscheinlich einst sechs bestanden, zeigen abwechselnd große plastische Köpfe, die die gefiederte Schlange darstellen, das Symbol des Quetzalcoatl, und Tlaloc-Köpfe. Es handelt sich um die aztekischen Namen der Gottheiten des Himmelsgewölbes und des Regens, die in Mexiko bis zur Eroberung überall verehrt wurden (S. 46). Kleinere Wassersymbole bestehen aus in Relief ausgeführten Muscheln.

Abgesehen von dieser einzigartigen prächtigen Fassade findet man nur wenige große Steinskulpturen in Teotihuacan. Am bekanntesten ist die gewaltige Gestalt auf dieser Seite, die eine Wassergöttin darstellen soll. Dieses Steinbildnis wurde vor etwa einem Jahrhundert inmitten der verfallenen Tempel an der Westseite des Platzes vor der Mondpyramide aufgefunden. Es lag mit der Vorderseite nach unten und wurde die „ohnmächtig machende Steinfigur" genannt, weil man glaubte, daß jeder, der sich darauflegte, „mit Bestimmtheit müde wurde oder während einiger Zeit sein Bewußtsein verlor". Hinsichtlich des Stils zeigt diese Statue sehr wenig Ähnlichkeit mit den Steinschnitten der Fassade. Eine andere Skulptur gleicher Art wurde in der Nähe von Texcoco unvollendet gelassen. Ihr derzeitiges Gewicht wird auf 190 Tonnen geschätzt, das natürlich geringer gewesen wäre, hätte man sie fertig behauen. Dennoch wären schätzungsweise 2000 Menschen mit Walzen und Seilen zum Transport dieser Statue nötig gewesen.

Eine davon gänzlich verschiedene Art des Steinschnittes wurde im Jahre 1963 auf einem La Ventilla benannten Bauernhof ungefähr einen Kilometer südwestlich der Zitadelle aufgefunden. Obgleich hier keinerlei eindrucksvolle Bauten über der Erde übriggeblieben sind, brachten vorläufige Ausgrabungen dennoch ineinandergeschachtelte und übereinanderliegende Bauten ans Tageslicht, die augenscheinlich aus einer langen Periode dichter Besiedlung herrühren. Die wesentlichste Entdeckung ist die auf S. 50 gezeigte, aus mehreren Abschnitten bestehende Stele. Die vier geschnittenen und voneinander getrennten Abschnitte werden durch Zapfen und Pfannen zusammengehalten; wahrscheinlich stand sie einst auf einer viereckigen Grundplatte. Jahrhunderte später, nachdem Teotihuacan verlassen worden war, wurden von den Tolteken von Tula Zapfen und Hülsentrommeln für Säulen benutzt, und zwar in auffallender Weise für Atlanten-Säulen, die das Dach des Haupttempels trugen (S. 58). Derartige, aus Abschnitten bestehende Statuen, die hinsichtlich der Technik, aber nicht im Hinblick auf den Stil damit verglichen werden können, sind aus dem Hochland Guatemalas und dem westlichen Salvador bekannt.

Dies ist das älteste große Götzenbild der Mexikaner, rund 5 m groß und schätzungsweise mehr als 18 Tonnen schwer. Es wurde geschnitten, um einen rechteckigen Tempel, von vorne und von hinten, mit seinen Wulsten und Eingängen darzustellen, mit der Gestalt einer Wassergöttin an der vorderen Fassade. Diese in Teotihuacan gefundene Statue von Chalchihuitlicue steht jetzt im mexikanischen Nationalmuseum.

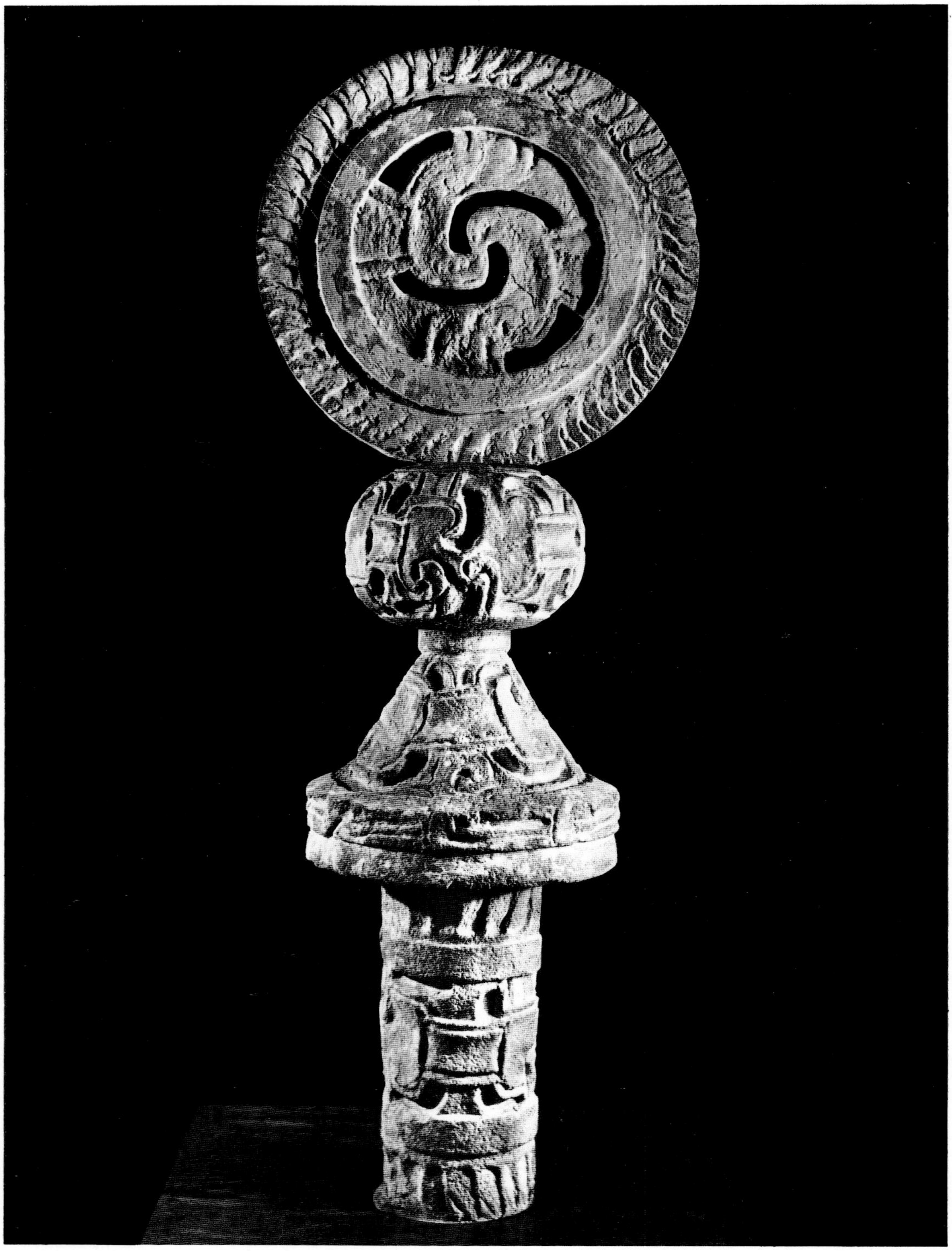

IN VIER ABSCHNITTEN GEMEISSELTE STEIN-STELE MIT ZAPFEN UND PFANNEN - AUS LA VENTILLA (TEOTIHUACAN), D.F., MEXIKO - (H. 210 CM). MEXIKO, MUSEO NACIONAL DE ANTROPOLOGÍA.

Die Ventilla-Stele wird von einer flachen Scheibe gekrönt, die nach einem in Teotihuacan wohlbekannten Stil verziert ist. Die drei unteren Abschnitte hingegen weisen die für die klassischen Vera Cruz-Skulpturen charakteristischen Schnörkel und Voluten in einer so getreuen Wiedergabe auf, daß man dahinter das Werk eines bedeutenden Künstlers vermutet. Eine ähnliche Verschmelzung der beiden Stile findet man bei den klassischen Teotihuacan-Töpferwaren. Mexikanische Archäologen stellten fest, daß die Ventilla-Stele in früheren Zeiten einem eindeutigen Zweck gedient haben müsse. Auf einem bisher unveröffentlichten Fragment der Tepantitla-Wandmalereien werden nämlich zwei Mannschaften bei einem Ballspiel gezeigt. Das Spiel ist nicht das in Mittelamerika wohlbekannte, bei dem Ringe verwendet wurden; hier tragen alle Spieler mächtige Schlagstöcke. An beiden Enden des Spielfeldes erkennt man „Merker", die denen der Ventilla-Stele ähneln.

Zur Anfertigung der kleineren Skulpturen im Teotihuacan-Stil wurden gewöhnlich Steine wie Basalt, Serpentin, Onyx oder Jade bearbeitet, die einen Hochglanz annehmen können. Da mit religiösem Symbolismus überladene Motive vermieden wurden, werden die Teotihuacan-Steinschnitte begierig von Sammlern gesucht. Die kleineren Skulpturen kann man in zwei Gruppen einteilen. Die eine besteht aus kleinen, entweder aufrecht stehenden (siehe unten) oder mit gekreuzten Beinen sitzenden menschlichen Gestalten. Die meisten kommen aus dem Staate Guerrero, wo sich der Teotihuacan-Stil mit dem Olmeken-Stil vermischte. In diesem Gebiet konnte sich keiner der beiden Stile voll entwickeln.

STATUETTE, DIE EINE STEHENDE MENSCHLICHE FIGUR DARSTELLT.
AUS DEM STAAT PUEBLA - TEOTIHUACAN-STIL - (H. 26 CM).
MEXIKO, MUSEO NACIONAL DE ANTROPOLOGÍA, SAMMLUNG COVARRUBIAS.

„Masken“ sind etwa lebensgroße Steinköpfe. Obgleich sie hohl, nach hinten offen und zum Aufhängen am Rande durchbohrt sind, sind sie wahrscheinlich dennoch nicht von Lebenden als Masken getragen worden, da sie keine Augenlöcher besitzen. Auch als Brustschmuck konnten sie nicht verwendet werden, da sie zu schwer waren. Bis jetzt konnte noch kein geschulter Archäologe irgendein Beispiel zum Vergleich heranziehen, so daß man nicht weiß, wozu sie eigentlich dienten. Offensichtlich wurde versucht, sie zu verschönern und lebensähnlich zu machen. In vielen, wenn nicht in allen Fällen wurden Zähne und Augen durch Einlagen von Muscheln, Obsidian und Pyrit angedeutet. Heutzutage sind derartige Einlagen gewöhnlich verschwunden, oder sie sind durch einen Fleck ersetzt; nur mit wenigen Ausnahmen ist ihr ursprüngliches Aussehen erhalten geblieben. Die Ohrläppchen sind fast unverändert gedreht, und typische Ohrmuscheln wurden daran befestigt. In einigen Fällen weisen sie herausgeschnittene Stellen auf, die wahrscheinlich mit farbigen Mosaiksteinchen ausgefüllt waren, wie es von den Arbeiten der Azteken und Mixteken wohlbekannt ist (S. 72).
Keramikfigurinen wurden in Teotihuacan in großer Zahl aufgefunden. Die ältesten sind eindeutig vorklassisch und stammen wahrscheinlich aus dem 4. Jahrhundert vor unserer Zeitrechnung. Eine zweite, ebenfalls handgeformte Gruppe ist wegen der kraftvollen Haltung und Dynamik bemerkenswert. Diese kleinen Keramikköpfe haben gewöhnlich einen breiten Vorderkopf mit schmalem Kinn, was auf einen körperlichen Typ schließen läßt, den die Steinmasken der dritten oder klassischen Stilperiode wiedergeben. Die aus dieser Zeit stammenden Figurinen jedoch sind ganz andersartig, da sie den Symbolismus eines vielfältigen Pantheons wiedergeben und mit bestimmten Göttern identifiziert werden können, von denen viele in späteren Zeiten angebetet wurden. Die klassischen Figurinen sind nicht von Hand, sondern unter Verwendung von Formen hergestellt worden. Durch erhalten gebliebene Formen können heute die Touristen mit Pseudo-Antiquitäten in reichem Maße versorgt werden.
Teotihuacan-Keramikgefäße verdienen eine lange Abhandlung, aber wir beschränken uns darauf, hier nur bestimmte Formen der klassischen Periode anzuführen. Künstler größter technischer Geschicklichkeit widmeten sich selbst der Anfertigung zylindrischer Töpfe, die auf Dreifüße gestellt wurden. Oft hatten diese einen kegelförmigen Deckel mit Knopf oder kleinem Kopf. Sie wurden verziert, bemalt und mit eingeschnittenen Voll- und Flachreliefs geschmückt. Höchst bemerkenswert sind Gefäße, die mit Gipsmörtel überzogen und bemalt wurden und im kleinen die Motive der großen Wandmalereien wiedergeben (S. 55). Diese Freskotechnik trat im mexikanischen Hochland während der mittleren vorklassischen Periode zum ersten Mal auf und wurde bis zu dem Augenblick angewendet, an dem Teotihuacan verlassen wurde. Wiederholt wurde sie an Maya-Plätzen der frühen klassischen Periode und häufig in Kaminaljuyú am Rande der Stadt Guatemala aufgefunden. Hier können die Motive der Malerei aus Teotihuacan stammen oder in der Überlieferung des Maya-Stiles gehalten sein.
Wandmalereien sind nicht die dauerhaftesten Kunstwerke. Deshalb ist es überraschend, noch so viele in einer vor langer Zeit durch Feuer zerstörten Stadt vorzufinden. Glücklicherweise sind von allen Archäologen in Teotihuacan Kopien angefertigt

MASKE AUS ONYX, EINSTMALS MIT EINGELEGTEN AUGEN - KLASSISCHER TEOTIHUACAN-STIL. FLORENZ, ARCHÄOLOGISCHES MUSEUM.

DER REGENGOTT TLALOC - DETAIL EINES FRESKOS AUS EINEM GEBÄUDE IN TETITLA, TEOTIHUACAN (D.F., MEXIKO) - KLASSISCHE PERIODE.

worden. Reproduktionen in voller Größe findet man im mexikanischen Nationalmuseum. Die meisten Wandmalereien in Teotihuacan wurden auf den Wänden der als „Paläste" bezeichneten Gebäude aufgefunden, die vermutlich von Reichen oder höheren Beamten bewohnt waren. Die Wände waren mit einem sehr glatten weißen Gipsmörtel überzogen. Die Pigmente waren schwarz, weiß, hellgrün, hellgelb, rosa, dunkelrot, hell- und dunkelblau. Schatten und Perspektive fehlen. Die entfernteren Teile wurden höher angeordnet als die näherliegenden, um eine Tiefe anzudeuten. Die wiedergegebenen Motive sind mit wenigen Ausnahmen religiöser Natur. Wenn auch die mit Blut bedeckten, schauerlichen Azteken-Gottheiten in der Darstellung des aztekischen Pantheons fehlen, ist doch das Menschenopfer durch abstrakte Zeichnungen, die Herz, Blut und Opfermesser zeigen, angedeutet. Zahlreich sind die Symbole der Götter. Die beigesellten Tiere gefallen besonders europäischen Augen, da sogar die am ausgeprägtest esoterischen oft anmutig sind.

Die Idee einer zeremoniellen Erneuerung war in Mittelamerika eingewurzelt und verlangte besondere Riten. Der am besten bekannte ist vielleicht die neue Feuerzeremonie der Azteken, die zu Beginn eines jeden 52-Jahre-Zyklus nach der Vernichtung aller Töpferwaren und Haushaltsgegenstände abgehalten wurde. Eine bauliche Erneuerung könnte darin bestanden haben, das alte Gebäude ganz aufzufüllen und es als Basis für ein neues zu benutzen. Nicht weniger als sechs derart übereinanderliegender Tempel wurden bei Tenayuca gefunden.

Während der mittleren vorklassischen Periode traten in Mittelmexiko mit Fresken bemalte Stuckgefäße auf. Diese Technik erreichte ihren höchsten Entwicklungsgrad zur Zeit von Teotihuacan III (siehe unten) und breitete sich mit diesem Stil durch das Maya-Gebiet bis zum Osten und Süden aus. Es ist daraus zu folgern, daß die Gefäße zeremonielle Erneuerungen sind, weil die verborgenen ursprünglichen Oberflächen oft verziert sind und die Motive der neuen Oberflächen in Miniatur die zeitgenössischen religiösen Wandmalereien widerspiegeln.

KLASSISCHE TEOTIHUACAN-SCHALE - DIE MIT STUCK ÜBERZOGENEN WANDUNGEN STELLEN DIE DEN AZTEKEN ALS XOCHIPILLI, HERR DER BLUMEN, BEKANNTE GOTTHEIT DAR - (H. 11,5 CM). MEXIKO, DIEGO RIVERA MUSEUM.

KERAMIKKOPF EINES TIERES MIT EINEM MENSCHENKOPF IM OFFENEN RACHEN, BEIDE MIT PERLMUTTMOSAIK BEDECKT - AUS TULA (HIDALGO). TOLTEKEN-PERIODE - (H. 13,5 CM). MEXIKO, MUSEO NACIONAL DE ANTROPOLOGÍA.

DIE TOLTEKEN VON TULA

Die zu erwartenden Fortschritte bei der Verwendung radioaktiven Kohlenstoffs zur Ermittlung des Alters archäologischer Funde dürften uns bald den genauen Zeitpunkt des Untergangs und der Zerstörung von Teotihuacan liefern können. Seine Bewohner siedelten sich in andern Städten wie Azcapotzalco an. Darauf folgte eine Periode voll Verwirrung und Unordnung und mit Einfällen wilder Stämme aus dem Norden, zu denen auch die Tolteken gehörten. Wir wissen praktisch nichts über die Neuankömmlinge, bevor sie das mexikanische Plateau erreichten. Die Tolteken kamen unter der Führung des großen Häuptlings Mixcoatl an, der in späteren Zeiten als Gott verehrt wurde. Sie eroberten das Tal von Mexiko und errichteten ihre Hauptstadt auf dem Sternenhügel in Culhuacan. Hier wurde Mixcoatl von seinem Bruder umgebracht. Er hinterließ eine Witwe, die bei der Geburt eines Sohnes starb. Die Tolteken verehrten wohl den Gott Tezcatlipoca, aber der Sohn Topiltzin wurde im Glauben seiner Mutter durch Priester des Gottes Quetzalcoatl erzogen. Als er sein Mannesalter erreicht hatte, tötete er seinen Onkel und wurde der Führer der Tolteken. Er wurde dann der Hohe Priester des Quetzalcoatl und nahm seinen Namen an.
Aus unbekannten Gründen verlegte Quetzalcoatl seine Hauptstadt. Er gründete die Stadt Tula im Jahre 980 n.Chr. Dort führte er neue Gewerbe und Künste ein und errichtete eine Stadt märchenhaften Reichtums. In späteren Zeiten wurde ihm nachgesagt, er wäre außerordentlich gelehrt gewesen, hätte die Landwirtschaft, die Metallbearbeitung, das Wahrsagen, den Kalender, das Schreiben und die Bücher eingeführt. Als Hoher Priester seines göttlichen Namensvetters widersetzte sich Quetzalcoatl dem Menschenopfer und den blutigen Riten, die von Tezcatlipoca, dem traditionellen Gott der Tolteken, verlangt wurden. Infolge religiöser Konflikte mußte Quetzalcoatl Tula im Jahre 999 verlassen. Mit einer Gefolgschaft gläubiger Anhänger zog er zur Golfküste und schiffte sich nach Yucatan ein mit dem Versprechen, eines Tages zurückzukehren. Dieser kleinen Gruppe von Priestern und Kriegern gelang es, die Maya-Stadt Chichen Itza zu beherrschen, wo sie große Tempel im Stile Tulas errichteten. Die Führer der Tolteken herrschten dort weiter bis zum Jahre 1194.
Die Tolteken führten neue Kunststile ein, die den Symbolismus der beiden sich befehdenden religiösen Kulte vereinigen. Ihre Architektur ist durch die häufige Verwendung von Atlanten als Trägersäulen gekennzeichnet. Ihre Toreingänge wurden durch geschnittene Säulen unterteilt, um die mythische Gefiederte Schlange darzustellen, deren Kopf auf dem Fußboden ruht und deren Schwanz mit den Klappern den Türsturz trägt. In Tula wurde das Dach eines Tempels durch vier 4,5 m hohe Kriegerstatuen gestützt, die nach Tolteken-Art gekleidet waren. Sowohl in Tula als auch in Chichen Itza findet man ausgedehnte Säulengänge mit runden oder viereckigen Säulen; die letzteren waren auf allen vier Seiten mit Steinschneidearbeiten bedeckt. In beiden Städten sind die Mauern oder die Seiten der Bänke mit Tafeln oder Friesen in Flachrelief ausgestattet. Sie stellen Aufmärsche von Kriegern zuweilen in feierlicher Handlung dar (S. 134). Ferner zeigen sie Adler und Jaguare, die die Herzen der

Geopferten verschlingen, Reihen von Schädeln oder die Symbole von Quetzalcoatl, die Gefiederte Schlange, und gelegentlich den Gott gewordenen Mixcoatl, dessen Name „Düstere Schlange" bedeutet.

In Chichen Itza, aber nicht in Tula findet man viele bemerkenswerte Wandmalereien. Die Motive sind nicht religiöser Natur wie bei den meisten Fresken in Teotihuacan, sondern es werden Schlachten oder das bescheidene tägliche Leben eines Fischerdorfes dargestellt (S. 135). Die Ausgrabungen in Tula brachten das auf Seite 56 gezeigte Keramikbildwerk ans Licht. Es stellt einen menschlichen Kopf dar, der einen Helm in der Form eines Tierkopfes trägt. Es ist vollständig mit einem Perlmuttmosaik bedeckt. Schöne Mosaiken aus der Toltekenperiode wurden in Chichen Itza gefunden. Technisch ähneln sie den Arbeiten der Azteken und Mixteken (S. 72).

DIE CHICHIMEKEN-PERIODE

Nach dem Untergang von Tula fielen in Mittelmexiko neue Scharen von Barbaren aus dem Norden ein, die unter dem Sammelnamen Chichimeken bekannt sind. Im 13. Jahrhundert siedelten sie sich in Tenayuca an und gründeten eine Dynastie, die später ihre Hauptstadt nach Texcoco verlegte. Während der Vorherrschaft der Chichimeken im Tal von Mexiko behielten die Tolteken Culhuacan als Feste in ihrer Hand, also den Platz, an dem sie ihre erste Hauptstadt gründeten. Ihr Anspruch, Abkömmlinge der Könige von Tula zu sein, gab ihnen großes Ansehen. Neuankömmlinge, die sich in dem Tal niederließen, nahmen Frauen aus dem Hause Culhuacan. Diese dynastischen Allianzen trugen zum Überleben dieser Tolteken bei. Im Jahre 1367 wurde Culhuacan durch Azcapotzalco zerstört, das hierbei von seinen niederen Verbündeten, den Azteken, unterstützt wurde. Wenige Jahre später erwählten die unbedeutenden Azteken einen Nachkommen der abgesetzten Könige von Culhuacan zu ihrem Herrscher und erklärten sich selbst zu Erben der Tolteken.

SÄULEN, DIE DAS DACH EINES HEUTE ZERFALLENEN TEMPELS TRUGEN - AUS TULA (HIDALGO) - TOLTEKEN-STIL. (H. DER ATLANTEN: 4,50 M).

Die Steinschnitte der Tolteken stellen oft Krieger entweder als Atlantensäulen oder als Flachreliefs auf Mauern, Türpfosten u.a. dar. Ihre Insignien sind oft die hier gezeigte Brustverzierung, die als ein dem Brauch entsprechend dargestellter Vogel wiedergegeben wurde; außerdem wurde eine runde Scheibe über dem Hinterteil getragen. Als Menschen, die an ein kühleres Klima gewohnt waren, trugen die Tolteken mit Vorliebe Felle, sogar dann noch, als sie in ein tropisches Klima eingewandert waren. Auf dem Steinschnitt auf S. 134 sind die Arme der Krieger mit Pelzstreifen verziert.

DIE AZTEKEN

Aus verschiedenen Gründen überragen die Azteken alle andern Völker der Neuen Welt. Ihre Hauptstadt Tenochtitlan, auf der das heutige Mexiko steht, war die größte und schönste, jemals von Europäern gesehene Metropole der uransässigen Bevölkerung. Ihre Eroberung war eine hervorragende kriegerische Leistung, und die Beute war der größte Schatz, der bis zu jenem Zeitpunkt nach Europa gekommen war. Augenzeugenberichte schildern uns die blühende Wirtschaft der Azteken, ihre seltsamen farbigen Gebräuche und auch ihre blutigen Menschenopfer. Beschreibungen dieser exotischen Zivilisation und ihres dramatischen Untergangs erschienen bald danach in fast allen europäischen Sprachen.

GESCHICHTE

Die Azteken waren ursprünglich eine der kleinen Nomadengruppen, die nach Mittelmexiko vom Norden einwanderten. Im Jahre 1325 n.Chr. siedelten sie sich auf der sumpfigen Insel Tenochtitlan an, die im See Texcoco im Tal von Mexiko lag. Dann folgten viele Kriege, bei denen sie zuerst die schwächeren Verbündeten stärkerer Nachbarn waren. Aus diesen Kriegen entsprang ein Bund dreier Städte, der später den größten Teil von Mittel- und Südmexiko beherrschte. Zu Beginn waren die drei Partner Tenochtitlan, Texcoco und Tlacopan gleichen Ranges. Bei der Ankunft der Spanier besaßen die Azteken die unbestrittene Vorherrschaft.

Die Ausdehnung der Inselhauptstadt der Azteken wurde durch den Bau der *chinampas*, der sogenannten „schwimmenden Inseln" möglich, die man heute noch im Bezirk von Xochimilco antrifft. Zur Herstellung einer *chinampa* wird Schlick aus dem Sumpf oder vom Seeboden ausgehoben und mit Flechtwerk zusammengehalten, um eine kleine Insel zu bilden. Durch Baumwurzeln wird die Insel auf dem Grund verankert. Durch diese Bauweise wurde Tenochtitlan eine von Kanälen zerschnittene Stadt. Tenochtitlan eroberte schließlich Tlateloco, die Nachbarinsel, die um 1200 n.Chr. besiedelt worden war. Ausgrabungen in diesem Gebiet, und zwar im Herzen der Stadt Mexiko, brachten kürzlich das auf Seite 63 gezeigte große Weihrauchbecken zutage. Itzcoatl (1428-1440), der vierte Herrscher von Tenochtitlan, errang für sein Volk die volle Gleichberechtigung im Bund. Er reformierte Religion und Regierung und befahl den Bau neuer Tempel aus Stein sowie großer Fahrdämme und Brücken, die seine Insel mit dem Festland verbanden. In jener Zeit war die Arroganz der Azteken so groß, daß Itzcoatl befahl, die historischen Handschriften seiner von ihm besiegten Nachbarn, die eine glorreichere Vergangenheit hatten als er, zu verbrennen.

Der nächste Herrscher, Montezuma I. (1440-1469), schloß Tlacopan aus dem Dreierbund aus und stieß bei seinen Eroberungen nach Osten und Süden über das Tal von Mexiko hinaus. Er baute die Wasserleitung, die Süßwasser von Chapultepec nach seiner Stadt heranführte, und einen großen Deich zur Verhütung von Überflutungen. Sein Sohn Axayacatl (1469-1481) eroberte die Nachbarstadt und unterjochte ihre Regierung. Er sandte auch Heere nach dem Südosten bis nach Oaxaca und Tehuantepec. Axayacatl ist der erste Herrscher, der mit einem Kunstwerk in Beziehung gebracht werden kann, denn er befahl die Bearbeitung des auf den Seiten 64 und 65 beschriebenen großen Kalendersteins, der uns nach seiner Entzifferung wichtige Aufschlüsse gab. Tizoc (1481-1486) begann den Wiederaufbau der Zwillingstempel des Kriegs- und des Regengottes und befahl die Steinschneidebearbeitung des sogenannten Opfersteins. Dieser hat die Form eines Mühlrads mit einem Loch in der Mitte zum Verbrennen der Menschenherzen. Ein Fries um den Rand stellt dar, wie der Herrscher Gefangene zum Opfer ergreift. Auf Tizoc, der vergiftet worden sein soll, folgte sein Bruder Ahuitzotl (1486-1503), der die großen Tempel vollendete. Nach zwei Kriegsjahren hatte er mit eigenen Händen 20 000 Gefangenen zur Weihung die Herzen herausgerissen. Seine Eroberungen dehnte er bis nach Guatemala und dem nördlichen Vera Cruz aus. Seine Hauptstadt war inzwischen so groß geworden, daß er den Bau einer zweiten Wasserleitung befahl. Die Stadt soll aus 60 000 Häusern bestanden haben mit einer Bevölkerungszahl von schätzungsweise 300 000. Montezuma II. (1503-1520), dem es bestimmt war, von Cortez gefangengenommen zu werden, wetteiferte mit seinen Vorgängern in der Frömmigkeit, indem er 12 000 Gefangene bei einer einzigen Feierlichkeit opferte.

RITUAL

Sogar bei den einfacheren religiösen Feiern der Azteken fanden Menschenopfer statt. Sie wurden auf ihren größten Kunstwerken dargestellt. Der Gedanke, sich für das Wohl der Menschheit zu opfern und Märtyrerqualen zu erleiden, findet sich bei vielen früheren und heutigen Religionen in der ganzen Welt. Wahrscheinlich wurden in Mexiko schon zu den Zeiten der Olmeken persönliche Blutopfer durchgeführt, denn Jadenadeln sollen, wie man annimmt, zum Durchbohren von Zunge und Ohren benutzt worden sein. Ein klassischer Maya-Steinschnitt (S. 108) stellt dar, wie ein Reuiger durch die Zunge einen Strick mit daran befestigten Kaktusstacheln zieht. Die Opferung, bei der die Brust aufgeschnitten und das noch schlagende Herz herausgerissen wird, ist gelegentlich in klassischen Maya- und Vera Cruz-Steinschnitten dargestellt; sie soll aber nicht in Teotihuacan vorgekommen sein, wo jedoch bluttriefende Menschenherzen in Wandmalereien erscheinen. Auf Flachreliefs in Tula und Chichen Itza sieht man, wie Adler und Jaguare Herzen zerfleischen. Das älteste *tzompantli*, ein Gestell, worauf die Köpfe der Geopferten aufgespießt wurden, ist wahrscheinlich das aus den Zeiten der Tolteken in Chichen Itza.

Die Azteken und auch noch andere glaubten, die Götter müßten stark gemacht werden, damit der Mensch fortleben könne; ihre Nahrung wäre Menschenblut. Weiterhin waren sie überzeugt, daß das Blut aus dem Herzen der Krieger am begehrtesten wäre, und zwar besonders der tapferen und edlen. Sklaven, Frauen oder Kinder wurden manchmal abgeschlachtet, aber sie wurden für geringwertiger als die in der Schlacht Gefangenen angesehen. So entstand ein *circulus viciosus*: Kriege lieferten Opfer zur Weihe, und die Weihe erforderte Kriege. War kein Krieg in Sicht, trafen sich die besten Krieger zweier Staaten und fochten miteinander, sowohl um das Ansehen als auch um Gefangene machen zu können. Die Sieger ernteten Ehre und die Gefangenen starben ruhmreich zur Nahrung der Götter mit dem Bewußtsein, nach dem Tode in einem besonderen Himmel leben zu können.

Die Azteken werteten ihre Eroberungen politisch nicht aus, um einen großen Staat zu bilden. Jedoch ließen sie überall Besatzungen und Beamte zum Eintreiben der Tribute zurück, die nach Tenochtitlan befördert wurden. Bis heute noch erhalten gebliebene Tributlisten Montezumas führen die Städte auf mit der Angabe, was sie zu liefern hatten und in welcher Menge. So wurden Gold, Jade, Federwerk, Textilien und örtliche Erzeugnisse aller Art zu Montezuma gebracht. Besonderen Beamten oblag es, diese Schätze zu verteilen. TRIBUTE

Neben den Tributen hing die Wirtschaft der Azteken noch vom Handel ab. Sie entwickelten eine besondere Kaufmannsklasse, deren Güter durch Sklaven befördert wurden. Der Warenaustausch wurde in einem großen Teil Mexikos und Mittelamerikas unter Verwendung von Kakaobohnen als Zahlungsmittel erleichtert. Handelsniederlassungen wurden im Süden bis nach Nicaragua errichtet. Noch fünfzig Jahre nach der Eroberung von Tenochtitlan trafen spanische Söldner zu ihrem Erstaunen im südlichen Costa Rica eine Gruppe von Azteken an. Diese erklärten, sie wären von Montezuma ausgesandt worden, um Gold einzusammeln und hätten sich entschlossen, nicht wieder nach Hause zurückzukehren, als sie von seinem Niedergang hörten.

Alle mexikanischen Städte hatten Märkte; der größte und berühmteste war der im Bezirk Tlateloco von Tenochtitlan. Der Söldner Bernal Diaz, der später zum Geschichtsschreiber wurde, berichtet darüber wörtlich: „Wir waren über die Menschenmenge und die Anhäufung von Waren dieses Marktes und über die Ordnung und Kontrolle erstaunt... Jede Art von Ware wurde getrennt dargeboten und hatte ihren bestimmten und bezeichneten Platz. Beginnen wir mit der Aufzählung bei den Händlern in Gold, Silber und Edelsteinen, Federn, Mänteln und Stickereiwaren. Dann fand man andere Waren wie Indianersklaven, und zwar sowohl Männer als auch Frauen; ich kann behaupten, daß sie zu diesem großen Markt ebenso viele heranbrachten wie die Portugiesen Neger aus Guinea; sie wurden dorthin gebracht an langen Stangen angebunden und mit Halseisen, damit sie nicht entwischen oder andere sie freilassen konnten. Nahebei traf man Händler an, die große Ballen Tuch und Baumwolle und andere Gespinste verkauften, und es gab auch *cacahuateros*, die Kakao feilboten... MÄRKTE

„Fahren wir fort und sprechen wir nun von denen, die Bohnen, Salbei und andere Gemüse und Kräuter in einem andern Teil verkauften, und von denen, die Geflügel, Hähne mit Kehllappen, Kaninchen, Hasen, Wild und dergleichen mehr in ihrem Teil des Marktes anboten, und laßt uns auch noch die Obsthändler erwähnen und die Frauen, die fertig zubereitete Speisen wie Teigküchlein u.a. verkauften; dann wiederum fand man jegliche Art von Töpferwaren, die in tausenderlei verschiedenen Formen von großen Wasserkrügen bis zu kleinen Töpfen angeboten wurden, auch sie hatten ihren besonderen Platz; dann wiederum wurden Honig und Honigpasten und andere Leckereien wie Nußkuchen verkauft und schließlich auch Gerümpel, Bretter, Wiegen, Balken und Klötze, wobei wiederum jeder Gegenstand seinen Platz hatte. Papier, in diesem Land *amatl* genannt, und Röhrchen mit Duftstoffen gefüllt wie *liquidambar* oder voll mit Tabak oder mit gelben Salben und ähnlichen Dingen verkaufen sich im Nu.

Unter den Arkaden dieses großen Marktplatzes wird viel Kochenille angeboten, auch findet man dort viele Verkäufer von Kräutern und andern Handelswaren... Ich vergaß, die Salzverkäufer aufzuzählen und die, die Messer aus Steinen anfertigten und dabei zeigten, wie sie sie aus dem Stein selbst herausspalteten... Dann wurden Äxte aus Messing, Kupfer und Zinn und Kürbisflaschen und lustig angemalte Holzkrüge zum Verkauf angeboten."

TEMPEL Nahe beim Tlateloco-Markt war ein viel größerer Platz als der von Salamanca und eine ungeheure terrassenförmige Pyramide, die durch die Zwillingstempel von Huitzilopochtli und Tezcatlipoca gekrönt war. Das auf Seite 63 gezeigte große Weihrauchbecken fand man kürzlich auf einer dieser Terrassen unter etwa 6 m Erde verborgen, die sich seit der Eroberung dort abgelagert hatte. Es muß an dem Tage, an dem Bernal Diaz hinter dem Kaiser Montezuma und Cortez die 114 Stufen zum Gipfel hinaufstieg, von riesigen Kopal- und Gummirauchwolken überwogt gewesen sein. Er war Zeuge des dramatischen Augenblicks, als Montezuma Cortez bei der Hand nahm und ihn aufforderte, auf seine große Stadt und die vielen andern, die den See Texcoco umsäumen, hinunterzuschauen. „Da standen wir und schauten um uns herum", schrieb Diaz, „denn dieser gewaltige und verfluchte Tempel stand so hoch oben, daß man von ihm aus alles sehr gut sehen konnte."

Auf ihre Bitte erhielten die spanischen Gäste Montezumas die Erlaubnis, die Tempel zu betreten und ihre Götter zu betrachten. In jedem der Tempel wurden sie krank von dem Gestank der mit dem getrockneten Opferblut geschwärzten Wände; sie waren über das frische Herzblut der früh an diesem Tage Getöteten entsetzt. Von diesem Besuch besitzen wir die beste Beschreibung des ursprünglichen Aussehens der wenigen noch erhaltenen großen Skulpturen der Azteken wie die der Gottheit auf Seite 67, die heutzutage nicht mehr ihre Farben und reichen Verzierungen trägt.

Lassen wir wieder Bernal Diaz sprechen: „Auf jedem Altar standen zwei Gestalten wie Riesen mit mächtigen fetten Körpern. Die erste, zur rechten Hand stehende wäre die von Huichilobos (Huitzilopochtli), ihrem Kriegsgott; er hatte ein breites Gesicht und gewaltige, schreckliche Augen. Kopf und Körper waren mit Edelsteinen, Gold und Perlen bedeckt sowie mit Perlmutter, die mit einer Paste angeklebt waren, die sie hierzulande aus einer besonderen Wurzel herstellen. Um den Körper dieser Gottheit wanden sich große Schlangen aus Gold und Edelsteinen; in der einen Hand hielt Huitzilopochtli einen Bogen und in der andern einige Pfeile. Eine andere, wesentlich kleinere Statue nahe bei ihm sollte sein Edelknabe sein, der eine kurze Lanze und einen reich mit Gold und Steinen verzierten Schild hielt. Um seinen Nacken hatte Huichilobos einige Indianergesichter und andere Dinge gleich Indianerherzen, von denen die ersteren aus Gold und die letzteren aus Silber bestanden, sowie viele blaue Edelsteine." Nachdem Diaz über die Verbrennung von drei soeben geopferten Menschenherzen berichtet hat, beschreibt er die nahestehende Gestalt von Tezcatlipoca, der ein Gesicht wie ein Bär und aus Spiegeln hergestellte Augen hatte. Auch sein Körper war mit Edelsteinen überladen. Diaz fügt dann noch hinzu, daß diese Gottheit

KERAMIK-WEIHRAUCHGEFÄSS, KÜRZLICH AUF EINER TERRASSE DER GROSSEN PYRAMIDE IN TLATELOCO AUSGEGRABEN - (H. 107 CM).
EINER DER WENIGEN AUSRÜSTUNGSGEGENSTÄNDE DER AZTEKEN, DER AM ORT SELBST AUFGEFUNDEN WURDE UND PRAKTISCH UNVERSEHRT IST.
MEXIKO, MUSEO NACIONAL DE ANTROPOLOGÍA.

„der Gott der Hölle war und die Seelen der Mexikaner in Obhut nähme. Sein Körper war von Gestalten umgürtet, ähnlich kleinen, mit Schlangen geschwänzten Teufeln". Heute besitzen wir wenige kleine Artefakten, die „mit Edelsteinen überladen sind" wie der auf Seite 73 gezeigte Menschenschädel und die Holzmaske auf Seite 72. Diese Stücke sind von der von Cortez nach Spanien gesandten mexikanischen Beute übriggeblieben. Wenige andere waren in Höhlen zu religiösem Gebrauch verborgen worden und wurden kürzlich wiederaufgefunden. Zweifelsohne waren die meisten großen Götter der Azteken mit gleicher oder mit noch größerer Pracht ausgestattet. Sie wurden dieses Schmuckes wegen seines Verkaufswertes beraubt, bevor sie von ihren himmelhohen Tempeln hinabgeworfen und zu Bausteinen zerschlagen wurden.

SKULPTUREN Die noch erhaltenen großen aztekischen Skulpturen bestehen aus Stein. Sie bezeugen, daß die in das Tal von Mexiko als Barbaren einbrechenden Azteken, deren politischer Aufstieg nur ein Jahrhundert währte, große Künstler aus sich heraus wurden. Ein in der Geschichte beispielloser Bildersturm schränkt unsere Kenntnis leider ein. Cortez ließ alle Gebäude zerstören, um die Kanäle mit den Trümmern anzufüllen, damit seine Reiterei bei der Eroberung von Tenochtitlan erfolgreich eingesetzt werden konnte. Die neue Religion verlangte außerdem die Zerstörung aller Tempel, aller künstlerischen Ausdrucksmittel des ureingesessenen Glaubens und Symbolismus und aller ursprünglichen Niederschriften, die die Vergangenheit hätten verewigen können.

Alle wenigen, jetzt noch vorhandenen großen Azteken-Skulpturen sind archäologische Funde. Ganz besonders bemerkenswert ist der im Jahre 1479 geschnittene sogenannte Kalenderstein (S. 65). Im Jahre 1790 ordnete der spanische Vizekönig an, daß der Zócalo, der heute noch wie zu zeiten der Azteken bestehende große Platz, nivelliert und gepflastert werden und daß eine unterirdische Wasserleitung gelegt werden sollte. Bei den Ausschachtungsarbeiten wurden westlich vom Palast die schreckliche Statue von Coatlicue (S. 67) und später der Kalenderstein aufgefunden. Dieser besteht aus einem in Steinbrüchen südlich von Tenochtitlan gebrochenen Basalt, der über Dämme und Brücken zur Stadt gebracht werden mußte. Sein Gewicht beträgt schätzungsweise 24 Tonnen; der Durchmesser des geschnittenen Teiles ist etwas kleiner als 4 m. Die in Teotihuacan gefundene Statue von Chalchihuitlicue (S. 49) wiegt vergleichsweise 6 Tonnen weniger, aber zu ihrem Transport zum Nationalmuseum in Mexiko wurden mehrere Monate benötigt.

Der Kalenderstein gibt die Kosmographie der Azteken zusammengefaßt wieder. Die Azteken glaubten an das Vorhandensein von vier Sonnen in der Vergangenheit, von denen jede zusammen mit der in der Zeit lebenden menschlichen Rasse unterging. Die gegenwärtige Periode ist die der fünften Sonne, Tonatiuh, der Menschenblut geopfert werden müsse, um ihr die Kraft zu ihrem täglichen Umlauf zu geben. Das Bild dieser Sonne erscheint im inneren Kreis, der mit Menschenherzen haltenden Klauen gesäumt ist. Die rechteckigen Tafeln weisen die Daten des Untergangs der vorhergehenden Sonnen auf. Oben am äußeren Band befindet sich das Geburtsdatum der augenblicklichen Sonne: „13 Ried". Der ganze Mittelkreis zusammen mit den ihn

KALENDERSTEIN DER AZTEKEN, SCHÄTZUNGSWEISE 24 TONNEN SCHWER, AUF BEFEHL DES KAISERS AXAYACATL (1469-1481) GESCHNITTEN - (DURCHMESSER: 3,65 M).
MEXIKO, MUSEO NACIONAL DE ANTROPOLOGÍA.

umgebenden Schlaufen und Quadraten bildet ein Zeichen, das das Datum „4 Erdbeben" wiedergibt, den zukünftigen Todestag von Tonatiuh und die Art und Weise ihres Unterganges. Das die Klauen und vier Daten umgebende enge Kreisband weist zwanzig Schriftzeichen auf, die die Tage des Azteken-Kalenders benennen. Das nächste Band enthält acht Sonnenstrahlen in V-Form und Zeichen, die Jade oder Türkis, der in seiner blauen Farbe den Himmel symbolisch darstellt, und noch manches Kostbare bedeuten. Das äußere Schlußband besteht aus zwei großen Feuerschlangen, die mit ihren Köpfen unten auf der Scheibe zusammenstoßen. Sie sind beauftragt, die Sonne bei ihrem täglichen Umlauf zu tragen. Ursprünglich war diese Skulptur sorgfältig bemalt. Bei einer genauen Prüfung fand man Spuren von Pigment, wodurch es möglich wurde, sie in ihrem ursprünglichen Zustand wiederherzustellen.

Am 13. August 1790, dem Jahrestag, an dem sich die hungernden aztekischen Verteidiger von Tenochtitlan der vereinten Macht der spanischen Waffen und ihrer eingeborenen Verbündeten ergeben hatten, wurde die wichtigste Statue der Azteken, die wir bis jetzt kennen, zufällig in dem Bezirk entdeckt, in dem sich früher die großen Tempel von Tenochtitlan befanden. Bald danach wurde in nächster Nähe der Kalenderstein aufgefunden.

Die auf Seite 67 wiedergegebene Statue stellt Coatlicue dar, die „Dame mit dem Schlangenrock", die Mutter der Sonne, des Mondes und der südlichen Sterne, die Göttin der Erde und des Todes, die auch dem Frühling verbunden ist. Nach der Legende zog sich Coatlicue, nachdem sie Coyolxauhqui, den Mond, und seine 400 Brüder, die Sterne des südlichen Himmels, geboren hatte, in einen Tempel zurück und wurde Priesterin. Eines Tages fand sie beim Fegen einen Ball aus Flaum, den sie in ihrer Bluse verbarg. Der Flaum verschwand, und Coatlicue fühlte sich schwanger. Darüber gerieten ihre Söhne und ihre Tochter so in Wut, daß sie herbeieilten, um sie zu töten. In diesem Augenblick wurde Huitzilopochtli, der Kriegs- und Stammesgott der Azteken, geboren. Er verjagte seine Brüder, die Sterne, mit einer Feuerschlange, einem Sonnenstrahl, wie er jeden Morgen am Firmament erscheint. Auch schnitt er seiner Schwester, dem Mond, den Kopf ab. Eine der schönsten aztekischen Steinschneidearbeiten stellt diesen abgetrennten Kopf mit goldenen Tränen, die aus den geschlossenen Augen laufen, dar.

Die Statue der Coatlicue ist die größte der drei im Nationalmuseum von Mexiko. Sie ist 2,50 m hoch und wiegt ungefähr 12 Tonnen. Im Gegensatz zu den kleineren Statuen ist an ihr mit Ausnahme der halbverborgenen, herunterhängenden Brüste nichts Menschliches. Sie ist ein Denkmal geschickt miteinander verbundener Symbole, die in einem überraschend realistischen Versuch eine Gestalt wiedergeben.

Bei andern Statuen ist das Haupt Coatlicues durch einen Schädel ersetzt. Bei dieser gewaltigen Steinschneidearbeit ist der Kopf abgetrennt und durch zwei Ströme von Blut ersetzt, die durch zwei große Schlangen im Profil dargestellt sind. Zusammen bilden sie eine Grimasse. Die Idee, sprudelndes Blut eines enthaupteten Körpers durch Schlangen darzustellen, ist älter als die Azteken. Man findet sie bereits in den steingeschnittenen Reliefs im Tajin-Stil an der Golfküste und auch auf Reliefs aus der Toltekenzeit im großen Ballspielhof von Chichen Itza in Yucatan (S. 134).

Die Göttin trägt eine grausige Halskette aus abgetrennten menschlichen Händen und Herzen mit einem Schädel in der Mitte. Ihre Füße sind Klauen. Ihre Hände sind, von der Seite gesehen, Schlangenköpfe genau wie die, die ihr Gesicht bilden. Der Rock, der ihr den Namen gegeben hat, besteht aus einem Knäuel ineinanderverflochtener, sich windender Klapperschlangen. Mit herunterhängendem Kopf werden sie durch einen Gürtel von Schlangen gehalten, die vorne geknotet sind, so daß ihre Köpfe Troddeln bilden. Die unten eingeschnittene froschähnliche Gestalt des Tlaltecuhtli, des „Herrn der Erde", ist nicht sichtbar, wenn die Statue aufrecht steht.

Eines der Wesensmerkmale der Religion der Azteken war die Verkörperung eines Gottes durch eine lebende Person, die mit den Insignien der Gottheit versehen und

DIE AZTEKEN-GÖTTIN COATLICUE (DAME MIT DEM SCHLANGENROCK), MUTTER DES KRIEGSGOTTES, DES MONDES, DER SÜDLICHEN STERNE, GÖTTIN DER ERDE UND DES TODES - (H. 2,50 M). MEXIKO, MUSEO NACIONAL DE ANTROPOLOGÍA.

eine Zeitlang verehrt und angebetet wurde, als wäre sie der wirkliche Gott. Am malerischsten war die Zeremonie zu Ehren von Tezcatlipoca, dessen Tempel in Tlateloco bereits beschrieben wurde. In jedem Jahr wurde ein junger, makelloser und körperlich fehlerfreier Gefangener ausgewählt, um den Gott darzustellen. Während eines ganzen Jahres lebte er in Luxus und wurde gefeiert, als wäre er selbst die lebende Gottheit. Ging die Zeit zu Ende, wurden vier schöne Frauen für ihn bestimmt. Schließlich jedoch stieg er die Tempelstufen hinauf, zerbrach die Flöten, auf denen er in seiner sorgenfreien Vergangenheit gespielt hatte, und sein noch schlagendes Herz wurde herausgerissen. Diese Zeremonie wurde anscheinend nicht in Kunstwerken festgehalten, jedoch die viel grausamere Verkörperung des Gottes Xipe ist durch Statuen, Figurinen und in Handschriften dargestellt worden. Xipe Totek, der Herr des Hautabziehens, war eine aztekische Gottheit, deren Ursprung bis weit in die Vergangenheit zurückgeht. Er wurde schon in der Kunst der Zapoteken, Remojadas und der von Teotihuacan verewigt. Seine Verehrung dehnte sich offensichtlich bis nach Nicaragua aus, denn die Spanier berichteten, daß die Eingeborenen ihren Gefangenen die Haut abgezogen hätten und sie mit der blutigen Seite nach außen trugen, um die Pferde zu erschrecken. Vor einigen Jahren fand der Verfasser eine Holzmaske, die den Kopf von Xipe unter Ausstattungsgegenständen für den Tanz in einem Dorf an der Fonseca-Bai in Salvador darstellt. Seine Identität war vergessen worden, und man hatte ihn modernisiert, indem man den oberen Metallverschluß einer Champagnerflasche auf seinen Vorderkopf gesteckt hatte. Für den Azteken bedeutete Xipe Totek symbolisch Erneuerung, Frühling und Vegetation. Er war der Schutzpatron der Goldschmiede.

„Sie bereiteten dem Gott namens Xipe Totek ein feierliches Fest und auch zu Ehren von Huitzilopochtli. Bei diesem Fest töteten sie alle Gefangenen, Männer, Frauen und Kinder. Der jeweilige Besitzer der Gefangenen händigte sie den Priestern am Fuße des Tempels aus. Jeder zog seinen eigenen an den Haaren die Treppen hinauf... zu dem Steinblock, wo sie sie töten und jedem das Herz herausreißen mußten. Ihre Körper schleuderten sie die Treppen hinunter, wo ihnen andere Priester die Haut abzogen... Sie zerstückelten die Körper und sandten davon ein Glied an Montezuma zum Verspeisen. Den Rest verteilten sie unter die andern Führer und deren Angehörige." Offenbar aßen die Besitzer der Opfer nicht ihre eigenen Gefangenen.

Der Verkörperer des Gottes konnte ein glorreicher Krieger sein, meistens aber war es ein Priester. Sobald der Körper enthauptet worden war, wurde der Skalp hinten eingeschnitten und das Fleisch herausgeschält; das Gesicht blieb auf diese Weise unversehrt und wurde dann als Maske über das Gesicht des Gottesverkörperers gezogen und hinten zugenäht, wie es auf Seite 69 zu sehen ist. Bei der Skulptur umrahmen die toten Lippen die des Lebenden.

Der Körper wurde ebenfalls hinten aufgeschlitzt und die Haut abgezogen. Scheinbar wurden Arme und Beine so geschält, wie man einen Handschuh auszieht. Es wurde nicht versucht, die Füße zu erhalten, die Hände wurden jedoch am Handgelenk abgetrennt, um so an der Haut befestigt zu bleiben. Der Schlitz in der Brust, durch den das Herz herausgerissen wurde, wurde zugenäht. Der Verkörperer des Gottes zog die

AZTEKEN-STATUE, DIE EINEN PRIESTER XIPES DARSTELLT, MIT DER HAUT EINES GEWEIHTEN OPFERS ÜBERZOGEN - AUS TEXCOCO (TAL VON MEXIKO). (H. 40 CM). BASEL, MUSEUM FÜR VÖLKERKUNDE.

soeben zugeschnittene Kleidung an, und dann wurde die Öffnung fest verschnürt. Zur Verzierung konnten die Hautkanten am Nacken, an den Handgelenken und Fußknöcheln sorgfältig ausgezackt werden.

Es wurde nicht darüber berichtet, welche Riten und Zeremonien von dem Gottesverkörperer vollzogen wurden. Zwanzig Tage lang spielte er diese Rolle. Die Haut wurde gelb und „ein goldenes Kleid" genannt, aber der Träger „stank wie ein toter Hund", wie es hieß. Xipe Totek war nicht nur die einzige aztekische Gottheit, die von einem Priester verkörpert wurde, der mit der abgezogenen Haut eines geopferten Gefangenen bekleidet war, aber er allein wurde auf Steinskulpturen dargestellt. Zu Ehren der Erdgöttin Tlazolteotl wurde eine Frau geopfert. In mexikanischen bebilderten Handschriften wird die Göttin regelmäßig dargestellt, wie sie die Haut des Körpers und der noch festhängenden Glieder mit den daranhängenden Händen trägt wie bei den Statuen von Xipe, aber immer ohne eine das Antlitz bedeckende Hautmaske (S. 70).

Monumentalskulpturen sind in Mexiko selten anzutreffen, da sie bei der Einführung der neuen Religion zerstört wurden; kleinere Steinschnitte sind hingegen in beträchtlicher Zahl erhalten geblieben. Eine Maisgöttin und eine Wassergöttin, beide jugendlichen Aussehens, wurden getreu und einfach ausgeführt. Man findet ansprechende Tierfiguren wie Hasen, Präriewölfe, Heuschrecken, zusammengerollte Klapperschlangen, auch voll herausgearbeitete Menschenköpfe oder nur halb wie die Teotihuacan-Masken (S. 53). Sogar Tiere mit einem Becken an ihrer Rückseite zur Aufnahme von Menschenherzen sind mit einem gewissen Charme geschnitten, der ihren ursprünglichen Zweck vergessen läßt. Schließlich sind Holzschnitzereien erhalten, und zwar in Form von Tieren, die ausgehöhlt sind, um als Trommel zu dienen. An Wandmalereien, die den Azteken zugeschrieben werden können, ist heute nur noch wenig vorhanden. Es sind keine bekannt, die denen von Teotihuacan, den Maya von Bonampak oder den Tolteken von Chichen Itza ebenbürtig sind.

MOSAIKEN Unter den hervorragenden Kunstarten Mexikos müssen die Mosaikbeläge verschiedener Kunstgegenstände erwähnt werden. Hierfür wurden Jade, Türkis, Malachit, Quarz, Beryll, Granat, Obsidian, Gold, Schildpatt, Perlmutter und gefärbte Muscheln verwendet. Die ältesten Stücke, die den Zapoteken (S. 89) und Maya (S. 122-123) zugeschrieben werden, sind in der Bearbeitung noch ziemlich roh. Die Mosaikarbeiten der Tolteken in Chichen Itza zeigen schon eine verfeinerte Technik, die ihren Höhepunkt im 16. Jahrhundert bei den Künstlern der Mixteken erreichte. Ein Prunkschild, der nicht für Kriegszwecke, sondern für Festlichkeiten gedacht war, besitzt eine Mosaikscheibe mit einem Durchmesser von nur 29 cm. Das Mosaik dieser kleinen Fläche enthält schätzungsweise über 14 000 Einzelbestandteile.

Wir erwähnten schon die Mosaikverzierung der großen Azteken-Götzenbilder. Tragbare Artefakten dürften von den Azteken selbst hergestellt oder als Tribute gesammelt worden sein. Die von Mexiko nach Spanien gesandten Schatzlisten führen viele derartige Stücke auf. Heute findet man davon noch dreiundzwanzig in sechs europäischen Museen. Zwei von ihnen geben wir auf den Seiten 73 und 75 im Bild wieder. In unserem Jahrhundert wurden mehr als drei Dutzend aufgefunden, einige bei Ausgrabungen, die meisten aber in trockenen Höhlen, in denen sie zur Zeit der Eroberung verborgen wurden. Sie gleichen in technischer Ausführung den in Europa aufbewahrten Stücken.

DIE MIT DER ABGEZOGENEN HAUT EINER GEOPFERTEN FRAU BEKLEIDETE GÖTTIN TLAZOLTEOTL. AUS EINER AZTEKEN-HANDSCHRIFT. ZEICHNUNG VON MIGUEL COVARRUBIAS.

AUS ROTEM KARNEOL GESCHNITZTE HEUSCHRECKE - AUS CHAPULTEPEC, D.F., MEXIKO. MEXIKO, MUSEO NACIONAL DE ANTROPOLOGÍA.

FEDERARBEITEN

Die Federarbeiten der Azteken, eine heute verlorengegangene und fast verschwundene Kunstart, stellen eine einzigartige Leistung dar. Viele Menschen haben sich selbst mit Federn geschmückt, oder sie haben ihren Körper, ihre Kleidung und ihre Werkzeuge damit verschönert. Der prächtige Federkopfschmuck in der klassischen Maya-Kultur oder bei andern mittelamerikanischen Gruppen ist uns nur durch ihre Skulpturen bekannt. Beachtenswerte Federarbeiten sind heute die Körbe der Indianer Kaliforniens, die bei archäologischen Forschungen in den Wüsten Perus gefundenen Kleider und die polynesischen Federmäntel, besonders in Hawaii. In technischer Hinsicht sind sie alle gleichartig, weil ein Grundmaterial, ganz gleich welcher Art, durch die Befestigung einzelner Federn verziert wird.
Die Azteken hingegen schnitten die Federn in kleine Stücke und benutzten diese unter Auswahl der geeigneten Farben als Pigmente, die sie auf einer Grundfläche aufklebten. Das Verfahren war in der Durchführung jedoch alles andere als einfach, da vorerst eine Zeichnung auf Papier angefertigt werden mußte und Schablonen nötig waren. Zur Zeit der Eroberung wurden die Künstler, die Federarbeiten machten, rangmäßig so hoch

HOLZMASKE MIT MOSAIKEINLAGE IN TÜRKIS UND FARBIGEN MUSCHELN - DAS MENSCHENANTLITZ MIT GESTUFTEM NASENORNAMENT IST OBEN UND UNTEN VON EINEM OFFENEN RACHEN UND AN DEN SEITEN VON AUFRECHTEN TIERFIGUREN EINGERAHMT - KUNSTHANDWERKLICHE ARBEIT DER AZTEKEN ODER MIXTEKEN - (H. 23,6 CM). ROM, PRÄHISTORISCHES MUSEUM.

VORDERANSICHT EINES MENSCHLICHEN SCHÄDELS, MIT MOSAIKEN AUS TÜRKIS UND JETT VERZIERT - DIE AUGEN BESTEHEN AUS MUSCHELN UND PYRIT - SOLL EIN GESCHENK DES KAISERS MONTEZUMA II. AN CORTEZ GEWESEN SEIN - (H. 20 CM). LONDON, BRITISCHES MUSEUM.

eingeordnet, daß man von ihnen sogar verlangte, Zeichnungen für Metallarbeiten anzufertigen. Unter den wenigen erhalten gebliebenen Stücken der mexikanischen Federarbeiten ist der auf Seite 75 abgebildete Schild bemerkenswert. Das blaue Tier ist als das sagenhafte Wasserungeheuer identifiziert worden, das von den Azteken *ahuitzotl* genannt wurde. Wie die *armes parlantes* in der europäischen Heraldik, ist es wahrscheinlich das Symbol des Herrschers Ahuitzotl. Augen, Klauen, Zähne, Pelz und Umrisse sind dünne Streifen aus Gold. Der rosarote Grund besteht aus Federn des rosaroten Löffelreihers *(Platalea agaja)*, der für die Azteken der „König der Reiher" war. Ursprünglich war der Schild mit einem Saum von Quetzalfedern verziert.

METALLARBEITEN Die Metallarbeiten der Azteken wurden von den spanischen Eindringlingen sehr gelobt; die archäologischen Funde enthielten aber nur sehr wenige. Der größte Teil des heute bekannten mexikanischen Schmuckes ist im Stil der Mixteken ausgeführt, der durch den feinen, unechten Filigranguß bemerkenswert ist (S. 92). Augenscheinlich kam Gold nach Tenochtitlan als Tribut, und zwar in Klumpen oder bearbeiteten Gegenständen. Der von Cortez geraubte Schatz wird auf 292 000 Goldpesos und 500 Silbermark geschätzt. Der heutige Edelmetallwert beträgt mehr als eine Million Dollar, aber es darf nicht übersehen werden, daß die Kaufkraft des Goldes im 16. Jahrhundert viel größer war.

TÖPFERWAREN Die Töpferwaren der Azteken reichen von großen Weihrauchbecken (S. 63) bis zu gewöhnlichen Haushaltsgeräten, die zum Kochen und Essen verwendet werden. Im allgemeinen war der verwendete Ton mattgelb, die Zeichnungen wurden in Schwarz aufgetragen (s. unten). Töpferwaren dieser Art wurden in der Nähe von Puebla schon 900 n.Chr., vor der Ankunft der Azteken im Tal von Mexiko, hergestellt, die wahrscheinlich keine Ahnung von der Töpferei hatten. Dennoch heißt der Stil Phase I der Azteken. Die nachfolgende Phase II der Azteken reicht von 1200 bis 1350 n.Chr. und wird den Chichimeken von Tenayuca zugeschrieben. Nach der Ansiedlung in Tenochtitlan übernahmen die Azteken die örtlichen Töpferwarenarten (oder stellten Frauen an, die sie herstellen konnten) und verfertigten die als Phasen III und IV der Azteken benannten. Die ganze Aufeinanderfolge der Keramikarten erstreckt sich

AZTEKISCHE KERAMIK-ZEICHNUNGEN IN SCHWARZ AUF GELB AUF DER INNENFLÄCHE VON SCHALEN - AUS DEM TAL VON MEXIKO - REIHENFOLGE DER STILE: CA. 900, 1200 UND 1350 N.CHR.

MIT FEDERN GESCHMÜCKTER UND MIT GOLD UMRAHMTER ZEREMONIEN-SCHILD - DAS TIER IST DAS SYMBOL DES AZTEKEN-KAISERS AHUITZOTL (1486-1503) - (DURCHMESSER: 70 CM). WIEN, MUSEUM FÜR VÖLKERKUNDE.

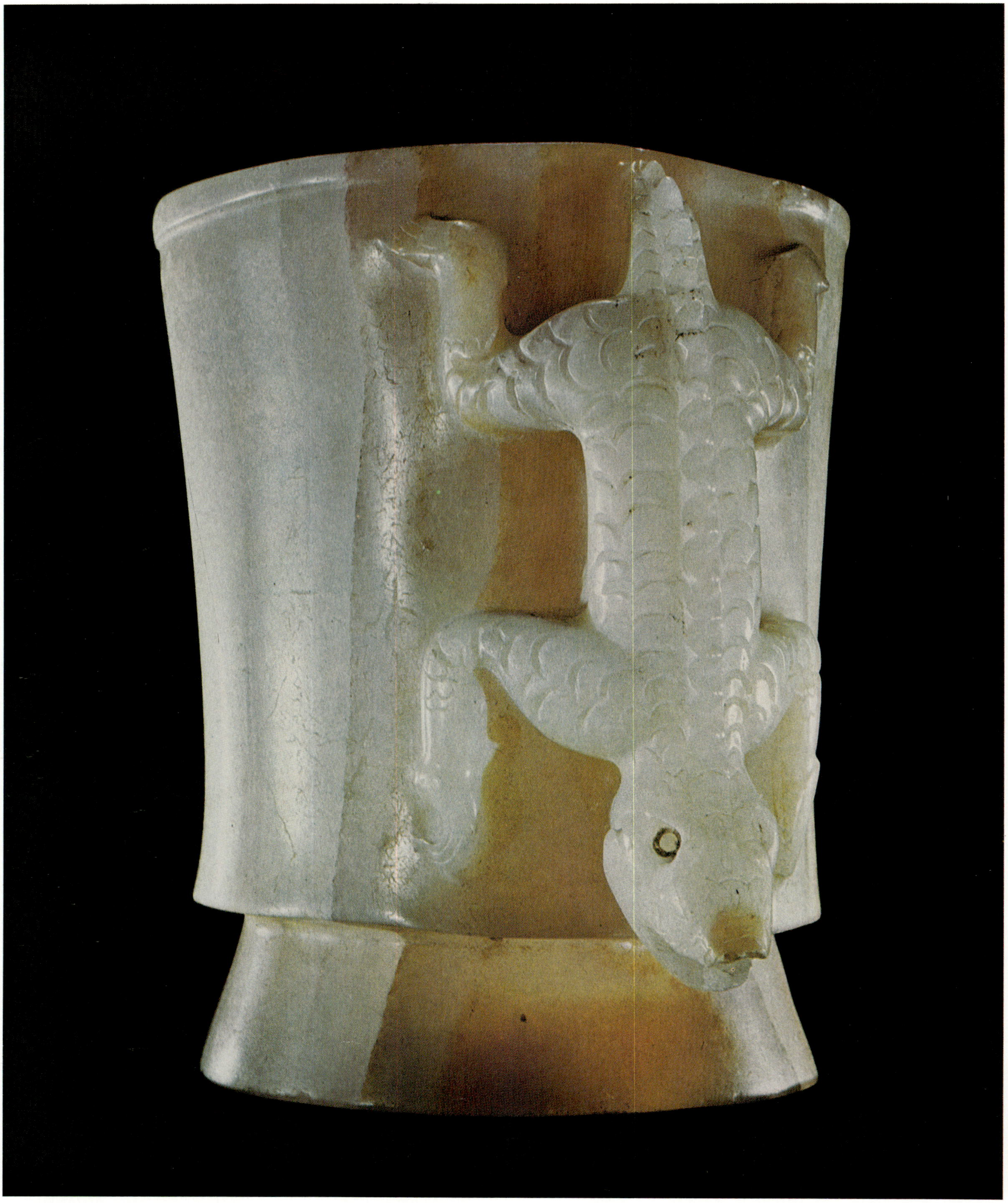

ONYX-KRUG, AUF DER ISLA DE SACRIFICIOS (VERA CRUZ) GEFUNDEN - (H. 23 CM). MEXIKO, MUSEO NACIONAL DE ANTROPOLOGÍA.

über sechs Jahrhunderte mit einem Anteil der Azteken während der beiden letzten. Die Motive der ersten beiden Phasen waren hauptsächlich stilisierte Schlangenköpfe, die zeitweilig bis zu abstrakten geometrischen Formen vereinfacht wurden. Als sich die Azteken beteiligten, wurden mehr realistische Themen einschließlich Vögel und Fische gewählt. Kurz vor der Eroberung treten grausige religiöse Motive auf so wie Schädel und gekreuzte Knochen.
Bei der Beschreibung des großen Marktes in Tlateloco berichtet Bernal Diaz, er hätte tausend verschiedene Töpferwarenarten gesehen. Die Azteken selbst fertigten anderes Haushaltsgeschirr einschließlich Schalen hochpolierten Tons mit schwarzen Zeichnungen auf Rot und Weiß an. Es kann jedoch nicht behauptet werden, die Azteken hätten je sehr verschiedenartige Töpferwaren hergestellt. Dafür gibt es eine sehr einleuchtende Erklärung, denn sie führten die von ihren Nachbarn angefertigten Waren ein, und sie schätzen die auch unter dem Namen Cholula bekannten schönen, vielfarbigen Mixteca-Puebla-Keramiken sehr (S. 96). Es war unbestritten die schönste derzeitige Keramik in Mexiko; der Kaiser Montezuma benutzte sie sogar als Tafelgeschirr. Teilweise müssen diese Gefäße durch den Handel bis auf die Märkte von Tenochtitlan gelangt sein. Zur Zeit der Eroberung war jedoch der größte Teil des Gebietes der Mixteken überrannt worden, und sie mußten mit ihren berühmten Kunst- und Handwerkserzeugnissen Tribut leisten.

SCHNITZARBEITEN

In der Periode der aztekischen Ausdehnung wurden verschiedene Artefakten aus seltenem Material oder von hervorragender Arbeit vereinzelt im gesamten Gebiet verstreut; sie können daher nicht irgendeiner besonderen Gruppe zugeschrieben werden. Darunter findet man Gefäße und Schnitzarbeiten aus Kristall, Obsidian und Onyx. Zwei fast lebensgroße Schädel aus Kristall, die sich heute in England befinden, sind bemerkenswert. Ein Krug aus Obsidian in der Form eines Affen wird in Mexiko gehütet. Die erste spanische Expedition nach Mexiko im Jahre 1518 unter Juan de Grijalva nahm „zwei Krüge aus Alabaster, die wertvoll genug waren, um sie dem Kaiser anzubieten", an sich, als sie auf der Isla de Sacrificios landete, wo im Jahre 1827 das auf Seite 76 gezeigte Stück aufgefunden wurde.
Onyx, eine feinfaserige kristallisierte Kieselsäure, ist mit Alabaster, der ein weicherer Stein ist, verwechselt worden. Er wurde hauptsächlich in den Staaten Puebla und Oaxaca in Mexiko geschürft. Der aztekische Name *tecali* bezieht sich auf das Gebiet, in dem die beste Qualität gefunden wird, die leicht grünlich gefärbt ist. Einige Masken aus Teotihuacan sind daraus angefertigt. Gefäße aus Onyx sind gewöhnlich weiß. Sie sind so selten, daß nicht viel verschiedenartige Formen bestehen. Das auf Seite 76 abgebildete Stück mit einer geschnitzten Eidechse als Handgriff ist einzigartig. Die Herstellungstechnik wurde uns durch unvollendete Stücke bekannt. Zuerst wurde die Außenseite durch Abschaben geformt. Um das Innere auszuhöhlen, wurde das Material mit röhrenförmigen Bohrern durchbohrt, wodurch sich kleine Säulen bildeten, die ausgebrochen werden konnten. Auf diese Weise entstand Raum, um die Innenflächen zu glätten. Die besten Stücke sind unglaublich dünn und hochpoliert.

KERAMIKFIGURINE, DIE EINE KUNSTVOLL GEMALTE FRAU ZEIGT - NAYARIT-STIL - (H. 53,5 CM). MEXIKO, DIEGO RIVERA MUSEUM.

WESTMEXIKO

Das als Westmexiko bezeichnete archäologisch durchforschte Gebiet reicht vom Staat Sinaloa im Norden bis zum Staat Guerrero im Süden. Sehr viel wurde dort über der Erde gefunden, aber leider ist wenig über die Umstände des Auffindens bekannt. In diesem Gebiet war abgesehen von Guerrero der Anteil an Skulpturen gering. Unter den Töpferwaren finden sich viele von vorklassischen Stilen beeinflußte große Figurinen und Gefäße mit Bildwerken. Selbstverständlich gab es auch zahlreiche örtliche Stile, die sich ausbreiteten, so daß ihre genaue Herkunft ungewiß ist. Der Symbolismus von Mittelmexiko fehlt gewöhnlich, doch wird das tägliche Leben einschließlich Kleider und Schmuck vielseitig dargestellt. Gruppenszenen berichten von Ballspielen, Tänzen, Prozessionen und Bräuchen bei der Bestattung. Zeitbestimmungen für die einzelnen Plätze sind nur in seltenen Fällen möglich abgesehen von denen der nachklassischen Periode oder für historische Gruppen. Das in El Opeño in Michoacan und in Chupícuaro in Guanajuato aufgefundene Material wird der mittleren vorklassischen Periode (etwa 800 v.Chr.) zugeordnet. Die auf Seite 18 rechts wiedergegebene Figurine ist hierfür ein Beispiel.

GUERRERO

Der Staat Guerrero ist wegen seiner zahlreichen, ausgezeichneten kleinen Steinschnitte berühmt. Aus dem archäologischen Bild ist zu schließen, daß dieses Gebiet zu verschiedenen Zeiten mit anderen in enger Berührung stand. So kommen kleine Steinschnitte im Olmeken-Stil oft vor; man glaubt sogar, daß der Olmeken-Stil hier seinen Ursprung hatte, sich zur Ostküste hin ausbreitete und dort seine endgültige Form entwickelte. In Guerrero wurden jedoch weder große Steinskulpturen der Olmeken noch Siedlungen aufgefunden, die den Olmeken hätten zugeschrieben werden können. Eine zweite Art kleiner Steinschnitte in Guerrero spiegelt den Teotihuacan-Stil wider. Ähnliche Statuetten wurden in andern Teilen Mexikos gefunden, aber Töpferwaren im Teotihuacan-Stil sind anscheinend nicht vorhanden, obgleich sie entweder eingeführt waren oder die Maya-Töpfer bis zum Süden und Osten beeinflußten. Die dritte, als Mezkala bezeichnete Gruppe der Steinschnitte in Guerrero stammt aus dem Gebiet, in dem solche besonders guter Qualität gefunden wurden. Auf Grund beigesellter Töpferwaren werden sie in die spätklassische Periode, also um 900 n.Chr., eingeordnet. Viele Mezkala-Statuetten scheinen wiederbearbeitete Stein-Celte zu sein, die immer sorgfältig poliert sind. Das wesentliche Merkmal des Stils besteht darin, Augen, Arme, Beine usw., wenn immer möglich, durch gerade, mit einer Säge eingeschnittene Linien anzudeuten. Massive Bohrer wurden manchmal, aber niemals der Röhrenbohrer benutzt. Es muß noch hinzugefügt werden, daß kleine in gleicher Weise, aber aus geringwertigem Stein hergestellte Steinschnitte weit verbreitet sind. Sie treten bis weit südlich im Bezirk Quiché in Guatemala zahlreich auf, wo sie *alxiks* genannt werden. Viele werden in grüngefärbtem Paraffin gekocht und an harmlose Touristen als Jade verkauft.

MICHOACAN Das „Königreich Michoacan", wie es die Spanier nannten, dürfte einer der zivilisiertesten Staaten des ursprünglichen Mexiko gewesen sein. Wir wissen wenig darüber, nur daß seinen Künstlern auf gewissen Gebieten niemand gleichkam. Die Bewohner hießen Tarasken. Wir kennen die Ausdehnung ihres Hoheitsgebietes nicht; es ist uns nur bekannt, daß die Heere der Azteken, nachdem sie eine verheerende Niederlage erlitten hatten, nicht noch einmal versuchten einzudringen.

Tzinzuntzan, die Hauptstadt der Tarasken, weist keine hervorragenden Bauten, wohl aber reiche Begräbnisstätten auf. Unter den Tongefäßen kommen die mit dem Steigbügel-Ausguß vor, also in einer Formgebung, die in Mittelmexiko 2000 Jahre vorher in der mittleren vorklassischen Periode üblich war und auch für die Nordküste von Peru während des größten Teils seiner Schaffensperiode für Töpferwaren charakteristisch ist. Die Tarasken verstanden es ausgezeichnet, Metalle zu bearbeiten. Die meisten der noch erhaltenen Stücke sind aus Kupfer. Sie waren auch hervorragende

KERAMIKGEFÄSS, DAS EINEN HUND MIT EINER MENSCHLICHEN MASKE DARSTELLT - COLIMA-STIL - (H. 21 CM). MEXIKO, MUSEO NACIONAL DE ANTROPOLOGÍA.

KERAMIKKRUG MIT BILDWERK, DER EINEN MANN AUF EINEM STUHL SITZEND DARSTELLT - COLIMA-STIL.
MEXIKO, MUSEO NACIONAL DE ANTROPOLOGÍA.

KERAMIK-MODELL EINES BALLSPIELHOFES MIT SPIELERN UND ZUSCHAUERN - NAYARIT-STIL - (H. 37 CM). AUS WESTMEXIKO. WORCESTER ART MUSEUM (MASS.).

Juweliere und für ihre Geschicklichkeit beim Schneiden von Obsidian und Kristall bekannt. Wahrscheinlich waren die heute den Azteken zugesprochenen papierdünnen Ohrspulen Arbeiten der Tarasken-Künstler. Weiterhin waren sie noch für ihre Federarbeiten berühmt, von denen leider kein einziges Stück erhalten blieb. Bis vor kurzem noch wurden fast alle archäologischen Fundstücke in Westmexiko ohne weiteres den Tarasken zugeschrieben, so wie man die Arten der Ostküste den Totonaken zuordnete. Jetzt endlich können wir damit beginnen, die verschiedenen Töpferwarenarten nach Herkunft und Zeitraum voneinander zu trennen.

Colima ist für seine auf Hochglanz polierten roten Töpferwaren, die wahrscheinlich aus der klassischen Periode stammen, berühmt. Darunter findet man auf Dreifüßen aufgesetzte, geriefte Schalen und Krüge verschiedenartiger und wunderlicher Gestalt. Große, hohle Gefäße mit Bildwerk sind typisch. Wahrscheinlich handelt es sich um eine gewöhnliche Kunst, denn der menschliche Körper wird wenig oder gar nicht bekleidet dargestellt. Sorgfältig ausgearbeitete Kopfbedeckungen und andere üppige Ausstattungsstücke fehlen. Die Götter mit ihrem Symbolismus werden nicht dargestellt. Viele Gestalten sitzen in graziöser Haltung; die einzige, häufig gezeigte Beschäftigung besteht im Tragen von Wasserkrügen auf dem Rücken oder auf den Schultern. Trotz der Einfachheit des Stils wechselt der Ausdruck des Gesichts, wodurch ein Eindruck von Individualität hervorgerufen wird. **COLIMA**

Große Colima-Bildwerke stellen öfters Vögel und Tiere ansprechend und wirklichkeitsgetreu dar: Papageien, Enten, Reiher, Pelikane, Gürteltiere und Hunde. Die letzteren sind wahrscheinlich die von den Azteken *xoloitzcuintli* genannten, die gemästet wurden, um gegessen zu werden. Sie werden sitzend, stehend und liegend gezeigt. Viele lächeln, einige heulen, andere balgen sich. Auf Seite 80 bilden wir einen Hund mit einer Maske ab, die einen menschlichen Kopf darstellt. Wie so oft bildet der Schwanz dieses Hundes einen röhrenförmigen Ausguß.

Der Staat Nayarit hat zwei bestimmte Arten von Bildwerken entwickelt. Die großen, hohlen Gestalten sind weniger fein als die von Colima. Sie sind oft schlecht gebrannt, außerdem ist die Oberfläche rauh. Vögel und Tiere werden nicht dargestellt; Männer und Frauen sind karikiert, oft mit plumpen, übermäßig großen Beinen und Füßen (S. 78). Andererseits werden Einzelheiten in Kleidung und Schmuck modelliert oder gemalt wiedergegeben. Armringe, Halsketten und Nasenschmuck sind modelliert. Die Ohren wurden am Rand vielfach durchbohrt, und durch die Löcher wurden viele Schlaufen gezogen. Es ist nicht bekannt, aus welchem Material sie in Nayarit bestanden. In Ecuador kommt ein ähnlicher Ohrschmuck aus spiralförmigem Golddraht vor. Gegossene Goldfiguren in Kolumbien und Panama dürften diese Art des Ohrschmucks wiedergeben. Es ist üblich, Einzelheiten zu malen. Werden Kleider getragen, sind die Webmuster auf Röcken, *huipiles* oder Kopfbändern angedeutet. Bei nackten Gestalten ist oft der ganze Körper verziert. Das Haar wird häufig durch eingeschnittene, parallele Linien dargestellt. **NAYARIT**

Eine zweite Art der Nayarit-Bildwerke besteht aus kleinen, gediegenen Gestalten, die auf einer festen Platte gruppiert sind. Es kann ein Haus sein mit seiner Familie, die sich mit ihren Hunden und Papageien beim Mahl versammelt. Tempel während einer religiösen Feier, Versammlungen im Freien wie Ballspielhöfe mit Spielern und vielen Zuschauern, Gruppen von Tänzern und Musikern, Begräbnis-Prozessionen mit Leichnam und Leidtragenden werden oft gezeigt. Diese Miniaturmodelle großer Ansammlungen sind nicht sehr sorgfältig ausgearbeitet. Ihren Charme aber findet man in ihrer Urwüchsigkeit und nicht zuletzt auch darin, daß sie das Wesen des darzustellenden Ereignisses einzufangen wußten.

SÜDMEXIKO

Der südliche Teil von Mexiko, die Staaten Chiapas und Oaxaca, stellen ein kulturelles und sprachliches Mosaik dar, da dort viele kleine Stammesgruppen mit eigener Sprache ansässig waren. Das archäologische Bild wird dennoch durch drei berühmte Kulturen und Kunststile beherrscht. In ferner Vergangenheit siedelten sich Maya-Gruppen in Chiapas an. In Oaxaca herrschten jahrhundertelang die Zapoteken, die Erbauer von Monte Alban. Vom Norden herunterziehende Mixteken-Gruppen bekamen allmählich die Oberhand und prägten ihr eigenes kulturelles Siegel auf. Zur Zeit des Eindringens der Spanier hatten die Azteken das gesamte Gebiet erobert. Die Ausgrabungen in Monte Alban brachten eine lange Folge von heute zeitlich eingeordneten Stilen zutage. Es ist nicht bekannt, wer zuerst Monte Alban besiedelt hatte. Die ältesten Überbleibsel an Skulptur und Töpferwaren sind stark von den Olmeken beeinflußt. Die darauffolgende Periode mit südlichem Einfluß rief Änderungen im Baustil und den Töpferwaren hervor. Die klassischen Stile der Zapoteken trafen mit dem klassischen Maya-Stil zusammen, begannen jedoch früher und dauerten länger. Monte Alban wurde verlassen, ehe die Mixteken die Oberhand bekamen.

DIE ZAPOTEKEN UND MONTE ALBAN

Die Ruinen von Monte Alban bedecken einen ganzen Berggipfel, der durch Menschenhand vollkommen umgestaltet wurde, bis keine Spur der ursprünglichen Umrisse übrigblieb. Man findet in der Mitte einen weiten Platz von über 300 m Länge und 200 m Breite und eine staunenerregende Aufeinanderfolge von Plattformen, auf denen große, aus Mauerwerk ausgeführte Pyramiden standen, zu denen breite Treppenaufgänge führten. Die meisten Gebäude sind zerfallen; die Architektur erinnert an die Teotihuacans mit abfallenden, niedrigeren Mauern, die durch höhere mit eingelassenen Feldern überragt sind. Ursprünglich waren die Tempel sicherlich mit Stuck bekleidet und bemalt. Viele gemauerte Gräber sind sorgfältig mit farbenreichen Wandmalereien auf das prächtigste geschmückt.

Die Kunst der Zapoteken ist durch ihre sogenannten „Bestattungs"-Urnen berühmt, die während der Besatzung der Stadt hergestellt wurden. Es sind zylindrische Gefäße, die als Träger für Bildwerke von oft verwirrender Vielfalt dienen. Einige wurden in Gräbern gefunden, andere waren Spenden für Tempel, wieder andere waren in Nischen über Toreingängen aufgestellt. Gewöhnlich sind sie leer; in keiner wurden menschliche Knochen oder Asche gefunden. Die dargestellten Motive ändern sich mit den Zeitabschnitten. Die meisten stellen die gewaltige Reihe der von den aufeinanderfolgenden Generationen verehrten Gottheiten dar oder Priester, die ihre Götter verkörpern. Einige der Gottheiten können durch ihren von den Zapoteken gegebenen Namen identifiziert werden wie Cocijo, der Regengott, der in der ersten Periode (650-200 v.Chr.)

ZAPOTEKEN-URNE, DIE EINEN JAGUAR DARSTELLT - AUS MONTE ALBAN (OAXACA), PERIODE II - (H. 91,5 CM).
MEXIKO, MUSEO NACIONAL DE ANTROPOLOGÍA.

ZAPOTEKEN-URNE, DIE EINEN MAISGOTT DARSTELLT - AUS MONTE ALBAN (OAXACA), PERIODE III - (H. 52 CM).
MEXIKO, SAMMLUNG LOLA OLMEDA DE OLVERA (EHEM. SAMMLUNG SOLOGUREN).

ZAPOTEKEN-URNE, DIE EINE SITZENDE GOTTHEIT DARSTELLT - AUS MONTE ALBAN (OAXACA), PERIODE III. (H. 32,5 CM). MEXIKO, MUSEO NACIONAL DE ANTROPOLOGÍA.

dargestellt wird. Die Urne auf dieser Seite trägt nach vorläufiger Identifizierung den Zapoteken Yopi, der bei den Azteken Xipe heißt. Vielleicht ist er schon in der ersten Periode unter einem Kalendernamen verehrt worden, eindeutig identifiziert wurde er aber erst seit Beginn der Periode III B (700-1000 n.Chr.). Das im Bild wiedergegebene Stück hat unter den Augen tätowierte Schnörkel. Der Kopfputz ist mit einem noch nicht identifizierten großen Zeichen verziert.

Wie ein Blick auf unsere Illustrationen klar erkennen läßt, waren die Zapoteken-Urnen weniger Gefäße, deren Rauminhalt ausgenutzt werden sollte, sondern eher ein Mittel, sich bildhauerisch auszudrücken. Sie fanden eindeutig nicht beim Essen oder Trinken Verwendung. Wir kennen die Zahl der bisher ausgegrabenen nicht, aber sie dürfte in die Tausende gehen.

Die Urne auf Seite 86 dürfte einen Maisgott darstellen, vielleicht den Pitao Cozobi der Zapoteken. Er ist durch die beiden Maiskolben zu beiden Seiten seiner Brust identifiziert worden, die wahrscheinlich von wirklichem Mais abgeformt wurden. In der Mitte des Kopfputzes sieht man den Kopf einer Fledermaus mit zwei Schneidezähnen. Der Körper der Fledermaus ist von Blumen umgeben. Viele der auf den Urnen dargestellten Gottheiten wurden nur durch gleichzeitig vorhandene Zeichen und Zahlenzeichen identifiziert. Die Bedeutung einiger Zeichen ist bekannt, und wir kennen Kalendernamen wie Gott „5 Türkis“ oder Göttin „11 Tod“.

Neben den Urnen, die Götter darstellen, kennt man eine viel einfachere Gruppe mit den *acompañantes*, dem Gefolge. Sie sind männlichen oder weiblichen Geschlechts und sitzen mit gekreuzten Beinen, gewöhnlich mit den Händen auf den Knien da. Oft tragen sie eine zylindrische Kopfbekleidung mit seitlichen, bis auf die Schultern herunterfallenden Lappen. Eine besondere Art trägt einen Kopfputz mit dem Zeichen „C“ wie der der Fledermaus auf Seite 86.

Eine andere Gruppe von Urnen zeigt den Jaguar oder Teile des Jaguars wie den Kopf oder den Fuß mit Klauen. Das auf Seite 85 gezeigte Stück stammt aus der Periode II (200 v.Chr.-200 n.Chr.) und soll der älteste Jaguar aus Monte Alban sein. Es wurde nicht in einem Grab, sondern in einem Abfallbett gefunden. Das Tier sitzt und trägt eine große, um seinen Hals geschlungene Binde. Es war über und über bemalt, und zwar in abweichender Weise auch mit grüner Farbe, die man selten auf den Töpferwaren der Neuen Welt findet, höchstens als Pigment, das man aber erst nach dem Brennen verwendete.

Der als Monte Alban I bezeichnete Abschnitt reicht von 650-200 v.Chr. Er fällt zeitlich mit der späten vorklassischen Periode Mittelmexikos zusammen und brachte vergleichbare Keramikfigurinen hervor, die gewöhnlich Frauen darstellen. Zur selben Zeit fand die große Entwicklung der Olmeken an der Golfküste statt. Sowohl die Keramik-Urnen mit Bildwerk wie auch die Steinschnitte spiegeln den Olmeken-Stil wider. Es muß noch bemerkt werden, daß die ersten Ansiedler in Monte Alban eine primitive Schriftform und den Gebrauch von Strich- und Punktzeichen mitbrachten.

Während des Zeitabschnitts Monte Alban II (200 v.Chr.-200 n.Chr.) machten sich in der Stadt neue Einflüsse bemerkbar. Zu diesem Zeitpunkt begannen die großen Stile von Teotihuacan und des Maya-Gebiets plötzlich voll zu erblühen. Mexikanische

Einer der bemerkenswertesten Funde in Monte Alban ist der auf Seite 89 gezeigte Kopf. Es ist ein aus 25 Jadestücken und 6 Muscheln bestehendes, einen Vampir darstellendes Mosaik. Auf Grund der mit ihm gefundenen Töpferwaren muß er der Periode II zugeordnet werden. Die Herstellungstechnik ist der der Köpfe der klassischen Maya-Periode ähnlich, die in Palenque gefunden wurden (S. 122-123), die zeitlich mehrere Jahrhunderte später eingeordnet werden müssen. Die Fledermaus war in Monte Alban ein wichtiges künstlerisches Motiv, was auf Berührungen mit der Maya-Kultur schließen läßt. Einer der Maya-Tage hieß „Fledermaus“.

ZAPOTEKEN-MASKE AUS JADE UND MUSCHELN, DIE EINEN VAMPIR DARSTELLT - AUS MONTE ALBAN (OAXACA), PERIODE II - (H. DES KOPFES: 16 CM).
MEXIKO, MUSEO NACIONAL DE ANTROPOLOGÍA.

ZWEI „DANZANTES“ IN MONTE ALBAN (OAXACA), MEXIKO - PERIODE I, 650-200 V.CHR.

Die ältesten Steinschnitte sind große Steinplatten, auf denen fast lebensgroße menschliche Gestalten durch Einschneiden skizziert oder in Flachrelief dargestellt wurden. Ihre elastischen Körper und verdrehten Stellungen brachten ihnen den Namen *danzantes* (Tänzer) ein. Alle sind nackt und männlichen Geschlechts, bei vielen sind die Geschlechtsmerkmale betont. Manche mit geschlossenen Augen und offenem Mund sind offensichtlich tot. In vielen Teilen der Welt besteht die erste Handlung, einen gefangenen Feind zu erniedrigen, darin, ihm seine Kleider fortzunehmen. Vielleicht berichten die Tänzer von Monte Alban über Siege ihrer ersten Einwohner über unbekannte Feinde. Hinsichtlich des Stils und der Darstellung sind sie mit Steinschnitten von Cerro Sechin in Peru aus dem gleichen Zeitabschnitt vergleichbar.

Archäologen glauben, daß Monte Alban durch ähnliche Einflüsse belebt wurde, und zwar besonders durch die Maya-Entwicklung in Chiapas und Guatemala. Auf jeden Fall tauchten neue Stile in Tempeln, Gräbern und Keramiken auf. Die großen Urnen dieser Periode entfalten eine Einfachheit und Monumentalität (S. 85), die mit der zügellosen Überstiegenheit des vollklassischen Zapoteken-Stils im Widerspruch steht.

DIE MIXTEKEN

Die Zivilisation der Mixteken scheint sich im nordwestlichen Oaxaca und unter den benachbarten Nahua-Stämmen im Staate Puebla entwickelt zu haben. Von jetzt an werden die Kunststile daher gewöhnlich mit Mixteca-Puebla bezeichnet. Die berühmten Bauten von Mitla mit ihren verworrenen Wandmosaiken sollen von Architekten der Mixteken entworfen worden sein, hingegen hinterließen die Mixteken keine

Steinskulpturen. Sie sind für erlesenere Künste berühmt wie schöne, buntbemalte Handschriften, vielfarbig verzierte Töpferwaren, Gravierungen in Muscheln, Knochen und Halbedelsteinen, Türkismosaikeinlagen und auf dem ganzen amerikanischen Kontinent im Entwurf und in der technischen Ausführung unübertroffene goldene Schmuckstücke.

In den Jahrhunderten vor der Eroberung versuchten beide, die Mixteken und Zapoteken, das Tal von Oaxaca unter ihre Herrschaft zu bringen. Zu diesem Zeitpunkt war Monte Alban bereits verlassen worden, aber es liegen keine Anzeichen dafür vor, daß die Mixteken es jemals bewohnten. Sie begruben jedoch ihre Toten innerhalb der Stadtgrenzen, und in einigen Fällen benutzten sie die schönbemalten Gräber der Zapoteken aus einem früheren Zeitabschnitt. Solch eine als Grab 7 bekannte Begräbnisstätte hat sich als einer der aufsehenerregendsten Funde in der archäologischen Forschung der Neuen Welt erwiesen. Beim Öffnen des Grabes 7 entdeckte man neun Körper, darunter einen weiblichen. Mit ihnen fand man über 500 Gegenstände, wenn man die zahlreichen Halsketten mit vielen Goldkügelchen und Glöckchen als Einzelposten rechnet. Auch goldene Kronen, Armreifen, Fingerringe und Bruststücke waren vorhanden, ferner Gravierungen in Knochen, Jade, Muscheln, Onyx und Bergkristall. Kurz, diese sagenhafte Vorratskammer enthielt Schmuck und zeremonielle Gerätschaften, die aus jeglicher Art kostbaren Materials, das den Eingeborenen bekannt war, hergestellt waren.

Die Metallbearbeitung war in Mexiko keine frühe Kunst; ihre Technik wurde um 900 n.Chr. aus dem Süden nach dorthin gebracht. In Yucatan gefundene Scheiben aus Goldblech (man findet hier kein Gold) sind anscheinend eingeführt worden. Die Bearbeitung wurde jedoch am Orte vorgenommen. Die Motive sind eine Mischung der Tolteken- und der klassischen Maya-Kunst. Gegossene Artefakten im Maya-Stil gibt es kaum.

In Mittelmexiko und den Staaten am Stillen Ozean entwickelte sich die Metallbearbeitung in anderer Form, und zwar mit Guß und unechtem Filigran als vorherrschender Technik. Im Tal von Mexiko und im Gebiet der Tarasken wurde vorwiegend Kupfer verwendet, Gold hingegen bei den Artefakten von Oaxaca, deren Anfertigung den Goldschmieden der Mixteken zugeschrieben wird.

Eine formale Eigentümlichkeit der drei Goldanhänger auf den Seiten 92-94 sind die eckigen Bodenplatten. Sie können ihre südliche Abstammung widerspiegeln, denn Grundplatten sind für goldene Anhänger aus Costa Rica, Panama und Kolumbien (S. 148-149) charakteristisch. Rechtwinklige Platten finden sich zusammen mit Frosch-Anhängern immer wieder auf der Landenge. Filigranguß ist eine alte Technik. Man findet ihn bereits bei dem ältesten bisher bekannten Schmuck in Panama.

Die vielfarbigen Töpferwaren der Mixteken gelten nicht weniger als ihre Metallarbeiten für das Schönste, das in nachklassischen Zeiten in Mexiko geschaffen wurde. Dies ist nicht nur das Urteil moderner Gelehrter, sondern auch das der damaligen Zeitgenossen. Es wird gesagt, daß Montezuma II. die Tonwaren der Mixteken als Tafelgeschirr benutzt hat.

AUS GOLD GEGOSSENER ANHÄNGER DER MIXTEKEN, DER MICTLANTECUTLI, DEN GOTT DES TODES, DARSTELLT - AUS MONTE ALBAN (OAXACA), GRAB 7 - (H. 12 CM). OAXACA, MUSEO REGIONAL.

AUS GOLD GEGOSSENER ANHÄNGER DER MIXTEKEN, DER EINE SONNENSCHEIBE DARSTELLT - DIE IN DER MITTE SITZENDE FIGUR IST HOHL UND BILDET EINE GLOCKE - AUS ZAACHILA (OAXACA) - (H. 12 CM). MEXIKO, MUSEO NACIONAL DE ANTROPOLOGÍA.

AUS GOLD GEGOSSENER ANHÄNGER DER MIXTEKEN, DER DIE AZTEKEN-GOTTHEIT XIPE DARSTELLT - IHR GESICHT IST MIT ABGEZOGENER HAUT BEDECKT - AUS COIXTLAHUACA (OAXACA) - (H. 10,5 CM). MEXIKO, MUSEO NACIONAL DE ANTROPOLOGÍA.

Auf den Seiten 92-94 sind drei Brustschmucke der Mixteken von drei verschiedenen Plätzen abgebildet. Auf Seite 92 wird der Gott der Finsternis und des Todes gezeigt, der bei den Azteken Mictlantecutli heißt. Der gewaltige Kopfschmuck mit seinen Einzelheiten, der Kopf und die quadratischen Grundplatten wurden in Wachs modelliert, in eine Form eingeschlossen und in einem einzigen Metallfluß gegossen. Die Tafel links gibt den Tag „2 Flint Messer" im Jahr „11 Wind" an. Rechts ist das sogenannte „Jahreszeichen", das in Teotihuacan, in der klassischen Maya-Kunst, bei den Zapoteken, den Mixteken und andern Völkern ebenfalls verwendet wird.

Auf Seite 93 ist ein kürzlich von Roberto Gallegos in einem Grab in Zaachila etwa 15 km von der Stadt Oaxaca entfernt gefundener Brustschmuck dargestellt. Es ist wie Grab 7 in Monte Alban von den Zapoteken angelegt und von den Mixteken wiederbenutzt worden, die nicht nur Gold, sondern auch Jade-Artefakten und erlesene Töpferwaren hineinlegten. In der Vorkammer fand man drei Körper und im Grab selbst zwölf, ebenfalls Knochen der ersten Benutzer, die in die Nischen der Seitenmauern gelegt worden waren.

Der abgebildete Brustschmuck besteht aus einer Sonnenscheibe mit einer Öffnung in der Mitte, in der eine Gestalt sitzt, deren kugelförmiger Körper eine Glocke bildet. Sie trägt einen erlesenen Kopfschmuck, Nasenschmuck, Ohrscheiben und Halskette. Das ganze Stück ist in eins gegossen worden; es bildete sich jedoch ein Riß zwischen der Sonnenscheibe und einer der L-förmigen unteren Platten. Dies war nicht durch Löten, auch nicht durch Schweißen, sondern durch Bohren zweier Lochpaare und durch Zusammenbinden mit Golddraht repariert worden: „Rißverschnürung" ist eine alte Technik beim Reparieren von Töpferwaren und Kürbisflaschen, die vielleicht an der Westküste von Südamerika am weitesten entwickelt wurde.

Der Mixteken-Anhänger auf Seite 94 stellt den Gott Xipe, den Gott des Frühlings und der Vegetation, der auch der Schutzpatron der Goldschmiede war, dar. Als Maske trägt er die abgezogene Haut vom Haupt eines Opfers, das einen gutentwickelten, aber unordentlichen Bart trug. Der Kopfschmuck ähnelt dem Monte Alban-Schmuck auf Seite 92 sehr, doch stammen die beiden Stücke von verschiedenen Orten; ferner ist keine Zeitangabe bezüglich ihres relativen Alters bekannt.

MIXTEKEN-GEFÄSS AUS MIHUATLAN (OAXACA) - (H. 31 CM). NEW YORK, AMERICAN MUSEUM OF NATURAL HISTORY.

Der Einfluß der Mixteken-Keramiken ist im Gebiet von Sinaloa in Westmexiko bis zur Halbinsel Nicoya in Costa Rica (S. 143) beobachtet worden; stilistische Eigenarten der Mixteken wurden auch in Maya-Fresken in Tulum in Yucatan und in Santa Rita in Britisch-Honduras bemerkt.

Wann und wo die Kultur der Mixteken ihren Ursprung nahm, konnte von den Archäologen noch nicht festgestellt werden. Wahrscheinlich gab es verschiedenartige Entwicklungszentren mit abweichenden örtlichen Stilen, die danach strebten, sich miteinander zu vereinigen. Zur Zeit der Eroberung war Cholula, eine seit vorklassischen Zeiten besetzte Stadt, das große Kunstzentrum, wo die prächtigen Gefäße der Mixteken entworfen und angefertigt wurden, die oft als Cholula-Geschirr bezeichnet werden. Zur Bemalung dieses luxuriösen Geschirrs benutzte man die in den alten Handschriften gefundenen Farben wie Creme, Gelb, Rot, Ocker, gebranntes Siena, Grau und Schwarz; nur Blau und Grün, die gebrannt werden konnten, fanden sich nicht vor. Gewöhnliche Formen sind runde Krüge, die auf schlanke Dreifüße gestellt werden und oben zylindrische Halsstücke besitzen, halbkreisförmige Schalen auf Untersätzen und auch flache Platten. Die aufgemalten Dekorationsmuster sind geometrisch oder symbolischer Natur; oft werden die Gestalten von Göttern, Menschen und Tieren in den Stilen gemalt, die sich in den Handschriften vorfinden.

Einige der wichtigsten erhalten gebliebenen mexikanischen Niederschriften wurden von den Mixteken angefertigt. Es handelt sich um bebilderte Berichte von Kriegszügen, dynastischen Geschichten und feierlichen Anlässen, die bis auf das 7. Jahrhundert zurückgehen. Der berühmte mexikanische Gelehrte Dr. Alfonso Caso ordnet das früheste Datum der Mixteken in das Jahr „5 Flint" ein, das etwa 692 n.Chr. entspricht.

Ein einzigartiges Gefäß der Mixteken ist auf Seite 96 wiedergegeben. Es verbindet den üblichen dreifüßigen Krug mit einer modellierten Figur, die den Azteken Macuilxochitl (Fünf Blumen), den Gott des Vergnügens, der Feste und Ausgelassenheit darstellt. Ein Türkiskügelchen, dessen Farbe etwas Kostbares symbolisch darstellt, ist in die linke Brust oberhalb des Herzens eingesetzt.

ZEITTAFEL DER VORKLASSISCHEN KULTUREN IN MEXIKO UND GUATEMALA

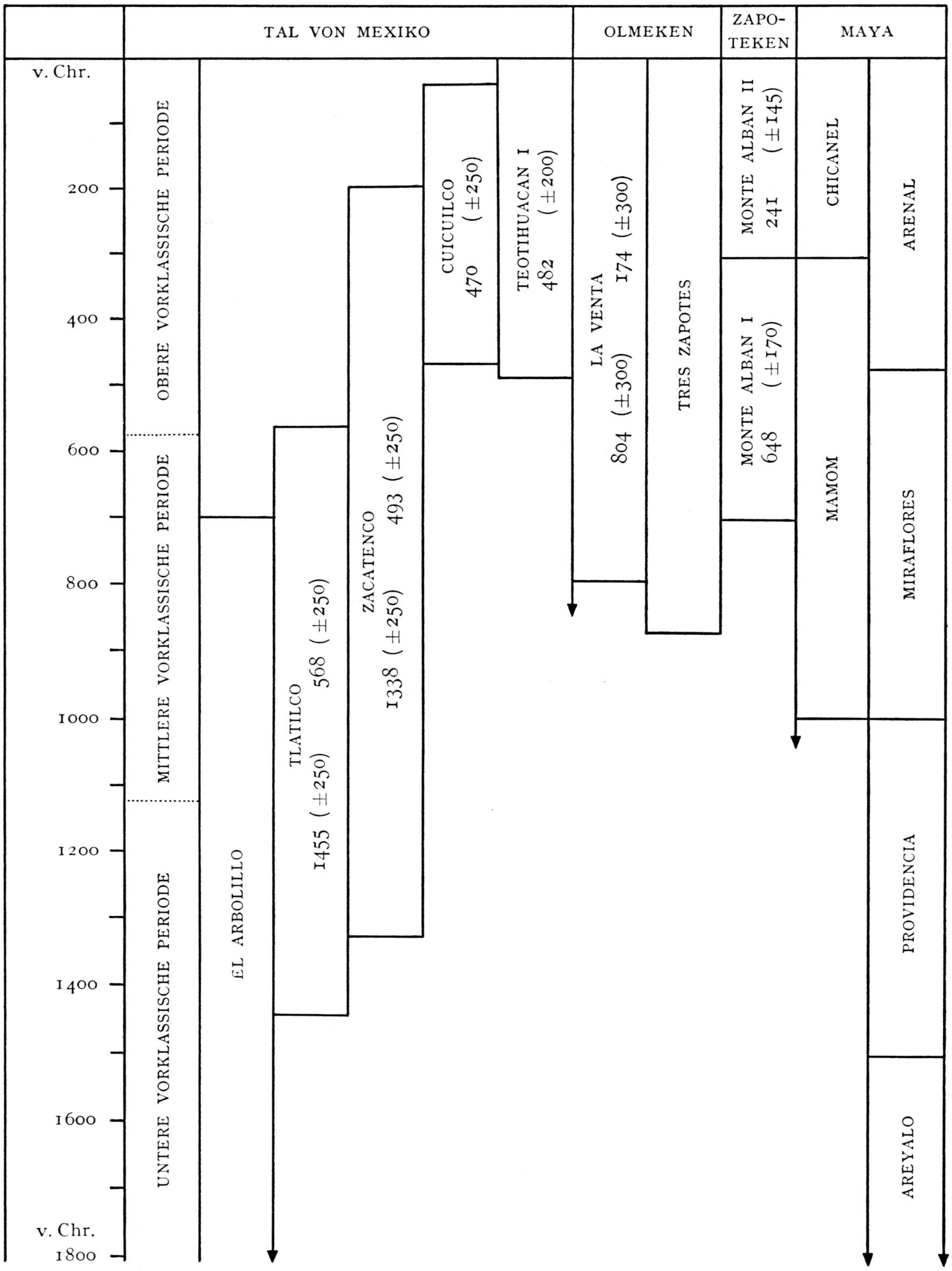

2

DIE MAYA

ZYLINDRISCHE TONRÖHRE AUS DEM KREUZTEMPEL VON PALENQUE (CHIAPAS), MIT DEM KOPF DES SONNENGOTTES VERZIERT, DER IM RACHEN DES ERDUNGEHEUERS GEHALTEN WIRD - KLASSISCHER MAYA-STIL - (H. 95 CM). MEXIKO, MUSEO NACIONAL DE ANTROPOLOGÍA.

DIE MAYA

Die Maya nehmen einen ganz besonderen Platz in der amerikanischen Archäologie ein. Teils ist dies einer gewissen Publizität zu verdanken, denn die Erforschung ihrer einstigen Städte begann schon im 18. Jahrhundert, und reichbebilderte Bücher erschienen bereits vor der Mitte des 19. Jahrhunderts, teils wurden mehr Zeit, Anstrengung und Geld für die Erforschung des Maya-Gebietes als für die des ganzen südamerikanischen Kontinents aufgewendet. Ihre Größe und Bedeutung wurden dadurch in keiner Weise geschmälert, doch kann man nicht mehr sagen, daß ihr Genius alle höheren Kulturen Mexikos und Mittelamerikas beseelte, denn die archäologische Forschung wies nach, daß die vorklassische Zeitspanne der Entwicklung der Maya-Kultur Jahrhunderte dauerte und daß grundlegende Neuerungen anderen Gruppen zugeschrieben werden müssen.

Das mindert aber nicht die Leistungen der Maya. Heute noch stehende Gebäude in ihren großen Gemeindezentren bezeugen die Dauerhaftigkeit ihrer Baukunst. Ihre monumentalen Stelen, ihr Jadeschmuck und ihre Wandmalereien werden vom künstlerischen Standpunkt aus hoch eingeschätzt. Andere mögen den Kalender und die Schrift erfunden haben, aber die Maya brachten sie zur Vollendung. Auf den Gebieten der Astronomie und der Mathematik waren sie bedeutend. Viele ihrer Aufzeichnungen blieben erhalten, da sie in Stein eingeschnitten wurden.

Das gesamte Gebiet der Maya kann rein geographisch dreifach unterteilt werden. Im Süden von Chiapas durch Guatemala nach El Salvador ziehen sich hohe Gebirge, die am Stillen Ozean durch einen schmalen Küstenstreifen gesäumt sind. Dank den Höhen im Innern ist das Klima gemäßigt. Es ist ein vulkanisches Gebiet, so daß der Boden außerordentlich fruchtbar ist. Der jahreszeitlich bedingte Regen ist für den einheimischen Anbau zureichend. Holz von Zedern, Eichen und Nadelbäumen ist zur Genüge vorhanden. Steine als Material zum Bauen und zur Herstellung von Werkzeugen standen ebenfalls zur Verfügung. Trotzdem diese so dicht bevölkerte Gebirgslandschaft anscheinend mit allen lebensnotwendigen Dingen für eine ureingesessene Bevölkerung versehen war, trug sie doch wenig zur Größe der Maya-Kultur bei.

Im Hochland sind typische Wesenszüge der Maya-Kultur selten oder überhaupt nicht vorhanden. Man findet keine großen, aus Stein ausgeführten Gebäude mit durch Skulpturen verschönter Fassade. Neben Gräbern sind nur manchmal Gewölbe mit Kragsteinen anzutreffen. In den klassischen Zeiten wurden keine großen Stelen mit eingeschnittenen Hieroglyphen-Texten errichtet (S. 113).

Das mittlere Maya-Gebiet umfaßt den Bezirk El Peten im nördlichen Guatemala und benachbarte Teile von Britisch-Honduras und Mexiko einschließlich der Usumacinta-Dränage. Hier befindet sich ein großer tropischer Dschungel mit bis zu etwa 45 m hohen Bäumen. Jährlich kann dort bis zu 3 m Regen fallen. Der seichte Boden bedeckt Kalkstein, der ein gutes Baumaterial liefert und auch zur Anfertigung von Skulpturen geeignet ist. Der Landanbau erfordert vorerst das Fällen riesiger Bäume durch Feuer und Steinäxte. Sicherlich wachsen Nutzpflanzen sehr schnell, das gilt aber in gleichem Maße für Unkraut. Ein seichter Boden ist bald erschöpft, und es muß daher immer wieder von vorn begonnen werden.

Wie alle einmal dorthin Gereisten wissen, ist es ein verbotenes Land. Gäbe es heute nicht die Kaugummiindustrie, die Mahagonibaumfäller mit ihren Plätzen zum Herausschaffen gefällter Stämme und die Lager der Ölsucher, würde dieses Gebiet nur sehr wenig Bewohner haben. Und dennoch hatte die klassische Maya-Kultur hier, wenn auch nicht gerade ihren Ursprung, so doch ihre höchste Blüte. Hier findet man viele der größten und prächtigsten Städte der Maya: Tikal mit seinen großen, heute noch mehr als 60 m hochragenden Tempeln; Uaxactun, das wegen der schönsten, uns heute bekannten vorklassischen Gebäude und seiner sorgfältig ausgearbeiteten Töpferwaren berühmt ist; Holmul, das ebenfalls wegen seiner schönen, vielfarbigen Keramiken einen Ruf besitzt; Palenque, die erste erforschte Maya-Stadt, die wegen ihrer Flachreliefs in Stuck und Stein bekannt ist, wo das prächtigste aller Maya-Gräber kürzlich entdeckt wurde (S. 122, 123). In diesem Gebiet findet man außerordentlich viele geschnitzte Stelen mit Hieroglyphen-Texten und Daten.

Der dritte Teil des Maya-Gebietes umfaßt die Halbinsel Yucatan. Es ist ein trockeneres und nicht so produktives Gebiet wie El Peten. Auch hier findet sich Kalkstein, er ist aber so porös, daß sich keine Flüsse bilden können. Leben ist in diesem Gebiet nur deshalb möglich, weil ein Zugang zum Grundwasser besteht, und zwar entweder in *cenotes*, Stellen, wo die Erdkruste eingebrochen ist, oder durch Schaffung künstlicher Brunnen. Es ist der bestbekannte Teil des Maya-Gebietes. Die Missionsväter hinterließen Aufzeichnungen über die örtlichen Maya-Bräuche. Die drei noch vorhandenen Maya-Niederschriften stammen aus Yucatan.

DER KALENDER

Zum Verständnis der Maya-Kultur muß man ihre Auffassung von Universum und Zeit kennen. Es gab nichts, was sie nicht mathematisch anfaßten. Für einen gebildeten Maya wäre es möglich gewesen, den Tag, auf den Ostern vor eintausend oder vor einer Million Tagen oder Jahren fiel, auszurechnen. Dieses grundsätzliche Interesse an der Zeit führte sie zur Schaffung der sogenannten Stelen, den großen Steinsäulen mit Hieroglyphen-Inschriften zusammen mit einer eingeschnittenen Figur oder Gruppe.

Die Entzifferung der Daten war eine phantastische Leistung, die Gelehrte in Kalifornien und Deutschland unabhängig voneinander durchführten. Heute wissen wir, daß die Maya gewöhnlich in fünf-, zehn- oder zwanzigjährigen Zwischenräumen eine Stele errichteten, und daß sie astronomische Angaben über den Lauf von Mond und Sternen festhielten. Erst kürzlich erfuhren wir, daß auch die Namen von Städten und einzelnen Herrschern aufgezeichnet wurden. Hoffentlich wird uns eine weitere Entzifferung ihre geschriebene Geschichte enthüllen.

Die Maya gebrauchten mehrere Kalenderarten. Die einfachste, zur Wahrsagung benutzte, war eine Aufeinanderfolge von 20 Namen für 20 Tage in Verbindung mit den Zahlen von 1 bis 13, wobei jede fortlaufend wiederholt wird. Die Verbindung von Name und Zahl stellt ein Ganzes dar, bei dem eines ohne das andere bedeutungslos ist wie „eine Telephonnummer ohne den Namen des Fernsprechamtes". Da 20 und 13 keinen gemeinsamen Faktor haben, kann dieselbe Verbindung nicht eher wiederkehren, bis ein Zyklus von 260 Tagen vollendet ist. Jeder dieser Tage war einer Gottheit mit ihren Attributen von Gut und Böse zugeordnet. Diese Zyklen waren nicht zu größeren Einheiten zur Zeitbestimmung zusammengefaßt.

Das Maya-Jahr bestand aus 18 Monaten zu je 20 Tagen mit zusätzlich 5 sehr unglücklichen Tagen. Das kleinste gemeinsame Vielfache von 260 und 365 ist 18 980. Es hieß ein Kalenderablauf, der einem Zeitabschnitt von ungefähr 52 Jahren entspricht. Für die Azteken war dies der längste Zeitabschnitt.

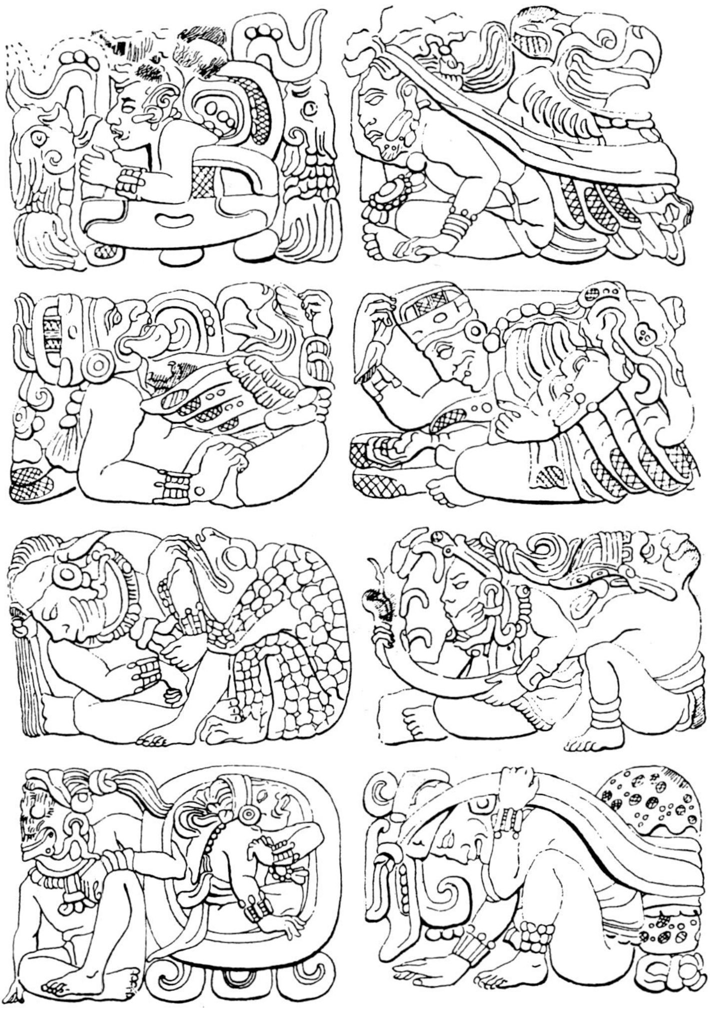

EIN KLASSISCHES MAYA-DATUM, WORIN DIE ZAHLENWERTE DURCH KÖPFE AUSGEDRÜCKT SIND. STELE D IN COPAN (HONDURAS).

Das Zeichen links oben hat keinen Zahlenwert. Die eine Last tragende menschliche Figur rechts stellt die Zahl 144 000 dar, die mit dem Wert des Gesichts, also 9, multipliziert werden muß. In der zweiten Reihe wird 7 200 mit 15 und 360 mit 5 multipliziert. Die dritte Reihe drückt 0×20 und 0×1 aus. Alle diese Zahlen addiert ergeben 1 405 800. Dies ist die Anzahl der Tage, die vom Beginn des Maya-Kalenders im Jahr 3113 v.Chr. an gezählt werden müssen, dann erhält man einen Tag und Monat des Jahres 736 n.Chr.

Alle Köpfe werden im Profil dargestellt, damit Zusätze wie Punkte am Kinn, eine Hand am Kinn, ein magerer Unterkiefer oder eine stilisierte Kopfbekleidung Zahlen wiedergeben können. Darüber hinaus hat der Künstler volle Freiheit, die Stellung von Körper und Gliedern auszuwählen.

Die Maya schrieben die Zahlen, die kleiner als 20 waren, mit Strichen und Punkten, wobei ein Strich 5 und ein Punkt 1 bedeutete. Daher werden 8 durch eine Verbindung von einem Strich mit drei Punkten und 16 durch drei Striche mit einem Punkt dargestellt. Bei einem andern System werden die Zahlen durch Köpfe angezeigt, die Götter oder ihre Attribute darstellen sollen. Die Köpfe für 14 bis 19 sind die gleichen wie für 4 bis 9, nur zur Unterscheidung mit einem kleinen fleischlosen Unterkiefer verbunden wie bei uns im Prinzip 14, 15 usw. gegenüber 4, 5 usw. In manchen Texten werden die Zahlen durch Köpfe mit angefügten runden Körpern dargestellt, eine Methode, die der Phantasie des Bildhauers freien Lauf ließ (S. 103).

Größere Zahlen als 20 wurden durch ein Stellen-Zahlen-System und durch die Verwendung von Null dargestellt, so wie wir 10, 100 usw. schreiben. Im Maya-System ist aber die Aufeinanderfolge 20 mit Ausnahme für die zweite Einheit, bei der sie 18 ist, so daß sich 360 oder etwa ein Jahr ergeben. Jede Einheit hat einen geschriebenen Namen wie „Zehner", „Tausender" usw. Alle höheren Zählungen sind Vielfache der *tun* oder der 360-Tage-Einheit. Bei der Angabe eines Datums wird die Größe der Einheit sowohl durch ihre Stellung als auch durch ein Zeichen angegeben. Das größte bekannte Periodenzeichen ist 64 Millionen *tuns*. Zusammenfassend können wir feststellen, daß die Maya den Zeitweg in mathematisch einwandfreier Weise durch eine vigesimale Zählung von *tuns* festhielten.

Die Maya-Daten sind eine Zählung von *tuns* mit zusätzlichen Tagen, die von einem bestimmten Monatstag im Jahre 3113 v.Chr. ihren Ausgang nahm, also lange vor dem Beginn ihrer klassischen Kultur. Der Ausgangspunkt kann irgendein uns unbekanntes astronomisches Ereignis sein. Die Maya-Daten hatten nur innerhalb ihres eigenen Systems eine absolute Gültigkeit, infolgedessen bestand während vieler Jahre ein Meinungsstreit über das Verhältnis zu dem unsrigen. Er wurde schließlich durch den radioaktiven Kohlenstofftest entschieden. Die große oder klassische Maya-Periode erstreckt sich danach von 300 bis 900 n.Chr.

ARCHITEKTONISCHE AUSSENSKULPTUR

Die archäologische Forschung wies wiederholt Zeugen vorklassischer Gemeinwesen im Maya-Bezirk nach. Die frühesten Siedlungen waren anscheinend in Yucatan, Chiapas und im westlichen Guatemala. Der ursprüngliche, jetzt Kaminaljuyú benannte Ort lieferte eine Folge von Töpferwaren mit dem Beginn um etwa 2000 v.Chr. Da die Gräber aus dem Zeitabschnitt gegen Ende der vorklassischen Periode großartig und reich ausgestattet sind, dürften sie eindeutig für Persönlichkeiten angelegt worden sein, die über große und gutorganisierte Gemeinwesen herrschten. Tägliches Schürfen neuer Hausgrundmauern brachte hier Dutzende zerbrochener Figuren ans Tageslicht. Auf ihnen sind keine Texte eingeschnitten wie auf denen der klassischen Maya-Kunst, aber im Stil und in der Wiedergabe der verwickelten Riten scheinen sie Vorläufer der klassischen Skulpturen zu sein. Aus der Art ihrer Zertrümmerung müssen wir auf eine Katastrophe oder auf ein Eindringen von Feinden schließen, die eine Verschiebung der Entwicklung der Maya-Zivilisation in die Niederungen von Guatemala verursacht haben könnten.

ECKE DES GROSSEN PLATZES IN TIKAL (EL PETEN, GUATEMALA).
DER TEMPEL I (H. 49 M) IM HINTERGRUND MIT SEINEM TYPISCHEN MAYA-KAMMDACH IST TEILWEISE RESTAURIERT.

In diesen Niederungen, im gegenwärtigen Bezirk El Peten, wurde nichts gefunden, das vor der mittleren vorklassischen Periode, also etwa 1000 v.Chr., einzuordnen wäre. Abgesehen von der außergewöhnlichen, mit ungeheuren, durch den Olmeken-Stil inspirierte Masken geschmückten Pyramide in Uaxactun und einem „Mauerwerk“ von Muscheln, die in Lehmmörtel sorgfältig aufgereiht lagen, ist an Bauwerken dieses Zeitabschnitts nichts bekannt.

Die klassischen und nachklassischen Maya-Gebäude sind wie die gotischen Kathedralen Europas mit Steinschneidearbeiten überladen. Der örtliche Kalkstein in El Peten und in Yucatan lieferte das notwendige Material zur Steinbearbeitung und zum Bauen und ebenfalls zur Herstellung des Kalkmörtels. Man verwendete nicht den echten Bogen, sondern das Kragsteingewölbe, bei dem jede Hälfte eine eigene Festigkeit in sich hatte mit einer mittleren Öffnung, die durch Schlußsteine geschlossen wurde. Diese Bauweise trifft man auch im Hochland von Peru an. Die Bedachung wurde auch mit massiven Balken ausgeführt, die wiederum mit kleinen gekreuzten Balken bedeckt waren und mit Kalkmörtel geschlossen wurden.
Alle Maya-Gebäude standen auf einem Unterbau, dessen Höhe vom Zweck, dem sie dienen sollten, abhing. Die gemeinhin als Paläste bekannten, vielräumigen Gebäude standen auf niedrigen Plattformen. Dagegen krönte einer der Tikal-Tempel eine terrassenförmige Pyramide von mehr als 35 m Höhe. Die Maya-Pyramiden sind steil und erreichen in ihrer Massigkeit nicht die gewaltigen mexikanischen Bauten in Cholula und Teotihuacan.
Die Fassaden sind gewöhnlich in der Mitte durch einen das Gebäude ganz umgebenden Wulst in zwei Hälften geteilt, und ein ähnlicher bildet oben ein Kranzgesims. Der geschmückte obere Teil ist oft senkrecht, kann aber auch nach hinten abfallen als charakteristischer Zug der Palenque-Baukunst.
Um ihre Gebäude eindrucksvoller zu gestalten, erhöhten die Maya sie auf zweierlei Weise. Es geschah dies einmal durch eine als Dachkamm benannte, in der Mitte auf dem Dach in der ganzen Länge des Gebäudes aufgesetzte Mauer, die öfters der Höhe des Gebäudes gleichkam. Es konnten auch zwei feste Mauern sein, die sich zueinanderneigen wie der Buchstabe A, um sich gegenseitig zu stützen. Diese verlängerten Spitztürme müssen das Entzücken der Architekten gewesen sein, denn durch herausgeschnittene Flächen, harmonische Verhältnisse und mit Skulpturen versehene Reliefverzierungen auf beiden Seiten erhöhten sie das ganze Gebäude. Der größte Dachkamm ist der des Tempels IV in Tikal. Trotzdem seine Spitze jetzt abgebrochen ist, ist er immer noch mehr als 65 m hoch.
Andererseits verwendete man die sogenannte fliegende Fassade, indem man eine äußere Mauer so aufsetzte, daß sie von vorne gesehen ein nicht bestehendes Stockwerk vermuten läßt. In den Vereinigten Staaten verdecken heutzutage viele einstöckige Geschäftshäuser die Enden von Giebeldächern auf diese Weise. Für den Maya-Künstler war jedoch die fliegende Fassade eine zusätzliche Fläche zum Verzieren. In Yucatan findet man Gebäude mit Dachkamm und gleichzeitig fliegender Fassade.
Für den Maya-Künstler war die Skulptur nur die Handlangerin der Architektur. Die für die Verzierung bevorzugten Felder waren die oberen Flächen der Fassaden und die Dachkämme. Von Stadt zu Stadt wechselten Stil und Technik. In Copan findet man Steinschneidearbeiten rundherum, die Statuen wurden hingegen in Abschnitten mit vorspringenden Zapfen, die sie an den Mauern festhielten, aufgestellt; in Palenque und Comalcalco im Westen wurde in späteren klassischen Zeiten Stein durch Stuck ersetzt. Ein großer bärtiger Stuckkopf aus Comalcalco ist auf Seite 107 abgebildet.

HALB HERAUSGEARBEITETER STUCKKOPF, VON EINER MAUER IN COMALCALCO (TABASCO) - KLASSISCHER MAYA-STIL - (H. 44 CM).
MEXIKO, MUSEO NACIONAL DE ANTROPOLOGÍA.

TÜRSTURZ 24 AUS EINEM PALAST IN YAXCHILAN (CHIAPAS).
EIN KNIENDER BÜSSER BRINGT EIN BLUTOPFER DAR - KLASSISCHER MAYA-STIL, ETWA 750 N.CHR. LONDON, BRITISCHES MUSEUM.

In Yucatan sind die spätklassischen Gebäude überreich verziert. In Uxmal ist das Haus des Statthalters 97,5 m lang, 12 m breit und 8 m hoch. Es ist von einem 4 m breiten Mosaikfries umgeben, der schätzungsweise 20 000 Steine enthält, von denen jeder entsprechend zugeschnitten ist, um richtig in die Zeichnung eingepaßt werden zu können. In Hochob und anderswo dienten ganze Fassaden dazu, groteske Drachen darzustellen, wobei der mittlere Toreingang ein geöffnetes Maul ist. Ein Dachkamm in dieser Stadt weist menschliche Figuren voll herausgearbeitet auf, von denen eine Reihe auf den Schultern der andern steht.

Copan ist wegen seiner drei verzierten Treppenaufgänge berühmt. Der Jaguar-Treppenaufgang ist durch ein Paar ungeheurer, zum Sprung ansetzender Jaguare flankiert, die einstmals vielleicht aus Obsidian bestehende eingesetzte Flecken hatten. Der Treppenaufgang zur Terrasse ist durch zwei kauernde und Fackeln tragende menschliche Figuren verziert; die oberste Stufe trägt einen eingemeißelten Text. Der Hieroglyphen-Treppenaufgang ist einzigartig. Einschließlich des geschnitzten Geländers ist er 10 m breit und bildet den Zugang zu einem jetzt ganz zerfallenen Tempel, der ungefähr 26 m oberhalb des Erdbodens steht. In die gesamte Breite der Aufgänge sind Hieroglyphen-Texte eingeschnitten. Jedes einzelne der ungefähr 2000

TÜRSTURZ AUS PIEDRAS NEGRAS (GUATEMALA) - EIN AN EINEM ALTAR ODER THRON KNIENDER HÄUPTLING IST VON EINEM GEFOLGE UMGEBEN. KLASSISCHER MAYA-STIL, ETWA 757 N.CHR. - (BR. 1,25 M). GUATEMALA, MUSEO DE ARQUEOLOGÍA Y ETNOLOGÍA.

Zeichen ist ein künstlerisches Meisterwerk. Eine weitere Verzierung besteht in fünf überlebensgroßen Statuen, die reichgekleidete Würdenträger darstellen und die den Eindruck hervorrufen, als säßen sie auf den Stufen. Unten sind zwei große Altäre in Tiergestalt und eine Stele.

INNENSKULPTUR

Es war weniger üblich, Skulpturen im Innern aufzustellen, dennoch gibt es verschiedene Arten, und dank dem Schutz gegen Witterungseinflüsse liegen viele bemerkenswerte Stücke vor. Im mittleren Teil von El Peten und im Gebiet von Usumacinta versahen die Maya oft die untere Seite des Türsturzes mit Steinschnitten. Die in den größeren Tempeln in Tikal waren in Holzbalken eingeschnitten. Auf Seite 108 geben wir einen Türsturz in Hochrelief aus einem Palast in Yaxchilan von ungefähr 750 n.Chr. wieder. Die Szene stellt einen knienden Büßer bei einem Blutopfer dar, wobei er einen Strick mit daran befestigten Kaktusstacheln durch ein Loch in seiner Zunge zieht. Unten sieht man einen mit Papier angefüllten Korb zum Auffangen des Blutes. Bei der knienden Figur muß es sich um eine bedeutende Persönlichkeit handeln, denn sie trägt ein reichverziertes Kleid für zeremonielle Anlässe, eine mächtige Kopfbekleidung und einen anscheinend aus Jade bestehenden Schmuck.

Der Türsturz auf Seite 109 wurde aus einer Bruchsteinmauer eines zusammengestürzten Piedras Negras-Gebäudes herausgenommen. Sowohl in der harmonischen Zusammenstellung als auch in der Ausführung wird er als einer der schönsten Maya-Steinschnitte angesehen. Im Mittelpunkt der Szene sieht man einen Thron oder Altar mit einem auf einem gefleckten Jaguarfell knienden Würdenträger. Rechts davon befindet sich eine Gruppe von vier Personen, von denen zwei Kinder sind. Links stehen drei Gestalten mit gekreuzten Armen in einer Geste, die Demut oder Anbetung ausdrückt. Unterhalb des Throns sitzen sieben Personen, die verschiedene Gegenstände in der Hand halten. In interessanter Weise werden die einzelnen Gruppen durch mit 158 Hieroglyphen verzierte Felder eingerahmt.

Eine andere Art der Verzierung im Innern besteht aus in Mauern eingelassenen Tafeln mit Steinschnitten. Sie sind in einem für Palenque charakteristischen feinen Flachrelief-Stil. Obgleich diese Skulpturen weder von dem förmlichen religiösen Symbolismus noch von dem starken Interesse der Maya an Einzelheiten in der Kleidung und der Verzierung abgehen, stellen sie doch eine typische örtliche Entwicklungsform dar.

Eine der großen archäologischen Entdeckungen des Jahrhunderts war die Auffindung eines gewölbten Grabes am Fuße einer der Palenque-Pyramiden, zu dem man durch Stufen vom 23 m darüberliegenden Tempelboden gelangt. Es ist nicht nur wegen der reichen Bestattungsbeigaben (S. 122, 123) von ganz besonderem Interesse, sondern auch wegen der prächtigen Relieffiguren aus Stuck und Stein.

STELEN UND ALTÄRE

Die Maya-Künstler und -Bildhauer verwendeten viel Zeit auf die Ausschmückung ihrer profanen und religiösen Bauten, daneben schufen sie dennoch zwei Arten freistehender großer Steinskulpturen, die in der Nähe ihrer Gebäude in Harmonie mit ihrer Umgebung zur Schau gestellt wurden. Die sogenannten Stelen bestehen aus großen,

aufrechtstehenden, rechtwinkligen Steinsäulen. Nicht alle, aber viele sind hinten, vorn und seitlich mit Steinschnitten versehen, die reichgeschmückte Persönlichkeiten und Hieroglyphen-Texte zum Thema haben. Oft, aber nicht immer, standen Altäre vor den Stelen. Ihre Formen reichen vom einfachen Zylinder oder Vierkant bis zu phantastischen Tieren.
Wir wissen aus den aufgezeichneten Daten der Stelen, daß sie oft in Zwischenräumen von fünf, zehn oder zwanzig Jahren aufgestellt wurden. Es ist uns nicht bekannt, warum dies so ist. Wir wissen auch, daß sie astronomische Berechnungen wiedergeben. Kürzlich wurden die Namen von Städten und Herrschern in ihrer Schrift identifiziert. Stelen wurden über sechs Jahrhunderte lang errichtet, aber ihre Bedeutung nahm schon lange vor der Eroberung ab, so daß ihr Verwendungszweck nicht ganz erklärt werden kann. Anscheinend begann der Stelen-Altarkult im Gebiet von Tikal mitten in El Peten. Der Stelen-Stil ist auf der Leiden-Platte (S. 120) wiederholt, einer Jadeplatte mit einer Gestalt auf der einen und dem bis vor kurzem ältesten Maya-Datum (320 n.Chr.) auf der andern Seite. Sowohl zeitgenössische Töpferwaren als auch neuerlich gefundene Skulpturen lassen vermuten, daß in dem Augenblick, in dem die klassische Maya-Periode auslief, starke Strömungen der Teotihuacan-Stile nach Tikal gelangten. Die Leiden-Platte beweist, daß die Maya-Kultur in ihre klassische Periode eintrat, in der phantastische Abzeichen der Königswürde getragen und gefangene Feinde mißhandelt wurden.

Diese in Flachrelief eingeschnittene Szene weist zwölf Gestalten so zusammengestellt auf, daß das schmale verzierte Feld, das die Seite einer Stele bietet, ausgefüllt werden konnte. Sie stellt das Verhör von Gefangenen durch einen Häuptling mit zwei Gefolgsmännern dar. Die Entfernung wird durch die relative Größe angedeutet. Die linkische Stellung einiger Körper wird durch den Brauch der Maya, einen oder beide Arme der Gefangenen quer über den Rücken in offensichtlich schmerzhafter Stellung zu binden, hervorgerufen.

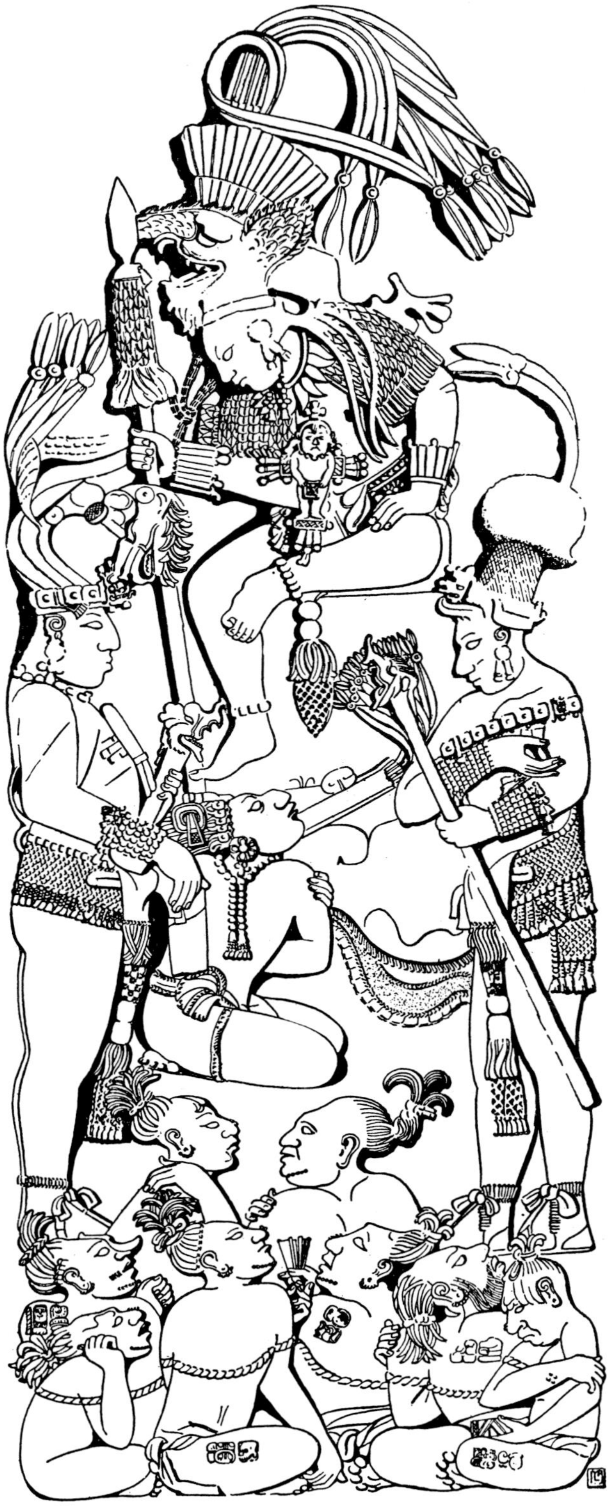

STELE 12 AUS PIEDRAS NEGRAS (GUATEMALA) - 795 N.CHR. DATIERT - (H. ETWA 3 M).
GUATEMALA, MUSEO DE ARQUEOLOGÍA Y ETNOLOGÍA.

Beim Meißeln menschlicher Gestalten schufen die Maya keine großen Freifiguren. Alles ist in Relief gezeigt; aber sie entwickelten ausgeprägt örtliche und zeitliche Stile. Im allgemeinen neigen die östlichen Städte wie Copan und Quirigua zur Frontaldarstellung in Hochrelief mit immer wachsender Verfeinerung in den Einzelheiten der Verzierung (S. 113). Wird eine zweite Figur dargestellt, erfolgt dies auf der gegenüberliegenden Seite der Säule. Sie wirken ganz allgemein förmlich und erhaben. Die realistische Darstellung ist auf Gesicht und Hände und auf Einzelheiten der außergewöhnlich reichhaltigen zeremoniellen Ausrüstung beschränkt. Wir wissen nicht, woraus sie hergestellt wurden, da sie aus vergänglichen Materialien angefertigt wurden.
In den mittleren und westlichen Städten der klassischen Periode war die Profildarstellung üblicher als die frontale der frühen klassischen Periode. Später jedoch findet man Körper und Beine frontal und Arme und Kopf im Profil, wodurch die seitliche Symmetrie gebrochen wird. Dreiviertelansichten treten nun auf, auch Bewegung andeutende, tänzerische Stellungen. Eine interessante Entwicklung sind die

Dieses Stück gilt als das schönste der noch vorhandenen, frühen amerikanischen Skulpturen. Sicherlich stellt sie das Äußerste an Verworrenheit im Maya-Symbolismus dar. Der Körper des Drachen ist vollkommen mit sorgfältig ausgearbeiteten Schnörkeln bedeckt, die auf zwei miteinander verbundenen Flächen dargestellt sind. In den Zwischenräumen finden sich Flächen mit Hieroglyphen, von denen viele eine ganze Figur sind. Der Kopf der sitzenden Figur ist der erste in Quirigua *ohne* Bart dargestellte, und zwar nach einer Periode von vierzig Jahren.

SITZENDE GESTALT IM RACHEN EINES GESCHNITZTEN UNGEHEUERS, IN QUIRIGUA (GUATEMALA). BEKANNT ALS DIE „GROSSE SCHILDKRÖTE“ ODER ZOOMORPH P - HAUPTPHASE DES SPÄTKLASSISCHEN MAYA-STILS.

STELE D UND ALTAR AUF DEM GROSSEN PLATZ VON COPAN (HONDURAS) - 736 N.CHR. DATIERT (NACH DEM MAYA-KALENDER 9.15.5.0.0) - HAUPTPHASE DES SPÄTKLASSISCHEN MAYA-STILS - (H. 3,66 M). DER EINGESCHNITTENE TEXT AUF DER RÜCKSEITE IST AUF SEITE 103 SICHTBAR.

FUCHSIT-STATUETTE AUS EINER FRÜHKLASSISCHEN MAYA-ABLAGERUNG IN UAXACTUN (EL PETEN, GUATEMALA) - DER STIL WEIST TYPISCHE OLMEKEN-MERKMALE AUF - (H. 25,5 CM). GUATEMALA, MUSEO DE ARQUEOLOGÍA Y ETNOLOGÍA.

Gruppenszenen in einer Anordnung, die es ermöglicht, sie in das enge Feld einer Stele einzupassen. Das Beispiel auf Seite 111 stellt zwölf Personen dar, die so gestellt wurden, daß eine Entfernung, wenn nicht sogar Perspektive angedeutet wird.
Die Komplexität und der beschädigte Zustand der Maya-Stelen erschwert ihr Studium. In früheren Zeiten waren sie mit wahrscheinlich kontrastierenden Farben bemalt, was das Verständnis erleichterte. Sie wurden in über hundert Städten, und in einer einzigen

wurden sogar mehr als hundert gefunden. Die größte beschriebene Stele wurde in Quirigua entdeckt und stammt aus dem Jahre 771 n.Chr. Sie ist 10 m hoch und wiegt ungefähr 65 Tonnen; normalerweise ist eine Stele etwa 2,40 bis 3 m hoch.
Die bei einer Stele errichteten Altäre können viereckig oder rund sein; seitlich oder oben darauf sind sie mit Steinschnitten versehen. In Copan gibt es viele Altäre wunderlicher Form, die verschiedene Arten mythologischer Drachen darstellen. In Quirigua hatte man während einer kurzen Periode in kalendrischen Zwischenräumen anstelle von Stelen Skulpturen in Form tiergestaltiger Wesen errichtet. Die größte, zuweilen die „Große Schildkröte" genannte, ist ein kauerndes Ungeheuer mit einer geschnitzten menschlichen Figur im offenen Rachen (S. 112). Der Stein mißt 2,95 × 3,50 m und ist 2,20 m hoch. Das Datum ist 695 n.Chr. (9.18.5.0.0.).

STATUETTEN

Die nichtmonumentalen Skulpturen der klassischen Maya-Kunst sind Stein- und Tonstatuetten und oft aus Jade bestehende persönliche Schmuckgegenstände. Die kleine Fuchsit-Statuette auf Seite 114 wurde wohl in frühklassischen Ablagerungen aus dem Jahre 350 n.Chr. gefunden, sie dürfte aber eindeutig ein Erbstück sein, denn sie weist Olmeken-Merkmale auf wie den bloßen Kopf, den nackten Körper, eingeschnittene Augenbrauen, Hände und Verzierungen auf der Wange. Das Gesicht als solches ist jedoch nicht im Olmeken-Stil. Dieses kleine Stück war sicherlich einst lustig verziert, denn es sind fünfzehn Paare kleiner konischer Löcher eingebohrt, die sich in einem Winkel treffen. Dadurch war es möglich, farbige Verzierungen vom Kopf bis zu den Füßen anzubringen.
Keramikfigurinen traten zum ersten Mal in der vorklassischen Periode auf, kamen aus der Mode und erschienen dann wieder in verschiedenen begrenzten Gebieten in der spätklassischen Periode. Man kennt sehr viele aus dem Hochland von Guatemala, dem Bezirk Lubaantun, der Usumacinta-Dränage, dem Küstengebiet von Campeche und der benachbarten Insel Jaina. Die auf den Seiten 116 und 117 wiedergegebenen Stücke sind für die Campeche-Jaina-Arten charakteristisch. Ihren Reiz verdanken sie heutzutage nicht ihrer Originalität, sondern dem Fehlen des oft unverständlichen Symbolismus der Maya-Religion. Jaina-Figuren sind klein und selten größer als 20 cm. Einige sind von Hand modelliert, andere sind im ganzen oder in Stücken gegossen. Männer und Frauen werden einzeln, zuweilen als Paar, manchmal mit einem Tier dargestellt. Hohle Stücke können im Innern rasselnde Kügelchen enthalten oder, wenn ein Mundstück vorhanden ist, als Pfeife oder Okarina dienen.
Abgesehen von den Wandmalereien geben uns die Jaina-Figurinen das beste Bild vom Maya-Leben während der spätklassischen Zeiten um 700 bis 900 n.Chr., aber sie stellen lediglich das der Aristokraten dar. Sie berichten uns von ihrem Schönheitsideal und auch von der den Maya angeborenen Vorliebe für Prunk. Viele Arten der Bekleidung werden gezeigt, auch Schmuck einschließlich Armringe, Halsketten und Ohrschmuck, vorzugsweise aus Jade. Haarstile, das Zahnfüllen und das Tätowieren werden in allen Einzelheiten gezeigt. Die turmartigen Kopfbekleidungen sind modelliert, aber leider ohne Farbe, die einen Anhaltspunkt für ihre Anfertigung hätte geben können.

KERAMIKFIGURINE AUS CAMPECHE (MEXIKO), DEREN KOPF UND SCHULTERN IN EINER FORM GEGOSSEN WURDEN; DAS ÜBRIGE WURDE MODELLIERT. DAS KLEID HAT ÄRMEL UND EINEN LANGEN SCHOSS - DIE KOPFBEDECKUNG SCHEINT MUSCHELN UND BLUMEN ZU ENTHALTEN - DIE SCHALE ENTHIELT ANSCHEINEND KOPALWEIHRAUCH - JAINA-STIL, SPÄTKLASSISCHE MAYA-PERIODE - (H. 27 CM). MEXIKO, SAMMLUNG BARBACHANO PONCE.

KERAMIKFIGURINE VON DER JAINA-INSEL - EINE STEHENDE, IN EINE LANGE ZEREMONIENROBE GEKLEIDETE MÄNNLICHE FIGUR. IN DER RECHTEN FAUST IST SCHEINBAR EIN SCHLAGRING, DIE LINKE HÄLT EIN GEZWIRNTES GEWEBE, DAS IN EINER QUASTE ENDET. JAINA-STIL, SPÄTKLASSISCHE MAYA-PERIODE - (H. 23 CM). MEXIKO, MUSEO NACIONAL DE ANTROPOLOGÍA.

Teil einer Schlachtszene von einer Mauer in Bonampak. Ein durch sein Jaguarfell-Poncho und Sandalen gekennzeichneter Häuptling hat einen Gefangenen gemacht, den er an den Haaren packt. Die gesamte Szene umfaßt Reihen von Kriegern im Kampf und bedeckt drei Seiten eines Raumes einschließlich der vertikalen Wände und des größten Teils des darüberliegenden Gewölbes.

Verurteilung von Gefangenen (S. 119). Teil einer Wandbemalung in Bonampak. Der Häuptling trägt wohl noch sein Jaguarfell-Insignium, hat aber seine Kopfbedeckung gewechselt und verschiedene Jadeverzierungen angelegt. Dem Führer gegenüber sieht man einen andern hohen Beamten und dazwischen einen nackten Gefangenen, der um sein Leben bittet. Unten erkennt man den glänzend gezeichneten Körper eines Kriegers im Tode hingestreckt mit einem abgeschlagenen Kopf zu seinen Füßen. Auf jeder Seite sind andere Gefangene, davon zwei mit blutigen Fingernägeln, was auf ihre Folterung schließen läßt. Diese Szene sieht man über einem Toreingang; sie ist von ungefähr dreißig anderen Gestalten flankiert. Die stehenden Figuren sind etwa 1,15 m groß.

Klassische Wandmalereien sind selten, außerdem sind nur wenige erhalten geblieben. Zu den berühmtesten in Bonampak im Staat Chiapas kann man nur unter großen Schwierigkeiten gelangen. Glücklicherweise fertigten zwei erfahrene Künstler Kopien an, außerdem hat die mexikanische Regierung die drei bemalten Räume in normaler Größe rekonstruieren lassen.

WAND-MALEREIEN

Wegen des Fehlens von Verteidigungsmauern oder Befestigungen in den klassischen Maya-Städten nahm man an, die Maya hätten ein friedliches Dasein geführt. Seit dem Beginn des klassischen Zeitabschnitts wird jedoch gezeigt, wie die Sieger ihre Gefangenen behandeln (S. 120), und derartige, in Stein eingeschnittene Darstellungen nehmen an Zahl und Weitschichtigkeit im Laufe der Zeit zu (S. 111). Bonampak, das niemals ein größeres Gemeinwesen war, berichtet über einen siegreichen Feldzug in allen Einzelheiten. Kriegsvorbereitungen einschließlich der Ratsversammlungen und der Zeremonien werden gezeigt. Eine gewaltige Schlacht, anscheinend mit den Heldentaten Einzelner, wird wiedergegeben. Gefangene werden vor die Sieger geschleppt und in einigen Fällen gefoltert. Schließlich findet eine große Siegesfeier statt, zu der jeder seine besten Kleider trägt. Um eine terrassenförmige Pyramide wird ein Tanz veranstaltet, und der Anführer der Besiegten wird geopfert. All diese aufeinanderfolgenden Ereignisse werden bis ins einzelne geschildert, so daß wir daraus auf eine ungewöhnliche Gelegenheit schließen müssen.

Es wird noch viele Jahre dauern, bis die weitschichtigen Darstellungen der Wandmalereien von Bonampak gänzlich analysiert sein werden. Wir müssen die Lebendigkeit, den Rhythmus bei Ansammlung größerer Gruppen, die Geschicklichkeit, mit der verdrehte Stellungen durch Verkürzungen behandelt sind (S. 118), anführen. Es wird indessen nicht versucht, Umrisse durch Schattierungen hervorzuheben. Die Entfernung

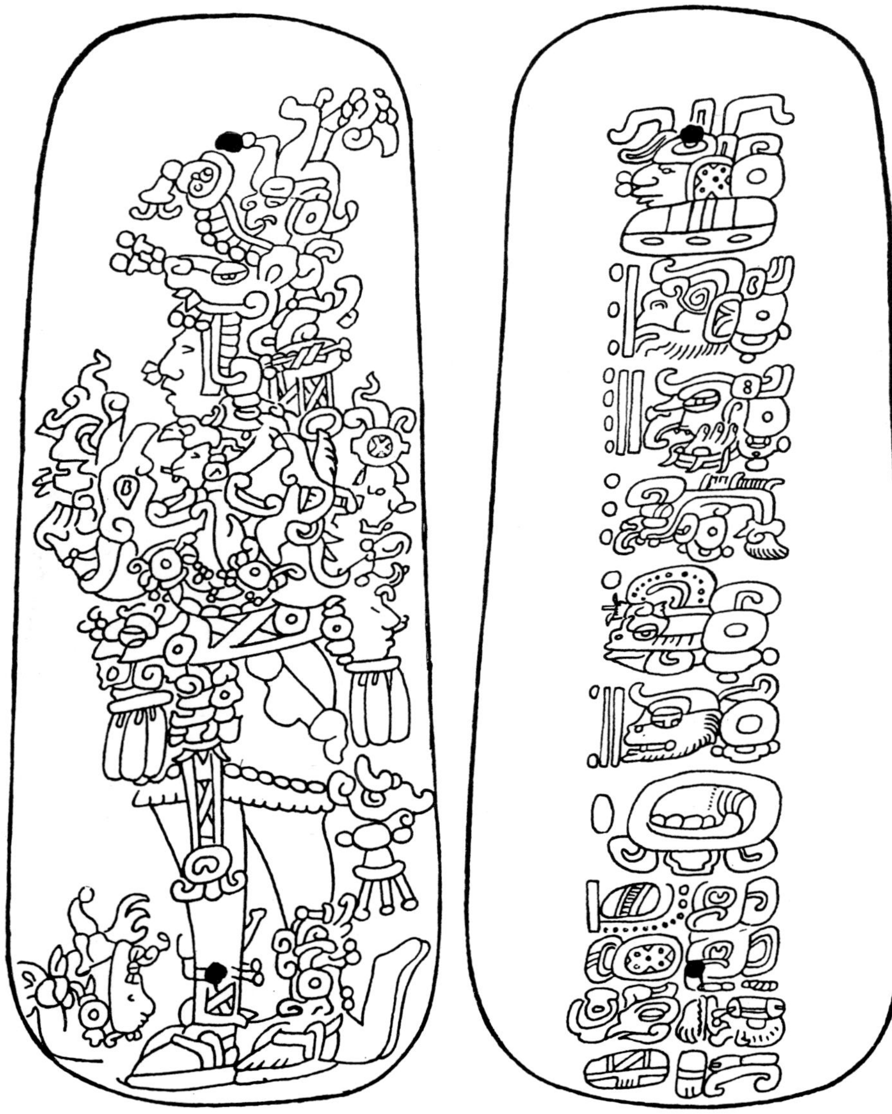

LEIDEN-PLATTE, AUF DEREN EINER SEITE EIN FRÜHES DATUM EINGESCHNITTEN IST (8.14.3.1.12. = 320 N.CHR.). DIE ANDERE SEITE ZEIGT EINE SORGFÄLTIG GEKLEIDETE MAYA-PERSÖNLICHKEIT, DIE AUF EINEM GEFANGENEN HERUMTRITT - IN DER NÄHE VON PUERTO BARRIOS (GUATEMALA) ZUSAMMEN MIT KUPFERGLOCKEN GEFUNDEN, WAS BESAGT, DASS ES EIN ERBSTÜCK WÄHREND MEHRERER JAHRHUNDERTE WAR. (H. 21,5 CM). LEIDEN, RIJKSMUSEUM.

wird nicht perspektivisch dargestellt, sondern durch teilweise Abschwächung der entfernteren Gestalten gegenüber den näheren und durch Höherstellen der entfernteren auf den gemalten Wänden (S. 119). Man hat auf Grund der vielen abweichenden Einzelheiten in der Kleidung auf eine Darstellung von Einzelpersonen geschlossen. Die Anmaßung der siegreichen Krieger kann aus ihrer Haltung beurteilt werden. Furcht und Leiden der Gefangenen sind offenkundig.
Die am Ende des 8. Jahrhunderts angefertigten Wandmalereien in Bonampak finden nicht ihresgleichen in Nord- und Südamerika. Ihre Lebendigkeit und Beweglichkeit wurden im zeitgenössischen Europa nicht überboten. Warum stellten nun andere Maya-Gemeinwesen Künstler solch reifen Talentes nicht in ihren Dienst? Von Gebäuden aus späterer Zeit in Yucatan wissen wir, daß manchmal die Außenmauern mit Fresken versehen waren. Vielleicht waren die glatten Flächen an klassischen Maya-Gebäuden einst prächtig bemalt und heftige Tropenregen wuschen alles ab?

SCHMUCK UND AUSSTATTUNG

Die kleineren Steinschnitte der klassischen Maya-Periode sind meistens Jade-Gegenstände, die zur persönlichen Ausschmückung benutzt wurden. Im gesamten Maya-Gebiet waren keine Jade-Vorkommen bekannt bis zum kürzlichen Auffinden von Jade in einem Gebirgszug im Hochland von Guatemala, die bei ihrer Qualität in nachklassischer Zeit hätte bearbeitet werden können. In den Niederungen von Yucatan und Guatemala kommt lediglich Kalkstein vor. Daher dürfte Jade nur eingeführt worden sein. Die Leiden-Platte (S. 120), der älteste, mit einem Datum versehene Jade-Gegenstand, ist eine makellose, ovale Scheibe, die ihrem Stil nach in der Nähe von Tikal im mittleren El Peten angefertigt sein dürfte. Die Fähigkeit, einem derart widerspenstigen Material eine Form geben zu können und es zu ziselieren, läßt auf eine lange Vertrautheit damit schließen.
Die auf klassischen Maya-Statuen und Figurinen gezeigten sorgfältig gearbeiteten Halsketten, Ohrschmuckstücke, Brustschmucke, Armringe usw. bestehen offensichtlich aus Jade. Beim Ausbaggern des Heiligen Cenote in Chichen Itza vor etwas mehr als einem halben Jahrhundert wurde eine Vielfalt von Jade-Gegenständen zutage gebracht, aber nur in Fragmenten, da sie bei Zeremonien „getötet“ worden waren. Die Aufdeckung des Ruz-Grabes in Palenque gab den Archäologen endlich die Möglichkeit, die Bestattungsbeigaben aus Jade und den tatsächlich auf den Körper gelegten persönlichen Schmuck zu studieren.
Zwei der berühmten Palenque-Funde, zwei Jadeköpfe, von denen jeder aus einzeln geschnitzten Stücken passend zusammengefügt wurde, sollen nun besprochen werden. Wie bei dem Zapoteken-Kopf aus Jade auf Seite 89 wird wahrscheinlich ebenfalls kein einzelner Jadeblock zur Herstellung des Schnittes gefunden worden sein, der groß genug war. Indessen war es bei diesen drei Beispielen, abgesehen von den Augen und den Zähnen aus Muscheln, die Absicht des Künstlers, die Farbe einzelner Steine beim Zusammensetzen passend zu verwenden. In Mittelamerika galt ganz allgemein bei allen Kulturen, dies möge nicht vergessen sein, Jade als kostbarste aller Substanzen, und ihre Farbe war ein Schönheitssymbol.

MASKE AUS JADEMOSAIK, DIE EINEN ALTEN MANN DARSTELLT - AUS DEM RUZ-GRAB UNTER DEM INSCHRIFTEN-TEMPEL IN PALENQUE (CHIAPAS). KLASSISCHER MAYA-STIL, ETWA 700 N.CHR. - (H. 12 CM). MEXIKO, MUSEO NACIONAL DE ANTROPOLOGÍA.

TOTENMASKE AUS JADE MIT MUSCHELAUGEN UND OBSIDIAN-PUPILLEN - SIE WAR ÜBER DAS GESICHT DER IN DER KRYPTA UNTER DEM INSCHRIFTEN-TEMPEL IN PALENQUE (CHIAPAS) BEIGESETZTEN PERSÖNLICHKEIT GESTÜLPT WORDEN. MEXIKO, MUSEO NACIONAL DE ANTROPOLOGÍA.

JADE-BRUSTSCHMUCK AUS NEBAJ (EL QUICHÉ, GUATEMALA) - SPÄTKLASSISCHER MAYA-STIL - (BR. 15 CM). GUATEMALA, MUSEO DE ARQUEOLOGÍA Y ETNOLOGÍA.

Diese Platte gehört zu einer kleinen Gruppe, von der alle durch eine feine Komposition und durch ausgezeichnete Schnittechnik gekennzeichnet sind. Es muß noch bemerkt werden, daß die Platten eine unregelmäßige Form besitzen: dies deutet darauf hin, daß die Maya in der spätklassischen Zeit vorzogen, die Symmetrie zu opfern, um nichts von dem kostbaren Jade-Material zu verlieren. Man hält es für wahrscheinlich, daß alle Bruststücke, obgleich sie an verstreuten Plätzen entdeckt wurden, in einem begrenzt kleinen Gebiet hergestellt worden sind. Vom Stil ausgehend, verlegt man sie in die Nähe von Piedras Negras im Usumacinta-Tal.

Meiner Meinung nach stellen die beiden Köpfe aus Palenque einen Versuch dar zu porträtieren. Sie sind keine Masken, da Augenlöcher fehlen. Außerdem besitzen sie keine Durchbohrungen zum Befestigen an irgendeinem Hintergrund wie die „Masken“ aus Teotihuacan. In technischer Hinsicht sind sie den Mosaiken der geschickten Azteken und Mixteken, die symbolische Muster aus vielfarbigen kleinen Stücken zusammensetzten (S. 72), nicht ähnlich.

Der kleinere Kopf aus Palenque (S. 122) rief auf einmal, als wir ihn hatten photographieren dürfen, den Eindruck einer Einzelperson hervor. Die Form und die seltsame Behandlung der Augen, der vorstehende Vorderkopf und die dicke Nase mit breitem Rücken schienen dem stilisierten Schönheitsideal von Palenque fremd zu sein. Als ich ihn in die Hand genommen und von allen Seiten betrachtet hatte, wurde es mir klar, daß dies der Kopf eines alten Mannes mit gefurchten Zügen und geschrumpftem Mund sein müsse. In der Kunst von Palenque wird das Alter auf andere Art und Weise dargestellt. Rein physisch ist dieser Kopf eindeutig verschieden von dem andern.

Der zweite Palenque-Kopf (S. 123) ist lebensgroß, eine Totenmaske, die von dem großen Führer, für den das Grab gebaut war, getragen wurde. Es war wahrscheinlich nicht leicht, Jadematerial von zusammenpassender Qualität zu finden, so daß über 200 Stücke für die Zusammenstellung nötig waren. In stilistischer Hinsicht steht er zu dem ersten Kopf im Gegensatz. Die Pupillen und Augen bestehen aus Muscheln, der Haarschnitt ist auf den Wangen stufig gestutzt wie in der klassischen Zeit. Der Nasenrücken ist in echter Palenque-Art durch einen schmalen Rücken an dem Augenbrauenkamm des Vorderkopfes vorbei hochgeführt, ein Brauch, der sich auch auf andere Maya-Siedlungen ausdehnte. Eine besondere Eigentümlichkeit dieses Gesichts sind die spitz zulaufende Form und das spitze Kinn. Ein Blick auf unsere Bilder macht es deutlich, daß die meisten Maya-Gesichter fast rechtwinklig mit nahezu gleicher Augen- und Mundbreite sind. Außerdem enthielt das Grab sehr ähnliche Stuckköpfe von großer Schönheit, und man kann sie deshalb am einfachsten als Porträts der gleichen Einzelperson erklären.

Auf Seite 124 wird eine vollkommen andere Art der Jade-Schnitzerei aus der klassischen Maya-Periode gezeigt. Es handelt sich um einen Brustschmuck, der horizontal durchbohrt ist, um ihn in Schulterhöhe an der Hauptfigur aufzuhängen. Es ist eine auf der Rückseite glatte, aber vorn prächtig geschnitzte Platte unregelmäßigen Umrisses. Die Hauptperson sitzt mit gekreuzten Beinen auf einem Thron mit dem Rumpf in Frontalansicht und mit dem Kopf im Profil. Ihr Körper ist nach rechts geneigt; sie scheint sich an einen kleinen, zwergähnlichen Diener zu wenden. Vorn ist der Thron mit drei Gesichtern geschmückt, die auf dem Joch wiederholt sind, das von seinem Inhaber getragen wird; hinten ist der Thron mit Schnitzereien versehen, um den Körper einer Schlange vorzutäuschen. Diese Hauptszene wird durch tiefe, vertikale Schnitte um die Hauptfigur herum, durch Schnörkel und Köpfe, die sie von jeder Seite flankieren, hervorgehoben.

KERAMIK

Die Maya waren geübte Keramiker und bedienten sich vieler Stile. Die schon erwähnten Ton-Figurinen (S. 116) sind in ihrer Qualität den großen Steinschnitten gleichrangig. Wir besprechen hier nur die zu Zeremonien benutzten Gefäße und die hervorragenden vielfarbigen Arten. Bei den Zeremonien der Maya spielte Weihrauch immer eine große Rolle. Selbst heute noch fertigen manche Maya-Gruppen besondere Gefäße für religiöse Zwecke an, die wie die früheren Arten solche in Form von Bildwerken sind. Eine seltsame Gruppe von Weihrauchkesseln war anscheinend zur Zeit der Frühklassik im

ZWEITEILIGES MEHRFARBIGES GEFÄSS MIT BILDWERK, VIELLEICHT EIN WEIHRAUCHGEFÄSS - AUS EINEM GRAB UNTER EINEM FRÜHKLASSISCHEN MAYA-GEBÄUDE IN TIKAL - (H. 37,5 CM). TIKAL (GUATEMALA), UNIVERSITY OF PENNSYLVANIA MUSEUM.

ZWEITEILIGES RELIEFBILDWERK, DAS EINEN BUCKLIGEN DARSTELLT, VIELLEICHT EIN WEIHRAUCHGEFÄSS, AUS KAMINALJUYÚ (GUATEMALA.) (H. 22,5 CM). GUATEMALA, MUSEO DE ARQUEOLOGÍA Y ETNOLOGÍA.

Hochland von Guatemala entworfen worden und wurde entweder nach Städten in El Peten verkauft oder in diesen nachgeahmt. Es sind Bildwerke sitzender oder kauernder Gestalten, die in zwei Teilen angefertigt sind, d.h. mit dem Rumpf und dem einen Deckel bildenden Kopf. Das Beispiel auf Seite 127 zeigt einen Buckligen, dessen Hände und groteskes, aber lächelndes Antlitz andeuten, daß er Beifall klatscht. Durch Schlitze in den Augen, dem Mund und im Hinterkopf entweichen die Weihrauchdämpfe. Ein anderes zweiteiliges Bildwerk, das kürzlich in Tikal (S. 126) gefunden wurde, ist eindeutig frühklassischen Datums. Es stellt eine menschliche Figur, auf einem Dreifuß aus Menschenknochen sitzend, dar. Arme, Beine und Gürtel sind sorgfältig verziert, aber das Antlitz mit einer ungeheuren Nase und Lippen ist grotesk. Ein kleiner Menschenkopf wird in den Händen gehalten.
Eine gebräuchlichere, von den vorklassischen bis zu den nachklassischen Zeiten benutzte Art des Weihrauchbeckens besteht aus einem zylindrischen Behälter mit außen angebrachten Bildwerken. In der Auffassung erinnern sie an die Zapoteken-Urnen (S. 86), aber alle Abarten des Maya-Stils sind eigenen Ursprungs.
Das vielgestaltige Stück auf Seite 129 ist unbestimmten Datums. Der Körper stellt einen plumpen Vogel mit Federn dar, die im einzelnen wie übereinandergreifende Reihen von Schindeln aussehen, das Gesicht hingegen ist eindeutig menschlich, nur die Nase ist durch den krummen Schnabel eines Vogels ersetzt. In der Mitte der Krone befindet sich ein kleiner, nach unten blickender Vogel. Unten ist ein vorspringender Zaun, auf dem zwei Vögel sitzen. An jeder Seite des Gefäßes bilden drei flache Ringe Flanschen. Eine auf Seite 100 gezeigte Seltsamkeit in Parallele zu diesem Weihrauchkessel besteht aus einer drei Fuß hohen Röhre mit flankierenden Flanschen, die überreich in Relief verziert sind. Es kann sich nicht um ein Weihrauchbecken handeln, da die Röhre an beiden Enden offen ist; ihr Verwendungszweck ist nicht bekannt. Fünf stilistisch gleiche wurden in einem der Tempelunterbauten in Palenque gefunden. Der wichtigste Kopf ist der des Maya-Sonnengottes mit übereinanderliegenden symbolischen Elementen, in denen sich ein Vogel mit langem Schnabel befindet.
Mehrfarbige Töpferwaren treten im mittleren Maya-Gebiet in den spätklassischen Zeiten etwa zu Beginn der christlichen Zeitrechnung auf. Örtliche Vorläufer wurden nicht gefunden. Eine neue Verzierungstechnik, neue Motive und neue Gefäßformen treten nunmehr in Erscheinung. Man nimmt an, daß Neuerungen einer Bevölkerungsverschiebung zu verdanken sind, wodurch neue Keramikformen eingeführt wurden, was sogar die Blüte der klassischen Maya-Kultur ausgelöst haben könnte. Diese Hypothese, für die manches spricht, ist aber noch nicht ganz bewiesen. Hingegen wird allgemein angenommen, daß die Teotihuacan-Keramiken während der frühklassischen Periode einen Einfluß ausübten. Dies ist in den großen Tieflandzentren wie in Tikal auch festgestellt und noch offensichtlicher im Hochland von Guatemala, besonders in Kaminaljuyú, nachgewiesen worden.
In der spätklassischen Periode werden Menschen- und Tierfiguren auf gemalten Töpferwaren immer häufiger dargestellt. In El Salvador und Honduras, dem östlichen Teil des Maya-Gebiets, ist der Stil steif und förmlich. Finden sich auf Töpferwaren

KERAMIK-WEIHRAUCHBECKEN, DAS EINEN MYTHOLOGISCHEN VOGEL MIT EINEM MENSCHENKOPF DARSTELLT - AUS EINER GROTTE IN DER NÄHE VON PURULHÁ (BAJA VERA PAZ, GUATEMALA) - NACHKLASSISCHE MAYA-PERIODE (?) - (H. 47 CM). GUATEMALA, MUSEO DE ARQUEOLOGÍA Y ETNOLOGÍA.

BEMALTE FLÄCHE EINES MEHRFARBIGEN KRUGES AUS ALTAR DE SACRIFICIOS (GUATEMALA) - DIE SZENE ZEIGT EINEN TÄNZER MIT EINEM JAGUARFELL - MAYA-ZEICHEN DATIEREN UND ERLÄUTERN DAS BILD - KLASSISCHER MAYA-STIL - (H. 17 CM). GUATEMALA, MUSEO DE ARQUEOLOGÍA Y ETNOLOGÍA.

Zeichen, dienen sie wohl zur Verzierung, ohne irgendeinen besonderen Sinn zu haben. Im mittleren Flachland werden indessen naturgetreue Formen mit zunehmendem Realismus dargestellt, der sich, wenn er auch nicht die Ausdruckskraft der Wandmalereien von Bonampak erreicht, doch mit den erhaltenen Maya-Handschriften vorteilhaft vergleichen läßt. Endlich erhalten die Zeichen einen Sinn. Die Texte beziehen sich eindeutig auf das Dargestellte und geben in manchen Fällen Daten an.
Ein Meisterwerk dieser Art wurde im Jahre 1962 von der Harvard-Expedition, die in Altar de Sacrificios arbeitete, im Grab einer jungen Frau gefunden. Sechs menschliche Gestalten, zwei von ihnen aufrecht stehend und die andern paarweise sitzend, beteiligen sich an irgendeiner Zeremonie. Der den Rand umgebende Text ist einzigartig. Das erste Zeichen ist wie eine farbige Initiale in einer europäischen Handschrift rot gemalt, und als Datum der Zeremonie ist das Jahr 754 n.Chr. angegeben. Drei weitere Gruppen von Zeichen sind senkrecht verlaufend zwischen den Gestalten angebracht.

MEHRFARBIGER KRUG, KÜRZLICH IN EINEM GRAB IN ALTAR DE SACRIFICIOS (GUATEMALA) VON EINER EXPEDITION DER HARVARD-UNIVERSITÄT AUFGEFUNDEN - (H. 17 CM). GUATEMALA, MUSEO DE ARQUEOLOGÍA Y ETNOLOGÍA.

Wahrscheinlich zelebriert die tanzende Figur auf Seite 130, die unter den Beginn des Textes gesetzt ist. Sie trägt Hosen aus geflecktem Jaguarfell, Stulphandschuhe aus Jaguarklauen und eine Jaguarkopfbekleidung mit Federn. Der Kopf, ein Arm und ein Bein sind im Profil, der Körper, ein Arm und Bein diagonal in der Perspektive dargestellt. Dem Tänzer gegenüber sitzen zwei Einzelpersonen, von denen eine über die andere gestellt ist. Die obere Figur trägt eine Kopfbedeckung aus Jaguarfellen. Jaguarbeine mit -klauen bedecken Hände und Füße. Ein Schnörkel vor dem Gesicht soll Sprache oder Gesang andeuten. Die untere Figur trägt keine Jaguar- oder Schlangensymbole. Man deutet daraus, daß sie geopfert werden soll.
Die zweite stehende Gestalt (S. 131) ist kahl und fett. Ihre Hose besteht aus Schlangenhaut. Ihre geschlossenen Augen und ihr offener Mund sollen nicht den Tod, sondern vielleicht Gesang oder Ekstase andeuten. Ihr hängender Arm hält eine Schlange am Schwanz, die, durch nichts anderes gehalten, einen Bogen über ihrem Kopf bis herunter zur Vorderseite ihres Körpers bildet. Angesichts des Tänzers sind wiederum zwei sitzende Gestalten (im Bild nicht zu sehen). Die untere, mit gekreuzten Beinen sitzende, mit Jaguar-Stulphandschuhen und einer seltsamen, langnasigen Maske, könnte ein Zwerg sein. Eine besondere Eigentümlichkeit der Zusammenstellung besteht darin, daß die Gestalten eindeutig bemalt waren, ehe die Zeichen aufgetragen wurden. Zwei Köpfe und ein hochgehaltener Arm nehmen den Platz ein, der für Zeichen vorgesehen war, so daß sie um ihn herum angebracht werden mußten.

HANDSCHRIFTEN

Zur Zeit der Eroberung kamen drei Maya-Handschriften nach Europa. Sie befinden sich jetzt in Dresden, Madrid und Paris. Die erhaltenen alten Handschriften führen astronomische Daten, Anleitungen zum Wahrsagen u.a. auf. Eine vierte alte Handschrift, deren Außenseite allein lesbar ist, wurde von Archäologen ausgegraben.
Abschließend sei der Bischof de Landa angeführt: „Diese Menschen (von Yucatan) bedienten sich auch mancher Zeichen oder Buchstaben, mit denen sie in ihren Büchern ihre Angelegenheiten aus früheren Zeiten und ihr Wissen niederschrieben, und mit diesen und Zeichnungen sowie mit bestimmten Zeichen in ihren Zeichnungen verstanden sie ihre Angelegenheiten und machten sie andern verständlich und lehrten sie. Wir fanden viele solcher Bücher, und da alles als Aberglaube und Teufelslügen angesehen werden mußte, verbrannten wir sie, was ihnen großen Kummer machte.“

DIE TOLTEKEN VON YUCATAN

Archäologische Anzeichen und die legendäre Geschichte deuten an, daß zeitweise starke Strömungen aus Mexiko die Maya-Kunst beeinflußten. Deren älteste ist an Töpferwaren aus Siedlungen der frühklassischen Maya-Periode ersichtlich, namentlich an Gefäßen, die von Teotihuacan in das Tal von Mexiko gelangt sein dürften. Es handelt sich um typische Formen wie zylindrische, dreifüßige Krüge und auch um Ausschmückungen wie Gipsstuck- und Wandbemalungen (S. 55). Mythologische

Motive und Gottheiten werden wie auf den Mauern von Teotihuacan beschrieben. Es werden sogar mexikanische Eigentümlichkeiten wie Speerwerfer mit pelzbesetzten Schäften und Wurfspieße, die durch eine einzige große, am Schaft festgebundene Feder geschleudert werden, dargestellt. Man findet auch Töpferwaren in den Formen Teotihuacans, die im Maya-Stil bemalt sind, und solche, in der Art der Maya, in verschiedenen Stilen verziert usw... Wie jetzt bekannt, ist dieses Eindringen mexikanischen Einflusses am stärksten in Kaminaljuyú im Hochland von Guatemala, weniger jedoch in Zacualpa und sonstwo ausgeprägt. Im Flachland von El Peten wurden mexikanische Charakterzüge in Tikal, Holmul und Uaxactun, den drei Plätzen, an denen am meisten ausgegraben wurde, bemerkt.

Kurz nach dem Niedergang der klassischen Maya-Kultur fand ein zweites mexikanisches Eindringen in das Maya-Gebiet statt. Wir erwähnten bereits die Auswanderung einer Tolteken-Gruppe aus Tula nach Yucatan unter ihrem Führer Quetzalcoatl (S. 57). Aus Maya-Quellen erfuhren wir, daß ungefähr im gleichen Zeitabschnitt Fremde namens Itza eine Stadt, die später Chichen Itza hieß, unter der Führung von Kukulcan einnahmen, ein Maya-Name, der, wie Quetzalcoatl, „Gefiederte Schlange" bedeutet. Obgleich das historische Zeugnis nicht ganz einwandfrei ist und uns hier nichts angeht, bezeugen doch heute noch stehende Gebäude, daß die Neuankömmlinge eine Stadt im Aussehen fast wie Tula errichteten, hingegen jedoch gewisse Maya-Eigenarten beibehielten.

Viele Hunderte von Kilometern trennen das nördlich von der Stadt Mexiko liegende Tula von Chichen Itza in Yucatan; Straßen und Eisenbahnverbindungen sind erst kürzlich fertiggestellt worden. Reisende der damaligen Zeit mußten Gebirge, Dschungel, sumpfige Ebenen und vermutlich auch Gebiete feindlicher Stämme durchqueren. Ein Teil der Reise konnte im Kanu auf dem Wasserweg zurückgelegt werden. Nichtsdestoweniger überschwemmte der Tula-Tolteken-Stil Chichen Itza so unverfälscht, daß wir annehmen müssen, in Tula geschulte Architekten, Ingenieure und Künstler überwachten die Neubauten und lernten ihre Nachfolger an. Weiterhin gelangte der religiöse Symbolismus von Tula unberührt dorthin.

Die neuen Tempel wurden auf terrassenförmigen Pyramiden mit Treppen und mit in Schlangenköpfen endenden Geländern an den vier Seiten angelegt. Die Fassaden waren durch einen mittleren Wulst im Maya-Stil unterteilt, die Dachkämme und fliegenden Fassaden wurden jedoch durch das Dach einsäumende Scharten ersetzt. Das Kragsteingewölbe der Maya wurde beibehalten, die großen Atlanten-Säulen, auf denen die flachen Dächer von Tula ruhten (S. 58), wurden jedoch nicht verwendet; die Schlangen-Säulen in Toreingängen mit den Köpfen nach unten und den Schwänzen, die die Türstürze trugen, wurden in der bisherigen Form beibehalten und in andern Zentren wie in Tulum an der Ostküste nachgeahmt.

Die klassischen Maya-Gebäude haben in charakteristischer Weise massige Mauern im Verhältnis zur Bodenfläche und zu den Türen, die besonders in die Innenräume wenig Licht einließen. Wahrscheinlich wurden mehr Türen in die Vorderfassaden eingelassen, bis schließlich Tür- und Mauerflächen gleich groß waren. Diese Tendenz kam in den

Städten Piedras Negras und Palenque im unteren Usumacinta-Gebiet zur vollsten Entwicklung. In Yucatan wurde die Anzahl der Toreingänge vervielfacht und die Türbreite, besonders in Sayil, durch den Einbau runder Säulen vergrößert. In beiden Gebieten blieben jedoch die Innenmauern massiv und ihre Türen eng.

In Tula gibt es Gebäude, die als Säulengänge angesprochen werden können, mit auf Balken ruhenden flachen Dächern, die auf eine Reihe von Säulen aufgesetzt wurden. Diese Bauart, gewöhnlich mit Rückenwänden aus Mauerwerk, manchmal sogar ganz ohne Mauern, wurde entlang der Ostküste Yucatans beliebt. In Chichen Itza waren die Tolteken-Architekten kühner. Die Säulen bestanden nicht aus einem Stück, sondern aus übereinandergesetzten Steinblöcken, jedoch ohne die für Tula charakteristischen Klammern und Hülsenverbindungen (S. 58). Holzbalken liefen entlang der Säulenreihen, und auf dieser nicht allzu festen Grundlage wurden massive Mauerwerksgewölbe im Maya-Stil gesetzt. Der über 120 m lange nördliche Säulengang in Chichen Itza war wahrscheinlich das gewaltigste Bauwerk dieser Art. Das Dach bestand aus fünf parallelen Mauerwerksgewölben, die von einer Rückenwand und fünf Säulenreihen überragt waren. Es bedarf wohl keiner besonderen Erwähnung, daß solche Gewölbedächer zusammenbrechen mußten.

Die Tolteken-Künstler entwickelten besonders hinsichtlich bemalter Flachreliefs und Wandmalereien, neuer, zu verzierender Flächen auf Türpfosten und den Seiten rechteckiger Säulen neue Stile. Die Hauptneuerung war jedoch das Schneiden von Flachreliefbändern, die in typischer Weise den ganzen Unterbau eines Gebäudes oder

Beide Mannschaften tragen die Insignien der Tolteken, z.B. die Pelzärmel. In der Mitte ist eine mit einem Schädel verzierte Scheibe. Links steht der siegreiche Führer mit einem Messer in der einen und dem abgeschlagenen Kopf seines Gegners in der andern Hand. Der besiegte Führer kniet auf einem Knie. Sieben Blutsäulen spritzen aus dem abgetrennten Nacken heraus; jede endet in einem Schlangenkopf — wie bei der großen Azteken-Statue auf Seite 67 — oder laufen in sich schlängelnden Pflanzenformen aus.

TEIL EINES FLACHRELIEFS, DAS ZWEI BALLSPIELMANNSCHAFTEN DARSTELLT - AUS DER OSTBANK IM GROSSEN BALLSPIELHOF VON CHICHEN ITZA (YUCATAN) - (H. 1,20 M).

EIN KÜSTENDORF DER MAYA MIT VERSTREUTEN HÄUSERN UND BÄUMEN - VON EINER MAUER IM KRIEGERTEMPEL, CHICHEN ITZA (YUCATAN) - (L. 3,80 M).

Männer und Frauen sind wohl friedlich beschäftigt, aber dennoch ist die Herrschaft der Tolteken durch die Gefiederte Schlange rechts und die runden Kriegerschilde in den Booten angedeutet. Im Wasser sieht man Schildkröten, Krabben, Schalentiere und Fische verschiedener Art. In der rechten Ecke ist ein Stachelrochen deutlich dargestellt. Deswegen muß das Dorf eher am Meere liegen als an einem See oder Fluß.

drei Wände großer Terrassen innerhalb der Säulengänge umgaben. In manchen Fällen waren die gesamten Innenwände der Räume bildhauerisch verziert, aber nicht mit der Freizügigkeit der Bonampak-Fresken, sondern durch Anordnung der Figuren in übereinanderliegenden, horizontalen Bändern. Im großen Ballspielhof von Chichen Itza sind auf der abfallenden Mauerseite sechs bildhauerisch verzierte Flächen, von denen jede etwa 12 m lang ist. Alle stellen das gleiche Motiv dar: die Enthauptung des Führers der besiegten Mannschaft (S. 134).

Die dargestellten Gegenstände sind religiöser und weltlicher Natur, aber in jedem Fall bestehen sie aus einem Aufzug selbständiger Gestalten. Religiöse Motive sind unzweifelhaft mexikanischer Auffassung und stellen auch Kukulcan, die Gefiederte Schlange dar, der man in der klassischen Maya-Kunst selten begegnet. Adler und Jaguare, mexikanische Symbole der Kriegerkasten, mit blutenden Menschenherzen in ihren Klauen werden ebenfalls wiedergegeben. Die Basis des *tzompantli,* wo die Schädel der Opfer aufbewahrt wurden, ist in entsprechender Weise mit übereinandergesetzten, im Profil gezeigten Schädeln verziert. Gelegentlich sieht man auch Priester und Zauberer, jedoch in der Mehrzahl der Fälle sind Krieger dargestellt. Einige sind Maya, die meisten aber Tolteken; beide sind durch Kleidung, Waffen und Ausrüstung leicht zu unterscheiden. Eine vor einigen Jahren durchgeführte rohe Schätzung ergab, daß wir allein nahezu 900 solcher Figuren kennen. In ein und derselben Art steif hingestellt, zeigen diese Gruppen kaum mehr Individualität als moderne Heere in Uniform.

Die klassische Maya-Kultur schuf selten Freifiguren. Die Tolteken von Chichen Itza stellten in ihre Toreingänge Atlanten-Säulen und verzierten ihre Geländer mit monströsen Köpfen gefiederter Schlangen. Kleinere Atlanten-Figuren wurden geschnitten, um tischähnliche Altäre oder Throne zu tragen. Auf den Terrassen vor ihren Tempeln errichteten sie sitzende Statuen mit Händen, die die Schäfte von Bannern halten konnten. Die seltsamen liegenden, als Chacmool bekannten Gestalten sind in Chichen Itza üblich. Dort findet man auch Jaguar-Throne. Der schönste dieser Jaguare ist hellrot bemalt mit runden Augen aus Jade und Zähnen aus weißen Steinen. Die Flecken auf dem Körper sind durch 80 eingesetzte Jade-Scheiben angedeutet, von denen jede so groß wie ein Silberdollar ist.

Während der Tolteken-Periode war die Wandmalerei in Chichen Itza hoch entwickelt. Größtenteils werden rein weltliche Motive dargestellt. Die verschiedenen Schlachtszenen, bei denen zuweilen Reihen von Kriegern vorkommen, können über historische Ereignisse berichten. Auch Szenen aus dem täglichen Leben werden wiedergegeben. In einem Fall ist ein am Meer gelegenes Dorf dargestellt; seine Bewohner gehen ihrem Tagewerk nach oder fahren mit ihrem Kanu. Bäume, Vögel, Fische, Schalentiere, Krabben und Schildkröten werden gezeigt (S. 135).

Diese Tolteken-Fresken sind, wie die Wandmalereien in Bonampak, beschreibend und können oft Bewegung andeuten. Der menschliche Körper wird gewöhnlich im Profil gezeigt, wobei kaum oder gar nicht versucht wird, ihn anatomisch genau oder verkleinert darzustellen. Die Tlalocan, das Paradies auf Erden darstellenden Wandmalereien in Teotihuacan sind vielleicht die Vorläufer dieses Malstils.

Aus der Tolteken-Periode in Chichen Itza stammen auch viele, in vorzüglicher Weise erhaben ausgearbeitete goldene Scheiben. In der Mittelfläche beschreiben sie die Heldentaten einzelner Tolteken-Krieger im Kampf gegen ihre Maya-Feinde. Der Hauptgegenstand ist durch Motive im typisch klassischen Maya-Stil umrahmt.

Der beherrschende Einfluß der Tolteken in Chichen Itza währte einige Jahrhunderte, und zwar von etwa 1000 bis 1200 n.Chr. Mit Ausnahme der Ostküste, wo er die örtliche Architektur beeinflußte, zeigte er sonstwo in Yucatan relativ wenig Auswirkungen. In den darauffolgenden Jahrhunderten lebte die Maya-Bevölkerung weiter in den Gebieten, die sie in klassischen Zeiten bewohnte, aber ihr kultureller Zusammenhang war abgerissen, und sie erreichte niemals wieder eine künstlerische Höhe. Heutzutage ist der letzte Überrest ihrer bemerkenswerten Geschicklichkeit zusammen mit ihrem Gefühl für Farbe und Zeichnung nur noch bei den handgewebten Textilien im Hochland von Guatemala zu finden — ein Handwerkszweig, der vom maschinellen Webstuhl schon fast zum Verschwinden gebracht wurde.

3

MITTELAMERIKA

GEGOSSENER GOLDANHÄNGER AUS LA VACA (PUNTA BURICA, COSTA RICA), DER EINEN KROKODILGOTT DARSTELLT. KLEINE ADLERGÖTTER SITZEN AUF DEN HÄNDEN UND AUF DEM KOPF EIN ZWEISCHWÄNZIGER AFFE. DIE BEIDEN ZUNGEN ENDEN IN SCHLANGENKÖPFEN - (H. 12 CM). SAN JOSÉ, BANCO CENTRAL DE COSTA RICA.

MITTELAMERIKA

Leider lehnt sich der moderne geographische Sprachgebrauch nicht eng an die archäologischen Gebiete der Vergangenheit an. Zwischen der südöstlichen Grenze des Maya-Bezirks und den nördlichen Grenzgebieten des Inka-Reiches liegen der größte Teil Mittelamerikas, Kolumbien und ein Teil von Ecuador, das die Archäologen kürzlich „intermediär" benannten.

Die Bewohner des intermediären Gebiets waren von wechselnder äußerer Erscheinung und beherrschten viele Sprachen und nicht allgemein verständliche Dialekte. Die Gemeinwesen waren klein; dauerhafte, aus Stein ausgeführte Gebäude gab es nicht. Obgleich die sozialen Klassen streng getrennt lebten und Führer eine despotische Macht ausübten, blieben die politischen Einheiten klein. Die für Mexiko und Peru verwendeten Begriffe zur Bezeichnung kultureller Entwicklungsstufen wie vorklassische und klassische Perioden usw. sind hier bedeutungslos. Dennoch lag in diesem Gebiet keineswegs eine kulturelle Stagnation vor. Die sich verschiedenartiger örtlicher Stile bedienenden Kunsthandwerker schufen ausgeprägt schöne Gegenstände, die in diesem Band einen Platz verdienen.

Angesichts der bekannten antiken Töpferwaren in Mexiko und Peru hätte man erwarten können, daß die grundlegende Erfindung in einem der beiden Bezirke, wenn nicht gar in beiden stattfand. Wiederholte Radiokohlenstoffteste besagen jedoch, daß ausgezeichnete Töpferwaren einschließlich Figurinen mit sorgfältig ausgearbeiteten Haarstilen eindeutig künstlerischen Wertes in Ecuador bereits um 2400 v.Chr. angefertigt wurden. Fast genauso alt sind ein Teil der Töpferwaren aus Venezuela und die Monagrillo-Stücke Panamas.

Die entwickelteren metallurgischen Fertigkeiten einschließlich der Verwendung von Legierungen, des genauen Gießens von Wachsmodellen, der Oberflächenveredlung usw. traten zuerst im intermediären Gebiet auf und breiteten sich nach Norden und Süden aus. Es ist unbekannt, wann und wo diese Erfindungen ihren Ursprung nahmen. Wir müssen auch noch das zeitweilige Auftreten von Steinstatuen ausgesprochen örtlichen Stils in Nicaragua, Costa Rica, Panama, Kolumbien und Ecuador erwähnen.

GESCHNITTENER MARMORKRUG MIT HANDGRIFFEN IN TIERFORM - AUS DEM ULUA-TAL (HONDURAS) - (H. 30,5 CM).
PHILADELPHIA, UNIVERSITY MUSEUM.

EL SALVADOR UND HONDURAS

El Salvador und Honduras bedeuten den Endpunkt der östlichen und südlichen Ausdehnung der klassischen Maya-Kunst, begrenzt durch ein schmales Band entlang der Grenze von Guatemala. Copan, eine der größten Maya-Städte, liegt in diesem Gebiet (S. 103 und 113). Niederlassungen mit typischen Maya-Skulpturen, Gebäude mit Gewölben aus Mauerwerk und auch eine Maya-Stele mit dem Datum 780 n.Chr. wurden im Nordteil des oberen Chamelecon-Tales gefunden. Jenseits der wirklich von den Maya besiedelten Gebiete wurden schöne, vielfarbige, offensichtlich durch die Maya-Kunst inspirierte Töpferwaren weit östlich in Nicaragua gefunden, und zwar hauptsächlich im Gebiet, das von Lenca-Stämmen im 16. Jahrhundert besiedelt wurde. Verschiedenartige Stile werden als vielfarbiger Ulua-, vielfarbiger Yojoa- und Copador-Stil (aus Copan und Salvador zusammengesetzt) bezeichnet.

Der hervorragende Beitrag von Honduras zur Kunst der Neuen Welt jenseits der Maya-Grenze besteht in einer Gruppe feingeschnittener Marmorgefäße (S. 140). Die charakteristische Form ist zylindrisch. Die Krüge, so wie wir einen abbilden, besitzen ein Paar Handgriffe in Form von Tieren. Flache Schalen können einen einzigen langen Handgriff besitzen. Beide Typen sind außen mit Schnörkeln verziert, die gewöhnlich ein menschliches Gesicht einrahmen oder in ein Gesicht eingearbeitet sind. Schnörkel sind auch paarweise zusammengestellt, um dem Brauch entsprechende Reptilienköpfe im Profil zu bilden. In dem wiedergegebenen Beispiel nimmt ein unbestimmtes menschliches Antlitz den Hauptteil der oberen Wandungen ein. Schlangenköpfe im Profil flankieren es. Unten sieht man ein Paar Schlangenköpfe im Profil, Schnauze an Schnauze. Frontal gesehen bilden sie ein der Aztekengottheit auf Seite 67 vergleichbares Antlitz.

Jahrelang waren diese Marmorgefäße nur aus dem unteren Teil des Ulua-Tales im nordwestlichen Honduras bekannt; mit diesem Namen bezeichnet man daher den Stil. Neuere Stücke wurden im Comayagua-Tal in Mittelhonduras ausgegraben. Insgesamt sind nur wenige Dutzend bekannt, so wenige in der Tat, daß man annahm, sie wären alle von einem einzigen Künstler und seiner Familie im Laufe einiger Generationen hergestellt worden. Auf Grund des Auffindens eines Stückes oberhalb des Niveaus eines verlassenen Gebäudes aus der klassischen Maya-Zeit wird die ganze Gruppe in die nachklassische Phase eingereiht.

Auf den ersten Blick scheint es so, als wären die Krüge aus Ulua-Marmor ein Ausläufer des klassischen Vera Cruz-Stils. Wegen des Zeitunterschiedes ist dies aber unwahrscheinlich. Auch stellt man bei genauer Prüfung fest, daß die Schnörkel andersartig sind. Die von Honduras liegen alle auf der gleichen Ebene und enden mit einem Knopf, während die Vera Cruz-Schnörkel über- und untereinander laufen (S. 38). Weiterhin sind die Marmorkrüge aus Honduras Verfeinerungen einer wohlbekannten Töpferwarenart von der Nordküste von Honduras. Es wurde auch vorgebracht, die Ulua-Krüge wären durch chinesische Bronzen der Shang- (1766-1122 v.Chr.) und Chou-Dynastien (1122-249 v.Chr.) beeinflußt. Die Daten lassen jedoch die aufgestellte Hypothese unhaltbar erscheinen.

NICARAGUA UND COSTA RICA

Der untere Teil von Mittelamerika ist in linguistischer, historischer und archäologischer Hinsicht das Gebiet, in dem sich Mittel- und Südamerika treffen. Es können keine festen Grenzlinien gezogen werden, weil jahrhundertelang ein Kulturaustausch und Handel, Wanderungen und Kriege stattfanden. Nichtsdestoweniger können einige Bezirke als Einheiten besprochen werden.

Das westliche Nicaragua, die Landfläche zwischen den großen Seen und dem Stillen Ozean, das nordwestliche Costa Rica, die Nicoya-Halbinsel sowie das angrenzende Festland werden als ein Teil Mittelamerikas angesehen. Im 16. Jahrhundert waren die drei Hauptsprachen mit in Mexiko gesprochenen Sprachen verwandt, aber nicht untereinander. Historische Berichte fehlen oft, um spezifische kulturelle Züge örtlich festlegen zu können, dennoch war vieles mexikanischen Ursprungs. Daher kennt das Pantheon von Nicaragua Gottheiten mit mexikanischen Namen; ihre Kalendertage ähneln denen der Azteken, und offensichtlich kannten sie auch den 52-jährigen Kalenderzyklus. Regelmäßig wiederkehrende Feste erforderten Menschenopfer. Es wurden sowohl die Voladores- als auch die Xipe-Riten ausgeübt. Die Zucht von Truthühnern und der Gebrauch von Kakaobohnen als Zahlungsmittel kamen aus Mexiko.

Das archäologische Bild ist verschiedenartig. Die älteste bekannte Töpferware, eine zweifarbige mit Einschnitten, die sie gürtelförmig umgeben, stammt vom Beginn der christlichen Zeitrechnung. Der Stil ist eindeutig örtlich. Die Motive auf den ältesten vielfarbigen Töpferwaren sind dem Süden entlehnt. Nördliche Berührungen wurden jedoch bei den vielfarbigen des mittleren Zeitabschnittes festgestellt, auf die die klassische Maya-Kunst tatsächlich einen Einfluß ausübte. In der Tat wurden Stücke aus dem Süden im nördlichen Mittelamerika mit nachklassischem Material gefunden. In der letzten Periode der vielfarbigen Töpferwaren wurden mehrere neue Keramikarten hergestellt. Die als Luna bekannte Gruppe, die man sowohl in Costa Rica als auch in Nicaragua oft antrifft, ist vollkommen frei von nördlichem Symbolismus. Dagegen sind zwei Arten von Töpferwaren mit mexikanischen Gottheiten, deren Namen identifiziert werden konnten, beschrieben. Die eine dieser Arten auf Seite 143 hat einen großen, in Hochrelief modellierten Truthennenkopf mit gemalten Einzelheiten. Rohe Beine und stilisierte Flügel sowie Schwanz sind auf dem Rumpfstück des Gefäßes aufgemalt. Auf dem Halsstück befinden sich drei menschliche Gestalten mit gebeugten Knien zusammen mit einer zweiköpfigen Schlange. Unten sieht man ein Band menschlicher Köpfe im Profil und eine Reihe in üblicher Weise dargestellter Vögel. Am unteren Rumpfstück erkennt man zwei tanzende Krokodile.

Die örtlichen Töpferwarenstile weisen einfarbige Gefäße und Figurinen mit eingeschnittenen Verzierungen einer oft reichhaltigen Vielfalt auf. Die schwangere Frau auf Seite 144 ist typisch. Das Gesicht ist wenig modelliert.

Die nähere Umgebung von Guápiles in der nordöstlichen Ebene von Costa Rica ist in archäologischer Hinsicht wichtig. Es war ein großes Handelszentrum. Veragua- und Chiriqui-Gold wurden eingeführt, auch vielfarbige Töpferwaren aus Nicoya und

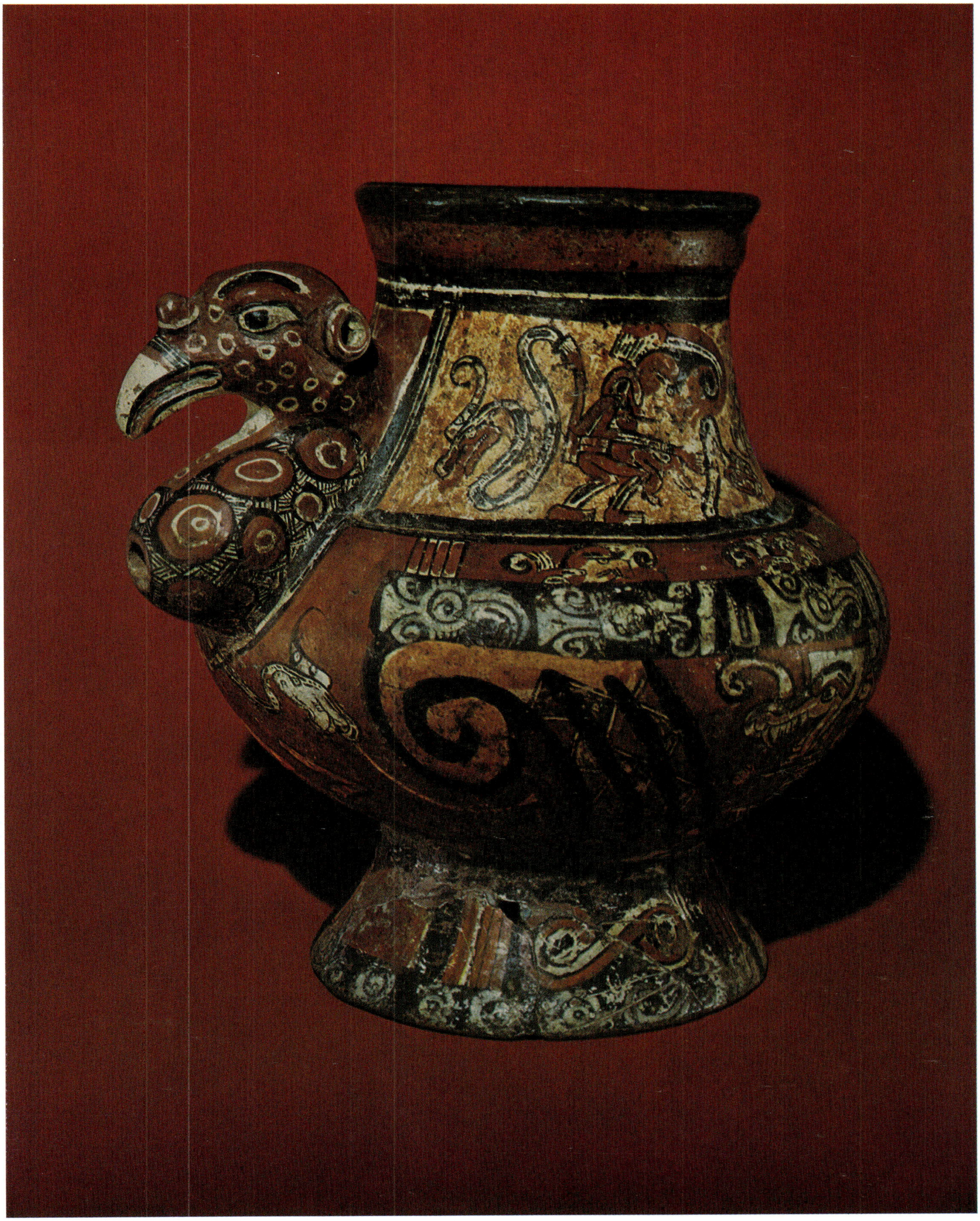

MEHRFARBIGER KRUG MIT TRUTHENNE - AUS NACASOLA (NICOYA-HALBINSEL, COSTA RICA) - (H. 20,5 CM).
SAN JOSÉ, MUSEO NACIONAL DE COSTA RICA, SAMMLUNG JUAN DADA.

ROTE NICOYA-KERAMIKFIGUR, DIE EINE SCHWANGERE FRAU DARSTELLT - AUS EL PANAMÁ, CULEBRA-BAI (GUANACASTE, COSTA RICA) - (H. 29 CM). SAN JOSÉ (COSTA RICA), SAMMLUNG CHARLES BALSER.

Artefakten aus Honduras. Töpferwaren wurden am Ort selbst hergestellt. Das Beispiel auf dieser Seite zeigt einen Mann und eine Frau auf einer Bank sitzend. Zusammen haben sie nur drei Beine. Er hält in der einen Hand eine Klapper; sie schlägt eine Trommel; beide scheinen zu singen.
Costa Rica ist wegen seiner Jade-Schnitzereien berühmt, die vor allem im Nordwesten im Nicoya-Gebiet und im Nordosten in der Nähe von Guápiles hergestellt wurden. Nicoya stellte vor allen Dingen kleine Figuren, die sogenannten „Axt-Götter" her. Guápiles-Jadestücke sind besserer Qualität und in technischer Hinsicht überlegen. Die Guápiles-Juweliere waren Meister in der Verwendung der Fadensäge zum Herausschneiden innerer, gekurvter Linien. Auch eingeschnitzte Einzelheiten fügten sie mit unglaublich feinen Linien hinzu, wobei ihnen nur die Olmeken in ihrer Geschicklichkeit mit ihren besten Arbeiten gleichkamen.
Im Nicoya-Gebiet wurden nur wenige Olmeken-Jadestücke gefunden, und man nimmt an, daß die Jadearbeiten aus Costa Rica von der Olmeken-Kunst beeinflußt wurden.

ZWILLINGSGEFÄSS, DAS EIN LIEBESPAAR DARSTELLT - AUS DER NÄHE VON GUÁPILES (COSTA RICA) - (H. 33,5 CM). SAN JOSÉ (COSTA RICA), PRIVATBESITZ.

ANHÄNGER AUS HELLGRÜNER JADE, DER EINE FLEDERMAUS DARSTELLT, AUS LAS HUACAS (NICOYA-HALBINSEL, COSTA RICA) - UM 500-700 N.CHR. (L. 15 CM). PITTSBURGH, CARNEGIE MUSEUM COLLECTION.

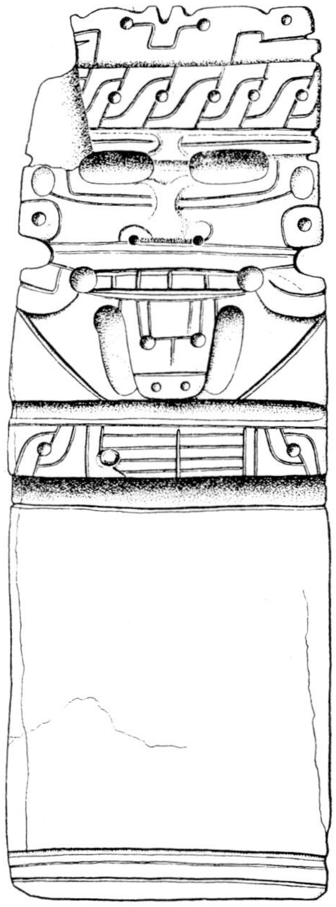

„AXT-GOTT" AUS JADE - GUÁPILES-STIL, ABER AUF DER NICOYA-HALBINSEL ► (COSTA RICA) AUFGEFUNDEN - (H. UNGEFÄHR 18 CM). WASHINGTON, D.C., UNITED STATES NATIONAL MUSEUM COLLECTION.

In stilistischer Hinsicht liegt keinerlei Ähnlichkeit vor. Das Einschneiden feiner Linien ist in technischer Hinsicht ein verbindendes Glied zwischen Mexiko und Costa Rica. Wir kennen die dazu verwendeten Werkzeuge nicht. Im Tiefbohren von Jade war die Fertigkeit der Kunsthandwerker in Guápiles unübertroffen, denn es wurden röhrenförmige Glieder von mehr als 38 cm Länge gefunden.
Wie der Name besagt, ist Costa Rica ein Land, in dem ureingesessene Goldarbeiten einen hervorragenden Platz einnahmen. Da fast kein Gold in Gräbern gefunden wurde, nimmt man an, daß die von den Spaniern seinerzeit aus diesem Gebiet weggeführten großen Goldschätze auf dem Handelsweg einmal nach dort gelangt sein müssen. Gold wurde in Costa Rica an der atlantischen Küste bearbeitet, aber die großen Funde waren im Süden in der Nähe des Stillen Ozeans im Diquis-Delta, neuerdings auch in der Nähe von Punta Burica.
Die abgebildeten Goldarbeiten stammen von einem einzigen Platz; sie dürften größtenteils angefertigt worden sein, um sie den Toten mitzugeben, denn nur in wenigen Fällen zeigen sie Zeichen eines Gebrauchs. Es handelt sich immer um Anhänger, die mit offener Rückseite nach dem *cire perdue*-Verfahren gegossen wurden; alle besitzen Schlingen zum Aufhängen. Im Stil können sie mit den Schmuckarbeiten Panamas aus den Provinzen Chiriquí und Veragua verglichen werden, die gewöhnlich kleiner und einfacher als die der Burica-Gruppe sind. Wie dies bei der Kunst auf der Landenge vielfach der Fall ist, zeigt jedes Stück im allgemeinen zwei oder mehrere Tiere.
Die stehende Gestalt auf Seite 138 mit der gerollten Schnauze und den dreieckigen Schuppen auf den Armen haben wir einen Krokodilgott genannt. Auf vielfarbigen Coclé-Gefäßen (Seite 153) findet man diese Eigentümlichkeiten wieder. Der goldene Anhänger hat hochgehobene Arme und gewaltige Hände mit kleinen Adlergöttern. Oben auf dem Kopf sieht man einen kleinen, sitzenden Affen mit zwei Schwänzen. Zwei strickähnliche Zungen kommen aus dem Saurierrachen heraus und enden in dreieckigen Schlangenköpfen. Körper und Beine scheinen von Menschenart, die Füße sind jedoch stark vergrößert.

Der auf Seite 149 gezeigte Anhänger stellt einen Hummer dar, dessen dünne Beine, Klauen und Fühler so entworfen wurden, daß sie leicht gießbar waren. Der unten befindliche und nicht sichtbare Rachen ist der eines Krokodils. Der flache Schwanz des Hummers stellt zwei Krokodilsköpfe mit der Oberseite nach unten dar.
Der Anhänger auf Seite 148 ist entweder als Skorpion, Tausendfüßler oder Haifisch gedeutet worden. Am dreieckigen Kopf finden sich Frösche; auch die sorgfältig ausgearbeiteten Schnörkel stellen zwei Zungen dar. Sie sind mit Krokodilschuppen gesäumt und werden von zwei Armen mit kleinen Händen getragen. Oben auf dem Körper bemerkt man drei aufrechtstehende Rückenflossen, außerdem zehn Seitenflossen. Den gegabelten und gekrümmten Schwanz findet man bei Krokodilen in der Coclé-Kunst.
Der Krokodil-Anhänger auf dieser Seite hat anstelle der Augen kleine Glöckchen, ein Merkmal der Veragua-Güsse. Im Rachen befindet sich eine kleine menschliche Gestalt, eine Art der Darstellung bei Coclé-Goldarbeiten. In Veragua werden Hunde und Jaguare mit einer Maisähre oder einem menschlichen Vorderarm im Maul dargestellt.

GEGOSSENER GOLDANHÄNGER, DER EIN KROKODIL MIT EINER MENSCHLICHEN FIGUR IM RACHEN DARSTELLT.
AUS LA VACA (PUNTA BURICA, COSTA RICA) - (L. 15 CM; GEWICHT: 267,3 G). SAN JOSÉ, BANCO CENTRAL DE COSTA RICA.

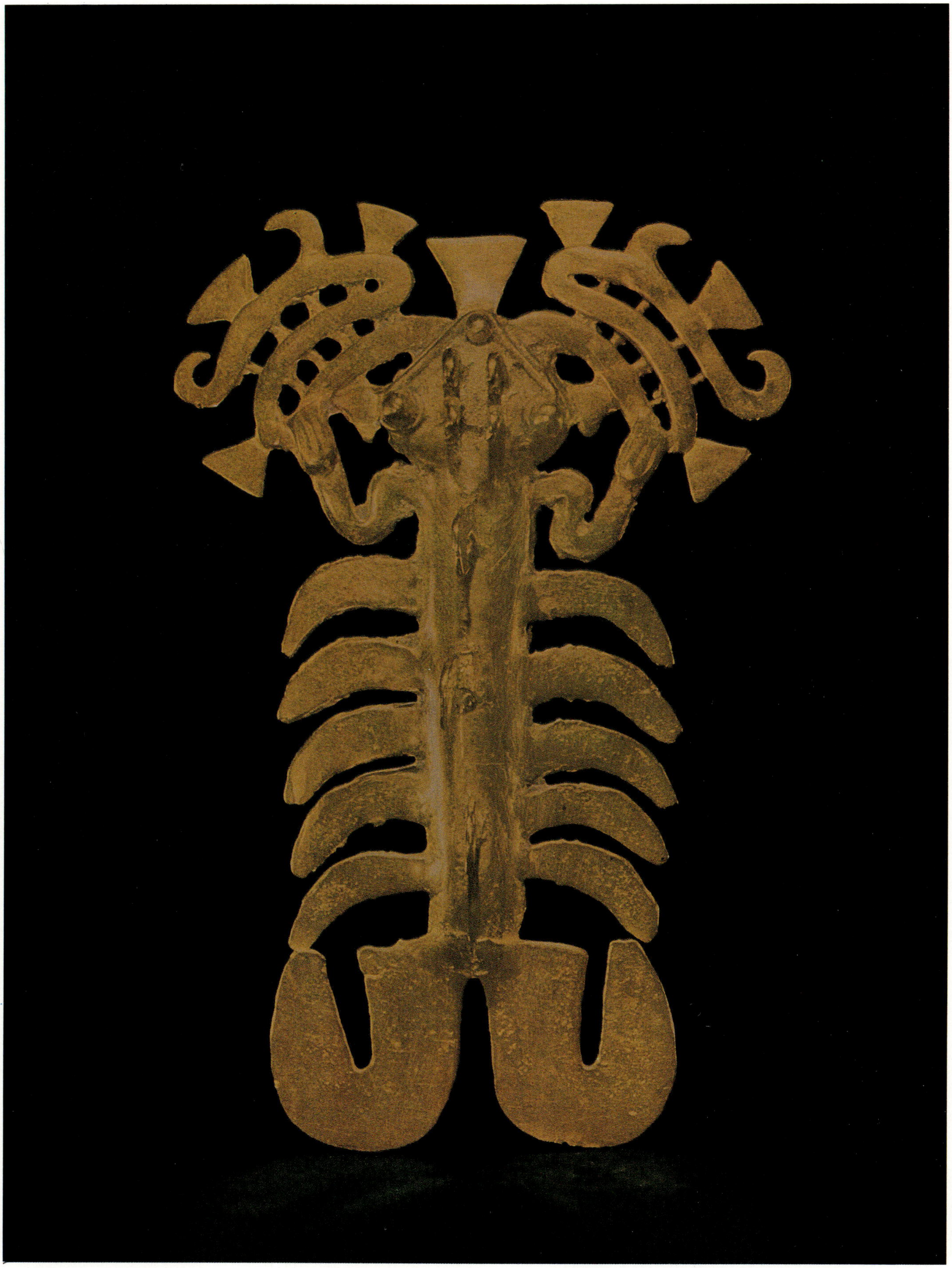

GEGOSSENER GOLDANHÄNGER, DER EIN MYTHOLOGISCHES TIER DARSTELLT - AUS PUERTO JIMÉNEZ (OSA-HALBINSEL, COSTA RICA) - (H. 12,5 CM).
SAN JOSÉ, BANCO CENTRAL DE COSTA RICA.

GEGOSSENER GOLDANHÄNGER, DER EINEN HUMMER MIT EINEM KROKODILSRACHEN DARSTELLT - AUS LA VACA (PUNTA BURICA, COSTA RICA). (H. 10,5 CM). SAN JOSÉ, BANCO CENTRAL DE COSTA RICA.

PANAMA

Die gegenwärtige Republik Panama wurde, seitdem Kolumbus im Jahre 1504 an der Atlantikküste entlangreiste, für ihr dort vorhandenes Gold berühmt. Obgleich die erste Ladung von Goldbarren im Jahre 1511 auf See verlorenging, kam nach Spanien doch noch ein solcher Reichtum, daß das Land offiziell Castilla del Oro, Goldenes Kastilien, genannt wurde. Spanische Räuber durchstreiften das Land auf der Suche nach Gold und Sklaven. Ein noch erhalten gebliebener offizieller Bericht beschreibt einen zur Bestattung hergerichteten toten Führer. Auf seinem Kopf lag „ein großes Goldbecken wie ein Helm". Um seinen Hals hingen vier oder fünf goldene Ketten, seine Arme und Beine steckten in goldenen Röhren, seine Brust und seine Schultern waren mit Goldplatten und Goldstücken bedeckt, um seinen Leib trug er einen goldenen Gürtel, an dem Glocken aus dem gleichen Metall hingen. Es sah so aus, als trüge er „ein goldenes Panzerhemd". Zusammen mit dem Führer befanden sich die Körper zweier Frauen und zweier Männer, die ihn in die andere Welt begleiten sollten. Sie waren kaum weniger üppig geschmückt. Über ein Jahrhundert lang wurden in Panama die Gräber systematisch, meistens im geheimen, geplündert; in einem einzigen Grab fand man bisweilen mehr als 45 kg Gold.

In Panama gibt es vielerlei archäologische Stile. Ihre Entwicklung erstreckt sich über einen langen Zeitabschnitt. Wir beschreiben nur die Kunst der Provinz Coclé, die offensichtlich in frühen Zeiten sehr geschätzt war, denn Schmuck und Töpferwaren gelangten auf dem Handelsweg in andere Gebiete. Die erhaben ausgearbeitete goldene Schmuckscheibe auf Seite 151 stellt einen anthropomorphischen Krokodilgott dar; Körper, Glieder, Augen und viereckige Zähne scheinen die eines Menschen zu sein. Die gekrallten Hände und Füße und die üblichen Krokodilschuppen oben seitlich am Kopf sind eidechsenartig. Dieses alte religiöse Symbol erscheint, wie bekannt, erstmals in der Kunst Südperus (S. 204). Bei diesem Beispiel fehlt im Gegensatz zur Darstellung in der Coclé-Kunst der Gürtel, jedoch füllen die flatternden Troddeln den unteren Teil der Scheibe aus. Sie stellen zwei am menschlichen Körper durch ihre Schwänze befestigte Krokodile dar.

Die vielfarbigen Coclé-Töpferwaren sind wegen ihrer schönen Linien und glänzenden Farben berühmt. Als vorherrschendes Motiv findet man das Krokodil oder den Krokodilgott, daneben aber auch verschiedene Vogelarten, Schildkröten, Hochwild, Affen, Fledermäuse, Schlangen, Krabben, Hummer und Haifische sowie Stachelrochen. Der Coclé-Töpfer muß in einer seltsamen und phantastischen Welt gelebt haben, in der es von Drachen wimmelte. Selten ist irgendein Tier oder Vogel so dargestellt, wie es in der Natur vorkommt; gewöhnlich werden Teile von mehreren in einem vereinigt. So kommen zweiköpfige Schlangen mit Beinen (S. 152), Vögel mit Krokodilsklauen und -rachen statt eines Schnabels (S. 153) und viele andere seltsame Mischungen vor. Die Coclé-Kunst ist von einer gewissen Glückseligkeit durchdrungen. Die offenen Krokodilsrachen bedrohen nicht, sondern machen öfters den Eindruck, guter Laune zu sein oder zuweilen sogar zu lächeln. Vögel und Tiere werden tanzend dargestellt.

ERHABEN AUSGEARBEITETE GOLDENE SCHMUCKSCHEIBE, DIE EINEN KROKODILGOTT ZEIGT - AUS SITIO CONTE (COCLÉ, PANAMA). SPÄTER COCLÉ-STIL - (26 × 18 CM). PHILADELPHIA, UNIVERSITY MUSEUM.

Eine weitere Merkwürdigkeit der Coclé-Töpferwaren ist das fast völlige Fehlen gewöhnlich benutzter geometrischer Motive, abgesehen von einigen Zickzackmustern. Sie sind durch eine verwirrende Vielfalt von Schnörkeln ersetzt. Sie wurden in vertiefte Felder verschiedener Größe und Gestalt geschickt eingepaßt. Schnörkel sind oft die einzige oder wenigstens hauptsächliche Verzierung. Auf den ersten Blick scheinen die Coclé-Schnörkel so mannigfaltig zu sein, daß nur von dem erfahrensten Töpfer erwartet werden konnte, sie mit beherrschter Linienführung aus dem Gedächtnis auszuführen.

MEHRFARBIGE COCLÉ-PLATTE: ZWEI KROKODILSKÖPFE AUF EINEM AUFGEROLLTEN SCHLANGENKÖRPER. SPÄTER STIL - (DURCHMESSER: 29 CM). PANAMA, MUSEO NACIONAL.

Das Geheimnis liegt jedoch darin, daß jeder Schnörkel eine einfache Grundlinie aufweist, die ihre Verhältnisse bestimmt, und das Muster nur durch einfache zusätzliche Linien vervollständigt zu werden braucht. Auf flachem Teller war es einfach, die Grundlinie anzulegen. Sollte aber ein fortlaufender Schnörkel einen Krug umgeben, war es schwieriger, denn die Enden mußten genau aufeinandertreffen. Nicht weniger als sieben Methoden zum Ausbessern von Fehlern wurden festgestellt, die so geschickt ersonnen waren, daß schon ein scharfes Auge nötig ist, um sie herauszufinden.

MEHRFARBIGE COCLÉ-SCHALE: EIN AUS VOGEL- UND KROKODILTEILEN ZUSAMMENGESETZTES MONSTRUM. AUS CATIVÉ, SONÁ (VERAGUA, PANAMA) - FRÜHER STIL - (DURCHMESSER: 20 CM). PANAMA, MUSEO NACIONAL.

SITZENDE FIGUR AUS GEGOSSENEM GOLD, MIT EINER FLASCHE MIT AUSGUSS AUF DEM KOPF - QUIMBAYA-STIL, KOLUMBIEN - (H. 23 CM).
PHILADELPHIA, UNIVERSITY MUSEUM.

KOLUMBIEN

„Wäre das Gold der Provinzen in der Nähe des großen Flusses von Santa Marta zwischen den Städten Popayan und Mampox in der Hand eines einzigen Herrn gewesen, wie dies in Peru der Fall war, wäre der Reichtum größer als der von Cuzco gewesen." So schrieb 1547 ein spanischer Reisender, und der heutige große Goldschatz der Banco de la República in Bogotá bestätigt diese Auffassung voll und ganz. Die kolumbianischen Goldschmiedearbeiten sind wegen ihrer technischen Vollkommenheit, ihrer Verschiedenartigkeit und außerordentlichen Größe der einzelnen Stücke berühmt.
Man nimmt allgemein an, daß die Metallbearbeitung im frühen Amerika in wenigstens vier Zentren unabhängig voneinander entstand. Die bei weitem älteste ist die Kupferindustrie in dem Gebiet der Großen Seen in den Vereinigten Staaten. Die Goldbearbeitung im Chavin-Stil in Peru dürfte aus dem ersten Jahrtausend v.Chr. stammen. Im Titicaca-Becken in Bolivien und im südlichen Peru spezialisierte man sich auf Kupfer und dürfte dort die Bronze entdeckt haben. Kolumbien entwickelte wahrscheinlich die Kunst, in Formen zu gießen, ferner erfand man dort die als Tumbaga bezeichnete Kupfergoldlegierung und die als *mise en couleur* bekannte Methode zur Oberflächenveredelung. Es handelt sich um Techniken von grundlegender Bedeutung einer bereits fortgeschrittenen Metallurgie. Man glaubt, daß sie sich von Kolumbien ausgehend in der Mochica-Periode bis nach Peru und zu Beginn der christlichen Ära bis nach Panama und Costa Rica ausbreiteten, um dann am Ende der klassischen Periode Mexiko zu erreichen. Unsere Kenntnis hierüber hat noch viele Lücken. Wir wissen nichts über die zeitliche Einordnung der kolumbianischen Stile der Goldarbeiten und wenig über deren relatives Alter. Manche in Panama gefundenen kolumbianischen Stücke können aus der Zeit der frühen vielfarbigen Töpferwaren stammen.
Zwei berühmte Stile der kolumbianischen Metallarbeiten standen bekanntlich bis zum 16. Jahrhundert in Blüte. Einer dieser beiden wird den Chibchan-Stämmen zugeschrieben, die in der Nachbarschaft von Bogotá zur Zeit der Eroberung lebten. Sie gaben den Anlaß zur El Dorado-Legende und zu den zahlreichen Geschichten über „untergegangene" Städte phantastischen Reichtums, die bis heute im Umlauf sind. Es gab aber in Wirklichkeit einen Goldenen Mann, denn bei einer Zeremonie wurde ein Führer mit Goldstaub bedeckt, zur Mitte eines Sees geflößt, von wo er zum Ufer zurückschwamm, um so den Goldstaub abzuwaschen. Die Führer der Chibchan lebten prahlerisch in Häusern, die mit goldenen Platten behängt waren, reisten in goldenen Sänften, konnten aber dennoch keine dauerhafte politische Macht errichten.
Sehr viel Chibchan-Metallarbeiten sind bis heute ausgegraben. Zum größten Teil bestehen sie aus flachen, lebkuchenähnlichen Figuren mit Einzelheiten wie Gesichtszüge, Glieder, Schilde, Waffen usw., die mit Hilfe von Wachsgängen zusammengesetzt wurden. Das Metall wurde in einem einzigen Fluß gegossen, und es wurde nicht versucht, die von der Form zurückgelassene rauhe Oberfläche zu glätten. Diese Güsse können Kinderspielzeug gewesen sein. Es wird auch für möglich gehalten, daß sie Exvotos waren, die keine polierten Oberflächen verlangten.

STILISIERTER GEGOSSENER GOLDANHÄNGER UNBEKANNTER HERKUNFT - „DARIEN"-STIL - (H. 17 CM; GEWICHT: 293 G).
BOGOTÁ, BANCO DE LA REPÚBLICA, MUSEO DE ORO.

BRUSTSCHMUCK AUS GOLDBLECH - VOM OBERLAUF DES SINÚ-FLUSSES - CALIMA-STIL (?) - (H. 22 CM; GEWICHT: 188 G).
BOGOTÁ, BANCO DE LA REPÚBLICA, MUSEO DE ORO.

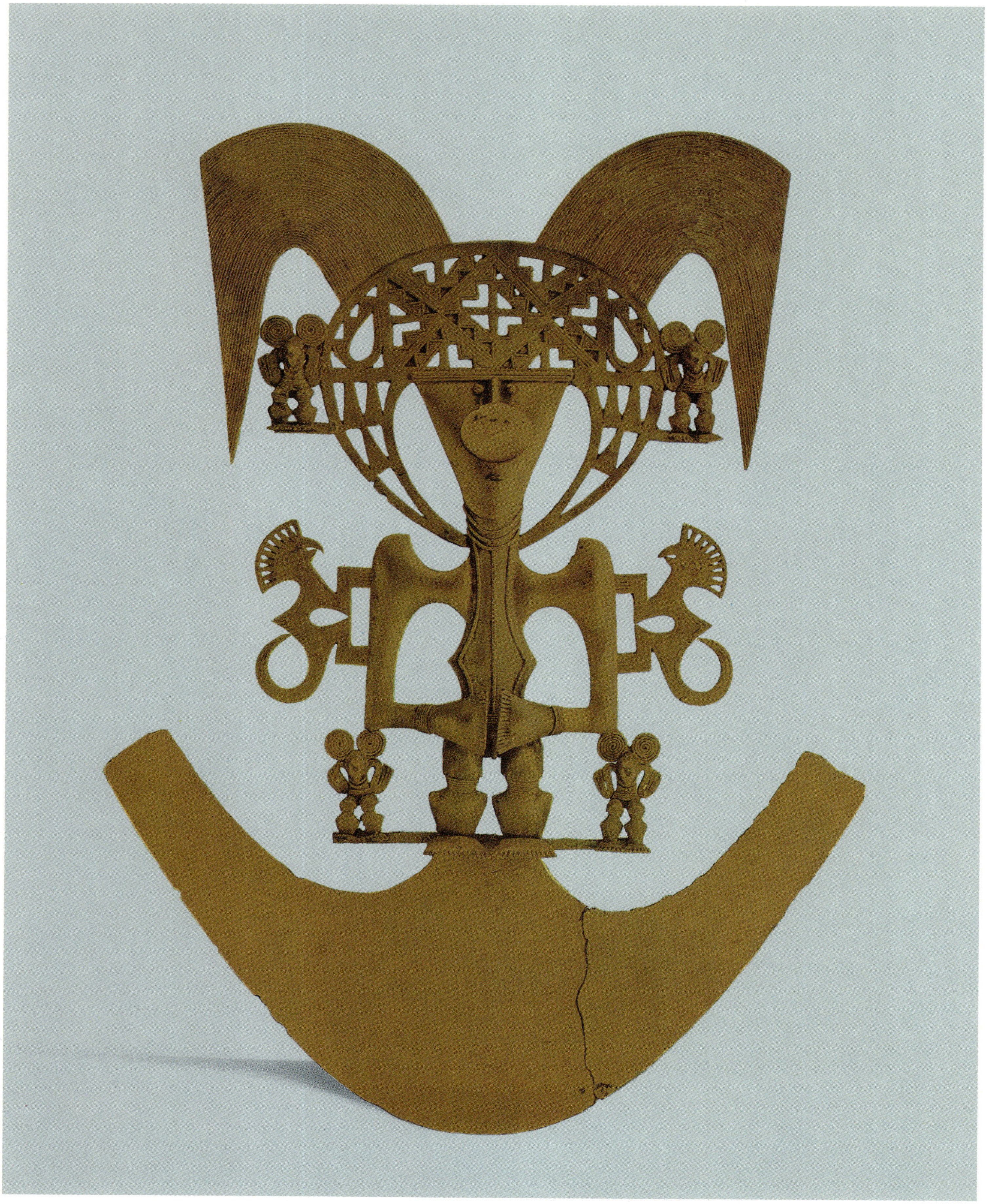

ANHÄNGER AUS GEGOSSENEM TUMBAGA - AUS DER NÄHE VON POPAYAN (KOLUMBIEN) - (H. 28 CM).
LONDON, BRITISCHES MUSEUM.

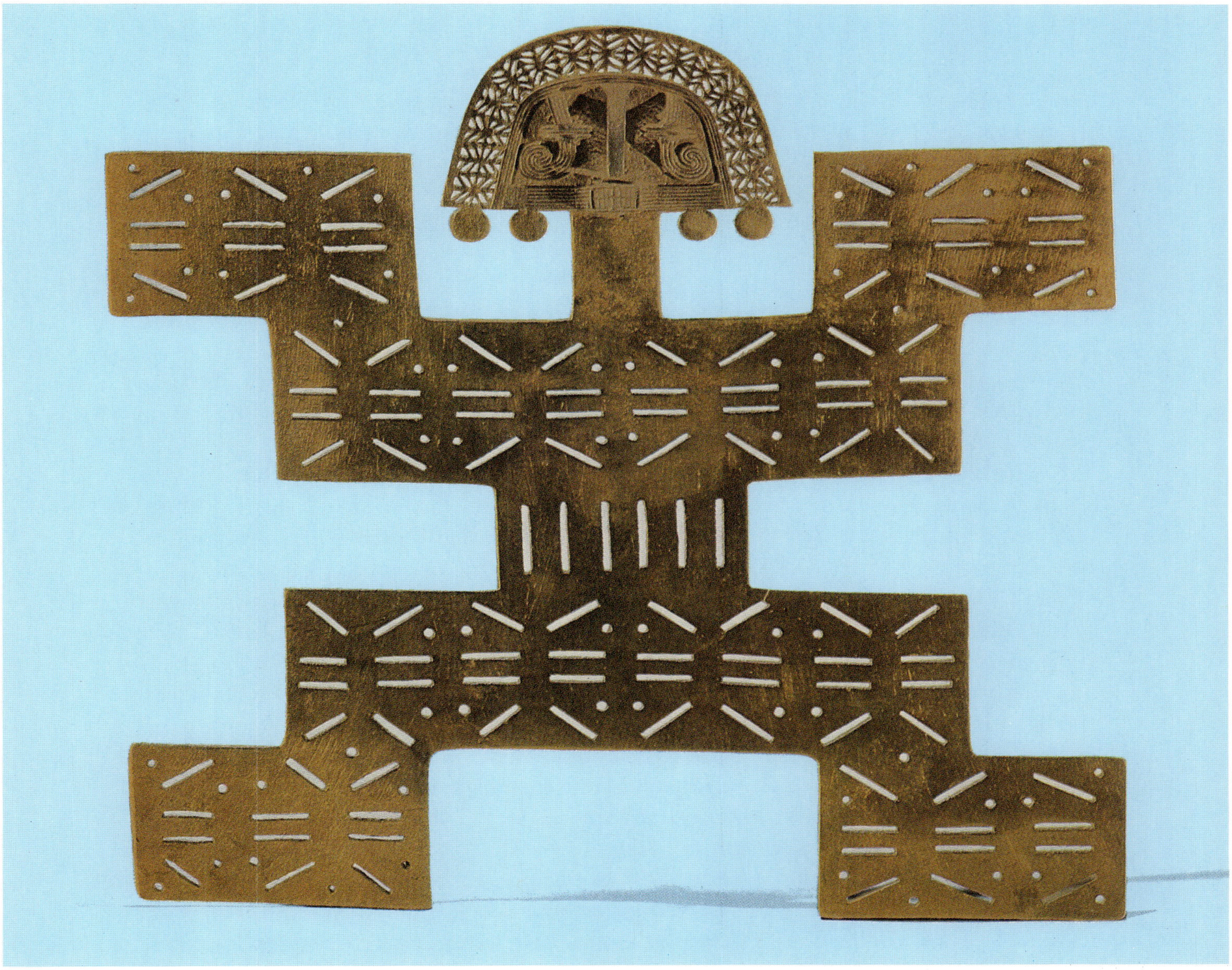

BRUSTSCHMUCK AUS GEGOSSENEM TUMBAGA - AUS HUACA DEL DRAGÓN (CALDAS, KOLUMBIEN) - TOLIMA-STIL - (H. 23,5 CM; GEWICHT: 315 G). BOGOTÁ, BANCO DE LA REPÚBLICA, MUSEO DE ORO.

Ein zweiter historischer Stil wird den Tairona zugeschrieben, die an der Nordostküste und in der Sierra de Santa Marta lebten. In diesem Stil findet man einige der schönsten unechten Filigrangüsse der Neuen Welt.

Die Quimbaya waren die Bewohner des gegenwärtigen Staates Antioquía, wo einige der schönsten frühzeitigen Gegenstände aus gegossenem Gold aufgefunden wurden. Sie konnten bereits durch Schaffung von Stützen im Innern der Formen hohle Gegenstände ungewöhnlicher Größe herstellen. Flaschen in anmutiger Form, zart gerieft oder mit menschlichen Reliefgestalten, sind wahre Meisterwerke. In den Museen können männliche und weibliche, sitzende und stehende hohle Statuetten bewundert werden.

Den Europäern gefällt besonders, daß sehr wenig Nachdruck auf dekorative Einzelheiten gelegt wurde, obgleich sie eindeutig Meister im Guß verschlungener Filigrane waren; die Schönheit des hochpolierten Metalls mit seinen starken Lichtreflexen ist unbestritten (S. 154).

Der im Gebiet der Quimbaya gefundene Brustschmuck auf Seite 159 gilt als hervorragendes Stück im Tolima-Stil. Viele Anhänger in diesem Stil besitzen Köpfe mit einfachen Zügen, die mit abstrakten Körpern und Gliedern verbunden sind, häufiger rund als eckig. In einigen Fällen täuschen gefranste Kanten Federn eines Vogels vor. Das hier wiedergegebene Stück weist anscheinend Malerei um die Augen herum auf. Schlitze und Löcher in Armen und Beinen bilden ein einfaches Muster, das in Abänderung in der Kopfbekleidung wiederauftritt. Kein anderes Stück im Tolima-Stil kommt diesem Anhänger an Ausdruckskraft und makelloser Gußtechnik gleich.

Auf Seite 156 ist eine seltsame, jedoch nicht ungewöhnliche Form eines Anhängers wiedergegeben. Dieser gewöhnlich als Quimbaya bezeichnete Stil, heute „Darien" benannt, geht nicht auf den Namen der Provinz in Panama zurück, sondern auf den alten Namen für den Atrato-Fluß in Kolumbien. Die genaue Herkunft in jenem Land ist noch nicht bekannt, aber anscheinend war diese Art in frühen Zeiten allgemein beliebt, denn es wurden Stücke in der Panama-Kanalzone und in dem Heiligen Cenote in Chichen Itza in Yucatan gefunden.

Das Motiv ist ein stilisierter Vogelgott, der immer mit zwei „Pilzen" am Kopf dargestellt wird, die von Flügeln umrahmt sind. Die Augen sind in charakteristischer Weise klein wie Schraubenköpfe, aber Nase und Mund sind groß und stehen weit aus dem Gesicht heraus. Die in den Händen gehaltenen Gegenstände sind nicht Flöten, wie vermutet wurde, sondern eine Art von Stock oder Knüppel. Manchmal enden sie in Knöpfen und werden senkrecht gehalten.

Der Anhänger aus Tombak auf Seite 158 hat eine Grundfläche in Form eines peruanischen Hackmessers. Die daraufgesetzte Gestalt hat einen langen Körper mit unverhältnismäßig kurzen Beinen. Kopf und Füße werden durch kleine, menschenähnliche Gestalten flankiert, und vogelköpfige Affen sind an den Armen befestigt. Eine Seltsamkeit ist die große Zahl der Zehen und Finger. Obgleich die Metallarbeiten in Kolumbien ihrer Gußtechnik wegen berühmt sind, wurden doch auch prächtige gehämmerte Schmuckstücke hergestellt. Brustschmucke im Calima-Stil sind wegen ihrer Größe und der verschlungenen Zeichnungen, die in charakteristischer Weise eine reichliche Zahl von Baumlern aufweisen, erwähnenswert. Der gehämmerte Brustschmuck auf Seite 157 kann nicht leicht in irgendeine der Hauptstilgruppen eingeordnet werden trotz der Kühnheit, mit der die fast abstrakte Zeichnung ausgeführt wurde.

4

PERU

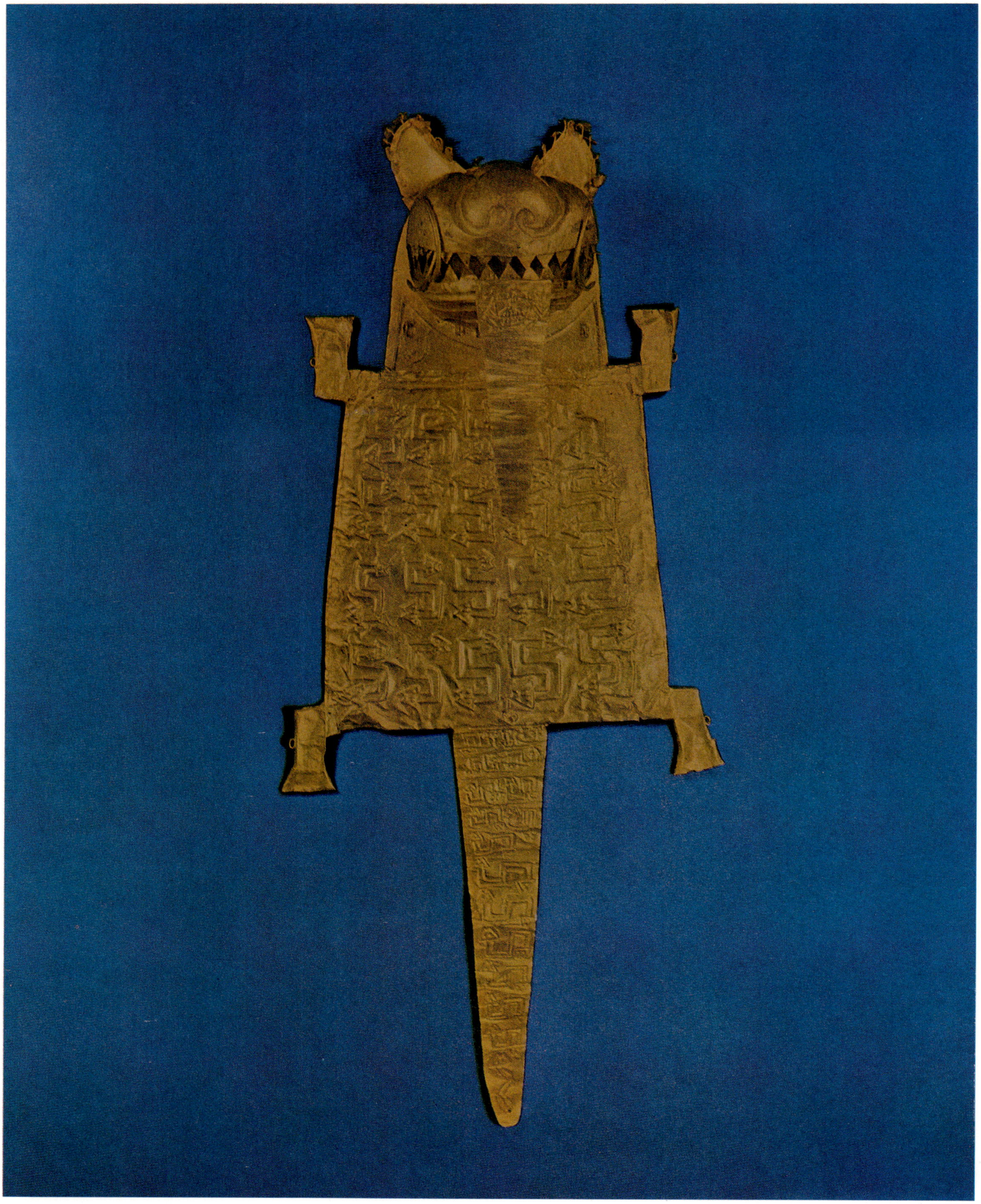

EIN PUMAFELL AUS GEHÄMMERTEM GOLD - VON DER PERUANISCHEN NORDKÜSTE - MOCHICA-STIL - (L. UNGEFÄHR 100 CM; GEWICHT: 510 G).
LIMA, SAMMLUNG MIGUEL MUJICA GALLO.

PERU

Die gegenwärtige Republik Peru, ein Land geographischer Kontraste, kann in drei Hauptgebiete eingeteilt werden, den Osten, den Westen und das große Anden-Massiv mit mehr Gipfeln über 6000 m als irgendein anderes Gebirge in der Welt. Dieses Gebirge ist reich an Mineralien, weist fruchtbare Täler und Hochebenen auf und ist die Heimat der wolletragenden Kamelarten Alpaka, Lama und Vicuña. Im Osten liegen die tropischen Urwälder des Amazonas-Gebietes mit reicher und verschiedenartiger Flora und Fauna. Im Westen am Stillen Ozean breitet sich ungefähr vom Äquator bis nach Mittelchile ein wüstenhaftes Küstengebiet aus, das von aus den Bergen herunterfließenden Flüssen durchschnitten wird. Eine geschickte Bewässerung hat diese Täler in üppige Gärten verwandelt. Die angrenzenden, nichtkultivierten Gebiete, in denen normalerweise verderbliche Stoffe wie Holz, Leder, herrlich gefärbte Baumwoll- und Wollgewebe, Federn tropischer Vögel u.a. während der vergangenen Jahrhunderte in dem trockenen Boden erhalten geblieben sind, stellen ein Paradies für Archäologen dar. Sogar die Leichname trockneten aus und mumifizierten, und die in die Gräber gelegten Nahrungsmittel blieben oft erhalten.

Peru weist wie andere eingehend studierte Gebiete Tausende von Jahren alte Ansiedlungen auf. Bereits 1200 v.Chr. wurde Mais entlang der Küste angebaut, und in den darauffolgenden Jahrhunderten blühten Kunst und Kunsthandwerk, namentlich Architektur, Bildhauerei, Töpferei und Metallurgie.

In interessanter Weise konnte man feststellen, daß der erste Versuch, sich künstlerisch auszudrücken, an der Nordküste von Peru aus einigen Fragmenten geschnittener und in der Hitze gravierter Kürbisflaschen aus dem Jahre 1950 v.Chr. besteht. Wenig später stellte man gezwirnte Baumwolltextilien her, von denen einige sorgfältig ausgeführte Muster aufweisen. Da sie vollkommen verblaßt waren, war es nur mit Hilfe eines Mikroskops möglich, diese Muster zu rekonstruieren, indem man mühselig jeden Garnwechsel aufspürte. Neben Kürbisflaschen und Textilien erstrecken sich die gegenwärtigen archäologischen Funde auf Steine, Knochen, Holz, Muscheln, Flechtwerk u.a. Auf keinem einzigen dieser Stoffe konnte eine Verzierung festgestellt werden.

Die Vergangenheit Perus unterscheidet sich von andern Entwicklungsabläufen des ursprünglichen Amerika, weil sie drei große Abschnitte stilistischer Einheiten umfaßt, die gewöhnlich auf ganz Peru bezogen werden. Dazwischen liegen jeweils Perioden örtlicher Verschiedenheit. Die drei großen Stile Perus heißen Chavin, Tiahuanaco (oder Huari) und Inka. Diese simple Darstellung, die offensichtlich ein Mittel war, gleichzeitige Kulturen in weit getrennten Gebieten zu bestimmen, erwies sich jedoch als eine zu große Vereinfachung. Tatsächlich bestanden diese grundsätzlichen künstlerischen Kräfte, aber sie entwickelten bei ihrer Ausbreitung örtliche Merkmale und blieben in verschiedenen Gemeinwesen Jahrhunderte hindurch erhalten. Chavin, der älteste explosive Stil, hat nach heutiger Auffassung in kleinen Gebieten bis zur Mochica-Periode bestanden. Tiahuanaco-Motive wurden von Chile bis nach Costa Rica während Jahrhunderten festgestellt. Nur bei den Inkas, deren Ausbreitung durch die spanische Eroberung abrupt abgeschnitten wurde, finden wir aus diesem Grunde einen Kunststil begrenzter Zeitspanne.

NORDPERU

CHAVIN-STILE

Der Name Chavin rührt von Chavin de Huántar, einem kleinen Dorf in den hohen Anden (Cordillera Blanca) im nördlichen Mittelperu, her. Hier steht das erste größere Gebäude aus Mauerwerk in der Neuen Welt, das trotz Jahrhunderten voller Vandalismus gut erhalten geblieben ist. Die Hauptfassade ist heute, nachdem dies Gebäude oft durch rechteckige Einheiten vergrößert wurde, 183 m lang und bis zu 12 m hoch. Die Außenwände waren mit gigantischen, grotesken Köpfen verziert, die voll herausgearbeitet waren und durch in das massive Mauerwerk eingelassene Zapfen gehalten wurden. Es sind verschiedene heruntergestürzte Stücke vorhanden und nur ein einziger Kopf befindet sich noch an seiner ursprünglichen Stelle. Flache, in die Mauern eingelassene und mit Steinschnitten in verworrenem Symbolismus verzierte Felder (S. 166) sind allesamt herausgefallen. Darüber befand sich ein breites Kranzgesims mit größeren Reliefschnitten an der unteren Seite und in einigen Fällen am äußeren Rand.

In früheren Zeiten trugen diese großen Mauerwerksblöcke vermutlich Schreine aus leichterem Material. Sie haben den Anschein, kompakt zu sein, in Wirklichkeit jedoch sind sie durch ein fensterloses Labyrinth von Gängen, Treppenhäusern und Luftkanälen in so verwickelter Anordnung durchlöchert, daß bisher kein angemessener Plan veröffentlicht werden konnte.

Die älteste Tempelanlage, ein mittlerer Komplex mit einen Hof umschließenden Flügeln, war U-förmig. Ungefähr 30 m hinter der Fassade führten Gänge zu dem großen Bild des Gottes, zu dessen Ehren dieser Tempel errichtet worden war, der gemeinhin als El Lanzon bekannt ist (S. 165). Es ist ein zugespitzter, 4,60 m hoher Schaft aus weißem Granit, unregelmäßig in der Form, und nicht mit Gefühl für Fleisch und Knochen

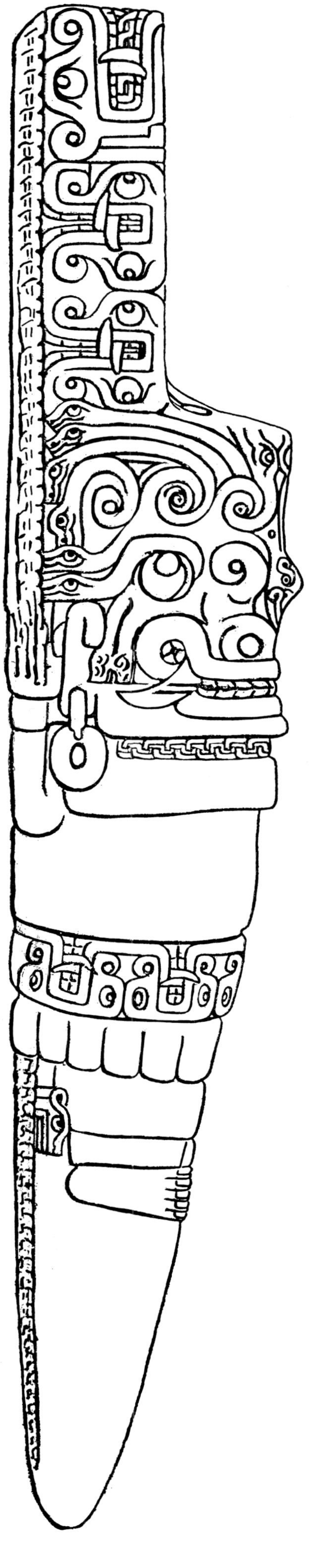

wie die Olmeken-Skulpturen, geschnitten. Es ist eher ein Flachreliefschnitt, der der welligen Oberfläche des Steins folgt, um eine längst vergessene und für unser Empfinden monströse Gottheit darzustellen. Der jüngste Forscher John Rowe schreibt: „Das Ausmaß dieses großen Bildnisses und seine Aufstellung in einem dunklen Gang läßt es sogar auf einen heute Ungläubigen ehrfurchteinflößend wirken, ein Eindruck, den Photos und Zeichnungen nicht wiedergeben können."

Die zentrale Lage des Lanzon im ältesten Teil des Tempels bedeutet, daß es der älteste, bis jetzt bekannte Steinschnitt im Chavin-Stil ist. Die Verworrenheit und Spitzfindigkeit der Zeichnung, die Strenge und Qualität der gekrümmten Linien, kurz, die gesamte Konzeption deutet an, daß wir hier weit vor dem Beginn einer Kunst sind, die sich zweifellos in einem andern Medium als in großen Steinskulpturen entwickelte.

In Peru sind einige örtliche Varianten der Steinschnitte in Chavin-Art bekannt, aber die archäologische Forschung muß erst noch ein Entwicklungszentrum ermitteln. Kleinere Artefakten im Chavin-Stil wurden vereinzelt an der Küste Perus von Piura im Norden bis nach Yauca im Süden gefunden, aber die gesamte Breite und Ausdehnung ins Innere sind noch unbekannt.

In Cerro Sechin im Casma-Tal besteht die äußere Mauerwerkswand eines Tempels aus bis zu 5 m hohen, aufrechtstehenden Platten, in deren Zwischenräume zwei oder drei kleine Blöcke eingesetzt sind, von denen einer auf dem andern steht. Mehr als 90 dieser Steine sind mit Schnitten verziert. Die großen Säulen zeigen vollständige menschliche Gestalten, von denen einige in Hüfthöhe durchgeschnitten sind, aufgeschichtete Schädel (die die mexikanischen Schädelgestelle vermuten lassen) und Reihen von an

EL LANZON, WAHRSCHEINLICH DAS BISHER IN DER NEUEN WELT BEKANNTE ÄLTESTE UND BEDEUTENDSTE GÖTZENBILD, IN CHAVIN DE HUÁNTAR (PERU) - (H. 4,60 M).

Stangen befestigten Augen und Bannern. Die kleineren Blöcke zeigen Trophäenköpfe. Töpferwaren im Chavin-Stil wurden nahebei gefunden, aber wie die gravierten Steine in das Bild der Chavin-Kultur einzuordnen sind, ist ungewiß. Sowohl hinsichtlich des Stils als auch des darzustellenden Gegenstandes wurden sie mit den fast zeitgenössischen *danzantes* von Monte Alban in Mexiko (S. 90) verglichen.

In Chavin de Huántar selbst mit seinem sehr regnerischen Klima wurden nur zerbrochene Töpferwaren und große Skulpturen gefunden. Die ersten Funde im Chavin-Stil an der Küste waren im Cupisnique-Tal nördlich von Trujillo. Hier öffneten die Brüder Larco Hoyle Gräber mit Artefakten, hauptsächlich Tongefäßen, aber auch Knochenschnitzereien, von denen einige mit Türkis-Einlagen verziert waren.

Während man früher glaubte, die Chavin-Töpferwaren wären der älteste Stil Perus, wissen wir jetzt, daß andere Stile vorangingen. Die Stücke von der Nordküste sind meistens schwarz, weil sie in einer reduzierenden Atmosphäre gebrannt wurden. Wahrscheinlich mittels einer Form hergestellte Krüge mit Steigbügel-Ausgüssen sind Flaschen mit großen, spitz zulaufenden Hälsen. Die Verzierung dieser einfarbigen Gefäße ist überraschenderweise reichhaltig. Die eingeschnittenen, Katzen- oder Reptilmotive zeigenden Zeichnungen heben sich kühn vom punktierten Hintergrund ab.

WANDMALEREIEN AUS CHAVIN DE HUÁNTAR (PERU) - LINKS, KONDORMOTIV; RECHTS, KATZE IN MENSCHENGESTALT. BEMERKENSWERT IST IN DER DEKORATION DAS IMMER WIEDERKEHRENDE SCHLANGENMOTIV.

GESCHNITTENER KRUG AUS SCHWARZEM TON - AUS CHONGOYAPE (LAMBAYEQUE-TAL, PERU) - CHAVIN-STIL - (H. 22 CM).
LIMA, MUSEO NACIONAL DE ANTROPOLOGÍA Y ARQUEOLOGÍA.

Bei den besten Stücken sind die Zeichnungen in hochpoliertem Relief eingeschnitten. Ein ungewöhnlich fein ausgearbeitetes Beispiel dieser Technik auf Seite 167 zeigt große Jaguarköpfe auf den gegenüberliegenden Seiten eines Kruges, die durch verlängerte Schlangenköpfe von einander getrennt sind. Jaguarköpfe findet man auch auf den oberen Rundungen des Ausgusses und Schlangenkopfpaare auf beiden Seiten des aufrechten verjüngten Teils.

Die in späteren Keramikstilen vorherrschenden Gefäße mit Bildwerken sind in dieser Periode nicht ungewöhnlich. Einige stellen Köpfe monströser Gottheiten mit gewaltigen Klauen (S. 167) oder Gesichter halb Mensch halb Katze dar. Andere zeigen Früchte und Tiere oder eine säugende Mutter. Im runzligen Gesicht einer alten Frau auf Seite 171 kann man ein Porträt ahnen.

Mit der Einführung gebrannter Farben auf Töpferwaren erscheinen neue Verzierungstechniken. So ist auf dem Gefäß auf Seite 169 das modellierte Relief durch Einschneiden des punktierten, ziegelroten Untergrundes umrissen. Schwarze und glänzend rote Pigmente wurden damals verwendet. Außerdem wurde gebrannt, nachdem die Zeichen in den gehärteten Ton eingraviert waren.

Aus dieser Periode wird nichts über Figurinen in Peru berichtet, aber die älteste südamerikanische, stilistisch mit den großen Chavin-Kulturen vergleichbare Metallarbeit wurde in diesem Gebiet gefunden. Die Arbeitstechnik bestand hauptsächlich in Hämmern und Härten im Feuer; durch Verbinden von Metallblechen wurde es möglich, hohle Freifiguren zu schaffen. Gold, in einigen Fällen mit Platin, war das in der Hauptsache verwendete Metall. Silber war auch bekannt (S. 170); es wird gewöhnlich an Zweimetall-Artefakten gefunden, die durch einen unbekannten Prozeß verbunden wurden. Kupfer, Zinn, Legierungen, Gußformen und Gießen, Vergülden und Oberflächenveredelung *(mise en couleur)*, Metalleinlagen und andere Fortschritte, die für die peruanischen Metallarbeiten späterer Jahrhunderte charakteristisch sind, waren noch unbekannt.

Die Chavin-Motive breiteten sich an der peruanischen Küste weiter nach Süden aus, wo sie sich mit der vielfarbigen Verzierung der Paracas-Töpferwaren mischten (S. 198).

DIE RAIMONDI-TAFEL - AUS CHAVIN DE HUÁNTAR (PERU). LETZTE PHASE DER CHAVIN-SKULPTUREN - (H. 2 M). LIMA, MUSEO NACIONAL DE ANTROPOLOGÍA Y ARQUEOLOGÍA.

BEMALTER UND GESCHNITTENER KRUG AUS SAUSAL (CHICAMA-TAL, PERU), DER MIT PUMAKÖPFIGEN SCHLANGEN VERZIERT IST - (H. 24 CM). LIMA, SAMMLUNG RAFAEL LARCO HOYLE.

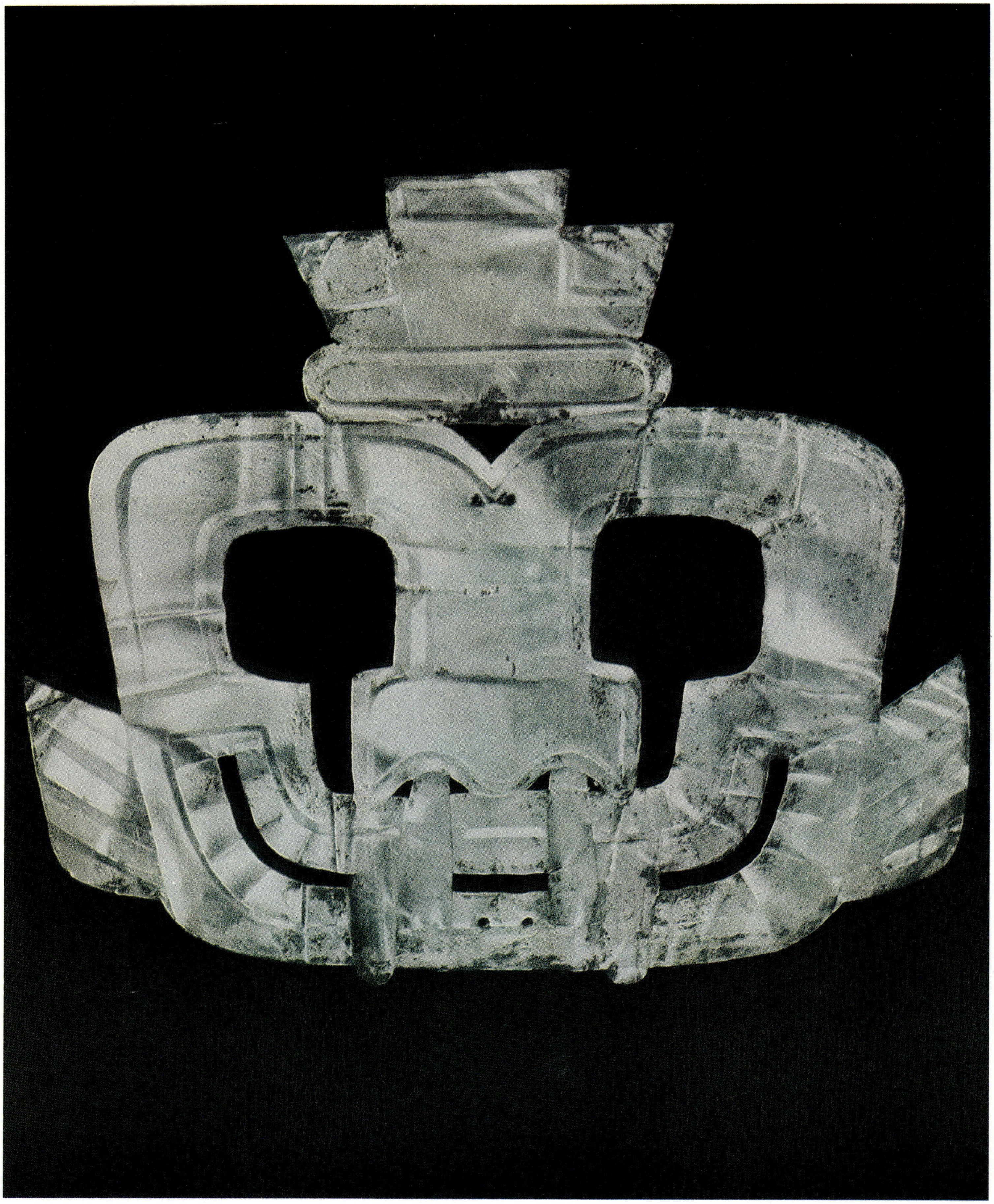

PUMAKOPF AUS GEHÄMMERTEM SILBER - AUS PACHACAMAC (PERU) - CUPISNIQUE-STIL - (H. 20,5 CM).
NEW YORK, AMERICAN MUSEUM OF NATURAL HISTORY.

KRUG IN KOPFFORM, DER EIN ALTES RUNZLIGES GESICHT MIT GESCHRUMPFTEM MUND DARSTELLT - AUS DEM CHICAMA-TAL (PERU). CUPISNIQUE-STIL. LIMA, SAMMLUNG RAFAEL LARCO HOYLE.

In Chavin de Huántar war es nicht möglich, die Skulpturen in eine zeitliche Reihenfolge einzuordnen, weil viele von ihnen nicht bei Bauwerken gefunden wurden. Hingegen stellten Gelehrte der Universität Kalifornien die Aufeinanderfolge der Keramiken im Süden fest und übertrugen sie dann auf die monumentalen Steinschneidearbeiten, die so in eine etwaige zeitliche Reihenfolge eingruppiert werden können. Die älteste ist der große Lanzon (S. 165). Die Schlußphase wird durch die sogenannte Raimondi-Tafel dargestellt (S. 168), die offensichtliche Ähnlichkeit mit dem Nazca-Töpferwaren-Stil hat, der sich von Paracas in Südperu aus entwickelte.

Vor ungefähr neunzig Jahren wurde der Raimondi-Steinschnitt auf einem Mauleselrücken und auf einer besonders dafür gebauten Straße nach Lima gebracht. Es war der erste Gegenstand im Chavin-Stil, der der Außenwelt bekannt wurde.
Man ist noch weit davon entfernt, die Ausbreitung der Chavin-Kultur voll und ganz zu erklären; viel Forschungsarbeit wird noch nötig sein. Nach heutiger Auffassung ist sie das Ergebnis eher eines Kults als einer kriegerischen Eroberung, weil sie zu einer Zeit vor sich ging, in der Gemeinwesen noch viel zu klein waren, um großräumige Gebiete überrennen zu können.
Die Cupisnique-Keramikstile werden heutzutage, obgleich eine Zeitangabe ungewiß ist, in die Zeit von 900-300 v.Chr. eingeordnet. Hiermit ist ein Zeitraum für die Entwicklung der in diesem Band nicht besprochenen Salinar- und Gallinazo-Stile gegeben, bevor sich die großen Mochica-Stile entwickelten. Unerklärt ist das Auftreten vom Chavin-Stil inspirierter Motive auf Töpferwaren in Gräbern aus der mittleren Mochica-Ära.

MOCHICA

Die heute als Mochica bekannte Kultur mit ihren Kunststilen (anfangs hieß sie Frühe Chimu-Kultur) blühte zu Beginn der christlichen Zeitrechnung an der Nordküste Perus mehrere Jahrhunderte lang. Die Mochica waren ausgezeichnete Ingenieure, die große, teilweise heute noch in Betrieb befindliche Bewässerungssysteme anlegten. Der Kanal von La Cumbre dringt 110 km tief ins Gebirge bis zum oberen Chicama-Tal ein und bringt Wasser zu den Feldern um Chanchan, der einstmals größten Stadt Südamerikas. Täler und Schluchten wurden durch Aquädukte überbrückt. Der Ascope-Aquädukt ist 1375 m lang, 15 m maximal hoch, und sein Gewicht beträgt schätzungsweise mehr als 2 Millionen Tonnen. Der große Graben von La Cumbre war bis 1925 in Tätigkeit, als heftige Regenfälle — 65 cm in einem einzigen Monat — eine Bresche in seine Mauer schlugen.
Das in der Mochica-Kultur verwendete Material ist weitgehend Ton unter Ausschluß von Stein. Die Mochica errichteten keine großen Bauten aus Mauerwerk wie der Tempel in Chavin de Huántar, noch schufen sie monumentale Steinschnitte. Sowohl ihre Tempel als auch ihre Wohnbauten waren aus Luftziegeln ausgeführt. Ihre größten Schnitzereien bestanden aus Holz. Da die Nordküste Perus feuchter als die südliche ist, blieben leider wenig Textilien erhalten. Man kennt jetzt aber wenigstens einige der Fresken, die ihre Gebäude schmückten.
Der Ruf der Mochica rührt von ihren Töpferwaren her, die in ihrer Menge, Vielfalt und bildlichen Qualität erstaunlich sind. Eine einzige Privatsammlung in Lima enthält heute nahezu 40 000 Stück. Gefäße mit Bildwerken stellen Menschen und Gottheiten, Tiere und Vögel, Gemüse und Früchte dar. Modellierte Freifiguren wurden oben auf Krüge gesetzt; die Wandungen waren mit gemalten Szenen oder Motiven in Flachrelief geschmückt. Der Mensch wird in fast jeder denkbaren zeitgenössischen Tätigkeit, von der Wiege bis zur Bahre, dargestellt. Als die Stile flammender und

RECHTECKIGER KRUG MIT EINER DRACHENFIGUR, DIE EINEN MENSCHENKOPF HÄLT - MOCHICA-STIL - (H. 17 CM).
MADRID, MUSEO DE AMÉRICA.

weitschichtiger wurden, erschienen belebte Szenen, die in rituellen und kriegerischen Schaugeprängen viele Personen darstellen. Nirgendwo außer vielleicht bei den Fresken der klassischen Maya-Kultur oder der Maya-Tolteken-Kunst finden wir eine derart belebte und verständliche Darstellung des ursprünglichen amerikanischen Lebens der fernen Vergangenheit.

Trotz ihrer Lebhaftigkeit und Weite sind der Mochica-Kunst durch stilistische Überlieferungen Grenzen gesetzt, die sie zeitweilig zu überschreiten versuchte. Auf allen bemalten Oberflächen sind sämtliche Tiere, Vögel und Fische nur im Profil gezeigt. Es werden natürlich einige Tiere wiedergegeben, wie sie rückwärts über die Schulter blicken, aber der Kopf ist immer im Profil dargestellt. Krabben bilden eine Ausnahme, denn sie werden gewöhnlich von oben gesehen und der Schwanz, der im lebenden Zustand gegen die Körperunterseite verkrümmt ist, wird in ausgestreckter Lage gezeigt. Diese Eigentümlichkeit tritt auch in der Kunst Panamas und im unteren Mittelamerika auf. Tausendfüßler und Skorpione sind gelegentliche Ausnahmen.

Die menschliche Gestalt ist bei der normalen bildlichen Darstellung konventionell, indem sie in vier Abschnitte eingeteilt wird, von denen jeder in seiner breitesten Ansicht gezeigt wird. Deshalb sieht man die Beine von der Seite in schreitender Stellung, was Bewegung, namentlich Rennen oder Tanzen andeutet, besonders dann, wenn ein Fuß höher gestellt ist als der andere. Die Körper hingegen werden ganz in Frontalansicht gezeigt, wobei die Schultern mit dem Körper in Übereinstimmung gebracht sind, eine Stellung, die durch symmetrisch angebrachte Muster auf dem Hemd unterstrichen werden kann. Köpfe jedoch sind im Profil dargestellt mit Ausnahme des Auges, das mandelförmih ist, als sähe man es von vorn. Es bestehen nur wenige Ausnahmen, und zwar hauptsächlich auf Thronen und Sänften sitzende Gestalten, die, bis auf das Auge, in vollem Profil gezeigt werden.

Diese Art, den menschlichen Körper darzustellen, rührt offensichtlich nicht von einer direkten Wahrnehmung her, sie wird gradansichtig-vorstellig genannt. Weder Perspektive noch irgendeine zweckgerichtete Anwendung von Licht und Schatten ist möglich. Wir sehen dies als eine archaische Stufe in der Entwicklung eines Stils an. Sie ist weit verbreitet und aus ähnlichen Bräuchen in der ägyptischen Malerei und Reliefdarstellung während der dynstischen Perioden am besten bekannt.

Da die Mochica streng an diesen Bräuchen festhielten, schufen sie wohl Szenen großer Lebendigkeit, aber die Handlung bleibt normalerweise auf einen Ausschnitt, der nicht größer als eine menschliche Figur ist, beschränkt. Eine Menge wird als ein Aufzug einzelner Personen dargestellt. Die Hände können jedoch Gegenstände wie ein Messer oder das Haar eines Gefangenen packen. Ein durch den Körper teilweise verdeckter Arm befindet sich auf einer ein wenig entfernteren Ebene.

Mit Hilfe mehrerer einfacher Mittel konnte der Eindruck einer Tiefe hervorgerufen werden, indem die näherliegenden Gegenstände so gestellt wurden, daß sie die entfernteren teilweise überdecken und teilweise verdunkeln. Obschon die Mochica die menschlichen Gestalten auf einer einzigen Ebene wiedergaben, konnte die Landschaft durch gekrümmte Grundlinien mit anhaftender Vegetation wie Kakteen angedeutet werden.

GRUPPE TYPISCHER MOCHICA-KRIEGER AUF EINEM BEMALTEN TONKRUG.

In einigen Fällen ist die Entfernung durch gemalte und zwischen oder oberhalb der menschlichen Körper gestellte Pflanzen, Vögel oder Tiere dargestellt. Offensichtlich bestand ein Verlangen, Tiefe auszudrücken, aber man kam nicht über das embryonale Entwicklungsstadium hinaus.

Obgleich sich die Bemalung der Mochica-Vasen im Laufe der Jahrhunderte in ihrer Vielfalt herausbildete, änderten sich ihr wesentlicher Charakter und ihre konventionellen Darstellungsformen nicht. Andererseits fand eine teilweise Emanzipation statt, wenn es sich um eine Reliefverzierung auf den Wandungen von Tongefäßen handelte. Dies ist in der Tat seltsam, da das Relief auf Töpferwaren so schwach ist, daß irgendeine Neuerung leicht hätte gemalt werden können. In der Reliefdarstellung findet man indessen Profil-, Frontal- und Viertelansichten des menschlichen Körpers. Bei wenigen Beispielen deuten gewaltsam verdrehte Körper eine ungewöhnlich schöpferische Geschicklichkeit individueller Künstler an.

Die Mochica versuchten auch, den Eindruck einer Entfernung durch eine Verbindung von Relief- und Runddarstellung hervorzurufen. Derartige Gefäße sind ungewöhnlich; die Zahl der darzustellenden Gegenstände ist begrenzt. Bei einer der bestbekannten Arten stellt der Rumpf des Gefäßes eine Insel dar, die durch Muscheln unten um die Grundfläche herum angedeutet wird. Hügel erscheinen in Relief, außerdem werden Kakteen gezeigt. Oben ist ein kühn modellierter Adler. Er hält in seinen Krallen entweder eine Schlange oder einen Haifisch, der durch den Schwanz, die spitze Schnauze und das halbmondförmige Maul identifiziert ist. Welche Bedeutung diese Verbindung

„BERG-KRUG“ MIT DREI HAUPTGIPFELN UND KLEINEREN HÜGELN UND TÄLERN. DIE SZENE ZEIGT EINE OPFERUNG ODER HINRICHTUNG. DAS OPFER ERSCHEINT EINMAL AUF DEM HÖCHSTEN GIPFEL UND DANN TOT UND ENTHAUPTET IM TAL - SPÄTER MOCHICA-STIL - (H. 22,5 CM). LIMA, MUSEO NACIONAL DE ANTROPOLOGÍA Y ARQUEOLOGÍA.

von Adler, Schlange, Kaktus und Insel für die Mochica hatte, können wir nicht sagen. Es ist jedoch eigenartig, daß die ungefähr tausend Jahre später in Mexiko einwandernden Azteken die heutige Stadt Mexiko an einer Stelle gründeten, an der sie unvermutet der gleichen Verbindung von Symbolen begegneten. Auch das heutige Wappen der Republik Mexiko weist Adler und Kaktus auf.

Außer Mustern der bildnerischen Kunst aus begrenzten Gebieten wurde bei einer kleinen Gruppe von Mochica-Krügen versucht, beträchtliche Höhen und Entfernungen darzustellen. Sie erinnern im Entwurf, aber nicht im Stil an die sogenannten Berg-Krüge der Han-Dynastie in China, denn in jedem Fall wurde versucht, eine landschaftliche Gestaltung durch Modellieren in kleinem Maßstab wiederzugeben.

Die peruanischen Gefäße haben eine flache Grundfläche mit vertikalen oder sich bis etwa zur halben Höhe nach außen neigenden Wandungen. Das Niveau des Bodens kann durch eine wellige Linie angedeutet sein, während Hügelkämme in halber Höhe modelliert oder gemalt dargestellt sind. Hinter ihnen sieht man oft eine Hochebene, die nach hinten in höhere, flache und rundherum modellierte Bergspitzen aufgeht. Uns Heutigen erscheint dies als ein etwas roher und wenig wirkungsvoller Versuch, die Tiefe einer Landschaft darzustellen, dennoch finden wir hier und in unserer Auffassung von der Perspektive, die entferntere Objekte in verkleinertem Maßstab zeigt, ein gemeinsames Element.

Die Wiedergabe der Landschaft auf den Mochica-Berg-Krügen dient nicht einem Selbstzweck, sondern der Schaffung eines Hintergrundes für Szenen, die gemalt oder bildhauerisch dargestellt werden sollen. Die Motive sind esoterischer Art und nicht leicht auszulegen. Das bei weitem üblichste Motiv stellt den Tod einer Person dar, indem sie über einen Felsen geworfen wird (S. 176). Manchmal wird die Szene durch eine mit Fängen bewehrte und neben dem Berg sitzende Gottheit beherrscht, wodurch ein religiöses Opfer angedeutet wird. Bei andern Beispielen scheint die Hauptperson ganz weltlich zu sein, und die Szene kann eine Hinrichtung, vielleicht sogar ein wohlbekanntes historisches Ereignis schildern.

Gewöhnlich wird das Opfer zweimal dargestellt. Zuerst sieht man es auf der höchsten Bergspitze nach vorn geneigt mit rückwärts herunterhängenden Haaren. Dann sieht man es unten im Tal zerschmettert. Auf einigen Gefäßen ist der leblose Körper enthauptet. Neben dem Opfer befinden sich kleine und manchmal von einem Hund begleitete menschliche Gestalten. Oft scheinen sie zu tanzen.

Porträt-Krüge bedürfen einer näheren Erläuterung. Die ältesten Kopfbildwerk-Gefäße aus Peru stammen aus den Chavin- und Salinar-Perioden und zeigen wenig Modellierung. Mochica-Krüge hingegen stellen mehrere bestimmte, natürliche Typen dar. Die Personen können durch ihre charakteristischen Züge und durch die Art und Weise, wie ihre Gesichtszüge gemalt sind, und in einigen Fällen auch durch Narben oder andere Besonderheiten herausgefunden werden. Die Bedeutung und Beliebtheit einiger Personen wird durch die Anzahl der Gefäße, die sie darstellen, zum Ausdruck gebracht. Bei den meisten Porträt-Gefäßen ist der Kopf nach rückwärts gebeugt und das Gesicht schräg aufwärts gerichtet. Wahrscheinlich soll damit keine würdevolle

Haltung angedeutet werden, sondern es ist lediglich eine Folge des Fehlens von Tischen bei den Mochica. Porträt-Krüge mußten daher auf den Boden gestellt werden und wurden von oben betrachtet.

Das Porträtieren, das Abbilden von Personen in einer Weise, die erlaubt, sie wiederzuerkennen, ist kein Charakteristikum der Neuen Welt. Es erfordert aber eine von Persönlichkeiten solcher Bedeutung regierte Gesellschaft, daß ein Bericht über das Dasein dieser Persönlichkeiten wünschenswert erscheint. In den Teilen, in denen wie in Mexiko und im Maya-Gebiet Schreiben bekannt war, wurden Personen durch ihren auf Skulpturen und Fresken angebrachten Namen identifiziert; es ist jedoch fraglich, ob die Künstler die Merkmale des bedeutenden Mannes wiedergeben konnten. Seine Identität wurde dem Analphabeten durch seine Ausrüstungsgegenstände offenbart, der natürliche Typ hingegen war idealisiert.

Die sogenannten Porträt-Krüge der Mochica fallen in eine andere Kategorie. Sie stellen eine Vielfalt natürlicher Typen dar, von denen einige idealisiert waren, andere bestimmte Persönlichkeiten hingegen eindeutig porträtiert wurden, die in einigen Fällen sogar durch persönliche Besonderheiten wie Narben oder irgendwelche Fehler in doppelter Weise identifiziert sind. Bei den besten Stücken hat der Künstler augenscheinlich eine getreue Ähnlichkeit geschaffen und das aristokratische Gebaren, die Arroganz und das Kraftvolle in der Persönlichkeit junger und alter Herrscher, deren Namen und Taten heute nicht mehr bekannt sind, eingefangen (S. 179).

Neben Gottheiten bildeten die Mochica verschiedenartige mythologische Tiere ab, die der europäischen Auffassung vom Drachen entsprechen, denn sie vereinigen die charakteristischen Merkmale von zwei oder mehreren Tieren. Das Beispiel auf Seite 173 gibt den Kopf eines Jaguars mit einem zweiten kleineren, am Schwanz befestigten wieder. Die Klauen und gespaltenen Füße gehören anscheinend zum gleichen Tier. Die vom Rücken vorspringenden Schuppen und die Körpermerkmale sind jedoch die eines Krokodils. Die auf dem rechteckigen Rumpf des Gefäßes gemalten Schlangen haben Jaguar- oder Pumaköpfe und -ohren.

Mehr als die Hälfte aller Mochica-Krüge sind von einer flachen Grundfläche ausgehend kugelförmig. Oben befindet sich der sogenannte Steigbügelausguß. Dieser besteht aus einer Röhre in Form eines umgekehrten U mit einem einzigen Ausguß, der oben an der Krümmung vorsteht. Dies ist eine sehr praktische Verbindung von Handgriff mit Trinkrohr. Wird der U-förmige Teil horizontal gehalten, kann die Flüssigkeit durch den unteren Arm getrunken werden, während Luft oben eintritt. Als in späteren Zeiten andere Formen mit engeren Ausgüssen hergestellt wurden, mußte ein Loch in die Krugwandung gebohrt werden, damit Luft zum Verdrängen der Flüssigkeit ohne Unterbrechung eindringen konnte.

Die Mehrzahl der Mochica-Gefäße wurde in Formen gepreßt. Zuerst wurde ein Modell angefertigt, das mit einer Tonschicht bedeckt wurde, die, nachdem sie halb trocken war, vertikal in zwei Hälften geschnitten und gebrannt wurde. Kopien fertigte man an, indem man Ton in die Formen preßte und die beiden Hälften zusammenfügte, wenn sie teilweise trocken waren. Steigbügelausgüsse wurden auf dieselbe Art und Weise geformt

MOCHICA-KRUG MIT BILDWERK, DER EINEN STEIGBÜGELAUSGUSS HAT UND WAHRSCHEINLICH EINE BESTIMMTE PERSON DARSTELLT.
LIMA, MUSEO NACIONAL DE ANTROPOLOGÍA Y ARQUEOLOGÍA.

und an den Rumpf des Kruges mit nassem Ton angekittet. Schließlich wurde unten eine Scheibe eingesetzt, da man den Boden offen gelassen hatte, um die vorangegangenen Arbeiten durchführen zu können. Glätten, Bearbeiten der Einzelheiten und Bemalen fanden vor dem Brennen statt. Mit Hilfe der gleichen Form konnten mehrere Gefäße hergestellt werden, aber die Schärfe des Eindrucks nahm beim Gebrauch ab.
Im Laufe der Jahrhunderte erfuhren die Mochica-Töpferwaren verschiedenartige stilistische Abänderungen; es ist jetzt üblich, sie nach dem Gebrauch der Farben und der Änderungen in der Form in drei oder fünf Phasen einzuteilen. Im allgemeinen werden die Motive in Rot auf weißem oder cremefarbenem Untergrund aufgetragen. Bei der ältesten Gruppe wurden die Farben durch eingeschnittene Linien getrennt; die jüngsten weisen zusätzlich gelbe und schwarze Farbstriche auf. Bei Porträt-Krügen und -gefäßen zur Darstellung der menschlichen Gestalt werden Fleischtöne durch ein beige- oder braunfarbiges Pigment angedeutet. Eine seltene, immer mit geometrischen Zeichnungen versehene Art frühen Datums ist tief braun und schwarz mit eingeschnittenen, trennenden Umrißlinien. Es kommen auch hochgebrannte schwarze Stücke vor, bei denen die Farbe beim Brennen entwickelt wurde. Diese aus der Chavin-Kultur stammende Art wurde später während mehrerer Jahrhunderte in der Chimu-Periode ganz allgemein angewendet.
Man glaubte lange Zeit, daß die Mochica-Keramik-Arten zuerst in den Chicama- und Moche-Tälern aufkamen und sich nach Süden bis Casma und nach Norden bis Pacasmayo ausbreiteten, indem sie einen einzigen Bereich 480 km an der Küste entlang bildeten. Gelegentlich eines kürzlichen Besuches in Lima sahen wir mehrere Dutzend Mochica-Gefäße der frühesten Arten, die von Stellen jenseits des Chira-Flusses, also etwa 480 km nördlich, herrührten. Die zeitliche und historische Verwandtschaft dieser Gruppe zu den wohlbekannten Funden weiter südlich ist ein ungelöstes Problem; möglicherweise wurde dieser Stil aus dem entfernten nordwestlichen Teil Perus zum Chicama-Moche-Gebiet gebracht.

Viele Mochica-Gefäße stellen Männer und Frauen mit verstümmelten Gesichtern oder Gliedern dar. Einzelne von ihnen zeigen Verwüstungen durch verschiedenartige Krankheiten, deren Natur für einen Arzt klar erkennbar ist. Andere hingegen mit abgeschnittenen Nasen oder Lippen oder mit amputierten Händen oder Füßen sind offensichtlich absichtlich grausam verstümmelt worden. Früher nahm man an, daß eine derartige Metzelei als Strafe für Verbrechen auferlegt wurde. Es wurde jedoch festgestellt, daß die abgetrennten Hände und Füße an sich eine zeremonielle Bedeutung hatten, denn häufig waren Tongefäße so zu ihrer Darstellung geformt, oder sie waren in gehämmertem Gold modelliert. Die Abbildung auf Seite 10 illustriert ein Paar lebensgroßer goldener Hände. Allgemein glaubt man heute, daß die Verstümmelungen ein religiöses Opfer darstellten, das durch von einem Künstler angefertigte Kopien der geopferten Glieder immer wieder in Erinnerung gebracht wurde. ►

Der abgebildete Krüppel ist in vielerlei Hinsicht ungewöhnlich. Ein Fuß ist durch einen runden Stumpf ersetzt, außerdem trägt er einen massigen Stock. Durch feinlinige Einschnitte werden verschiedenartige Einzelheiten hinzugefügt. Was ein Schnurrbart zu sein scheint, ist die Profilansicht irgendeines Tieres; zwei andere Tiere sind zu beiden Seiten der Augen. Die Pupillen sind eingeschnitten, ebenfalls die Haarlocken vor den Ohren und hinten auf Kopf und Nacken. Kopfkappe und Hemd sind für den Mochica-Stil nicht charakteristisch.

GEFÄSS, DAS EINEN SITZENDEN KRÜPPEL MIT EINEM STOCK DARSTELLT - SPÄTER MOCHICA-STIL - (H. 27 CM).
LIMA, SAMMLUNG RAFAEL LARCO HOYLE.

GEFÄSS, DAS EINEN GEFANGENEN TIERMENSCHEN DARSTELLT - MOCHICA III - (H. 25 CM). LIMA, SAMMLUNG RAFAEL LARCO HOYLE.

KRUG IN VOGELFORM AUS HUANCACO (PERU) - MOCHICA-STIL - (33,5 × 32,5). LIMA, MUSEO RAFAEL LARCO HERRERA.

Obgleich ein großer Teil der Mochica-Kunst der Religion und ihrem Symbolismus oder der Darstellung weltlicher Szenen mit dem Gepränge von Kriegsführung und Zeremonien gewidmet war, hatten die Töpfer der Mochica dennoch Freude daran, Tiere und Vögel aus dem täglichen Leben zu gestalten. Dieser Aspekt des Mochica-Stils gefällt westlichen Augen besonders, weil der Künstler nicht an den Brauch gebunden war, sondern getreu nach der Natur schaffen konnte. Das hier dargestellte einzigartige mächtige Stück dieser Art zeigt einen langhalsigen Vogel mit rückwärtsgedrehtem und anmutig über den Körper gebogenem Kopf. Kopf, Schnabel und Augen sind in Einzelheiten dargestellt, und sogar die Stärke der Nacken- und Schultermuskeln ist angedeutet. Der große, plumpe Körper bildet eine harmonische Umrahmung des Kopfes.

◄ Der ungewöhnliche, mit Bildwerk versehene Krug auf der gegenüberliegenden Seite stellt einen gefangenen Tiermenschen dar. Die menschlichen Merkmale sind Körper und Geschlechtsteile, Arme und Hände, die gekreuzten Beine, aber nicht die durch Hufe ersetzten Füße. Kopf, Ohren und Geweih, Zunge, Fell, Hufe und ein weißer Schwanz sind Tiermerkmale.

OHRSCHEIBEN AUS TÜRKISEN, GOLD UND MUSCHELN, DIE VOGELKÖPFIGE KRIEGER MIT SCHILDEN, SPEEREN UND SCHLEUDERN ZEIGEN. MOCHICA-STIL - (DURCHMESSER: 10 CM). LIMA, MUSEO RAFAEL LARCO HERRERA.

In den bestehenden Sammlungen finden sich nicht viel Metallarbeiten im Mochica-Stil; ihre Qualität ist jedoch hervorragend. Gold, Silber und Kupfer waren zusammen mit ihren Legierungen die hauptsächlich verwendeten Metalle. Metallene Werkzeuge und Waffen kamen langsam in allgemeinen Gebrauch, waren vielfältig im Typ und erleichterten die Einführung des *cire perdue*-Gusses. Hervorragend sind die Porträt-Köpfe in gehämmertem Metall, die in ihrer Größe mit den Tonwarenarten vergleichbar sind. Sie können teils aus Gold teils aus Silber bestehen. Es wurden mehrere große Goldbrustplatten und Kopfschmucke gefunden (S. 185). Kleinere Schmuckstücke sind Ringe, Halsketten und Nasenanhänger. Einige der Ohrschmuckstücke verraten ein ausgezeichnetes Können, und zwar besonders die goldenen, mit Muscheln und Türkis besetzten Scheiben (siehe oben).

In manchen Fällen wird auf den modellierten Töpferwaren, besonders den Porträt-Köpfen (S. 179), gezeigt, wie die Mochica-Schmuckstücke getragen wurden. Bei anderen Beispielen ist dies nicht klar. Das große goldene Pumafell (S. 162) ist ein einzigartiges Stück unbekannten Verwendungszwecks. Es ist ungefähr 100 cm lang und vom Hals

KOPFSCHMUCK AUS GETRIEBENEM GOLD, DER EINE GEFIEDERTE KATZENGOTTHEIT DARSTELLT - MOCHICA-STIL - (BR. 37 CM).
LIMA, MUSEO RAFAEL LARCO HERRERA.

bis zur Schwanzspitze mit zweiköpfigen Schlangen verziert. Vorder- und Rückseite bestehen aus verschiedenen Metallblechen, und man vermutet, daß es einstmals ein Behälter für Coca-Blätter war.

Aus historischen Berichten geht hervor, daß die Mochica Metalle viel weitgehender anwendeten, als es sich aus archäologischen Funden ableiten läßt. Im Jahre 1602 wurde eine „Bergbau"-Gesellschaft gegründet, um den Moche-Fluß gegen die große Luftziegel-Terrasse und die als Huaca del Sol bekannte Pyramide abzulenken. Die Terrasse war 230 × 140 m groß und 18 m hoch. An einem Ende befand sich eine 23 m hohe terrassenförmige Pyramide mit einer Grundfläche von 31 qm. Nahezu die Hälfte des Gebäudes war vom Wasser weggespült worden. Das Gold einer großen Statue ergab einen Betrag von 800 000 Dukaten — das war der zum Zahlen der Abgaben an die spanische Krone erklärte Wert; der ziffernmäßige Betrag gibt natürlich nicht den genauen Wert an, da sich die spanische Prägung mit Zeit und Ort änderte. Im 16. Jahrhundert enthielt der Dukaten 23,5 Karat und wog 3,485 g. Heute hat die Unze 28,716 g.

RECUAY Der Name Recuay bezieht sich auf einen Stil von Töpferwaren und Steinschnitten aus dem Callejón de Huaylas-Tal in den Anden. Dieser Stil kann zeitlich nicht genau eingeordnet werden, trat aber teilweise mit dem Mochica-Stil auf.

Recuay-Häuser und -Tempel wurden auf gespaltenen, jedoch nicht zugerichteten Steinplatten errichtet. Die Bauten sind über der Erde zwei oder drei Stockwerke hoch und mit Steinen abgedeckt. Es kommen auch unterirdische Gebäude mit zwei oder drei Stockwerken unter der Erde vor. Die Eingänge sind schmal; heute sind sie tatsächlich dunkel und düster und durch die Höhe außerordentlich kalt. Die Skulpturen stellen sitzende und rundherum ausgearbeitete menschliche Gestalten mit auch auf den Töpferwaren wiederzufindenden Zeichnungen dar. Daneben sieht man steinerne Türstürze mit Pumas in Relief. Die Köpfe werden von vorn, die Körper im Profil gezeigt.

Die Recuay-Töpferwaren sind in ihrer Form vielfältig, außerdem gibt es viele modellierte Arten, die indessen in ihrer Vollendung der der Mochica deutlich unterlegen sind. Die aufgemalten Verzierungen wurden in charakteristischer Weise in einer Zwei- oder Dreifarben-Negativtechnik angebracht. Im Profil dargestellte Drachen als Krönung kommen häufig vor.

Das Recuay-Gefäß auf Seite 187 stellt eine sitzende Gottheit oder einen Führer mit seinen Frauen und Dienern dar. Zehn modellierte Gestalten füllen eine Kreisfläche von 20 cm Durchmesser. Der Führer sitzt auf einer niedrigen, rechteckigen Bank oder Thron. Dicht bei ihm sieht man ein Paar Frauen mit dem Blick nach rückwärts. Auf einer Seite von ihnen blicken zwei Frauen nach vorn. Eine fünfte Frau — eine Pustel steht hinten aus ihrem Kopf hervor — steht dem Häuptling gegenüber, der vermutlich ein Getränk ausschenkt, da alle Frauen Becher halten.

An den Ecken des Thrones stehen vier Männer mit erhobenen Armen, um eine Matte oder Sonnendach zu halten. Alle tragen um die Hüfte schwingende Ponchos; die der vorderen sind verziert. Ihre Haare sind lang, hinten gescheitelt, jedoch oben auf dem Kopf aufgesteckt.

HÄUPTLING ODER GOTTHEIT UNBEKANNTER HERKUNFT AUF EINEM NIEDRIGEN THRON - VIER MÄNNER HALTEN EIN SONNENDACH UND FÜNF FRAUEN REICHEN TRINKBECHER - RECUAY-STIL - (H. 22 CM). LIMA, SAMMLUNG RAFAEL LARCO HOYLE.

Die Mochica- und Recuay-Stile wurden von den Tiahuanaco-Kunstformen überschwemmt, als sich diese über Peru ausbreiteten. Sie werden später zusammen mit Südperu behandelt. Wir verweilen noch bei den Entwicklungen an der Nordküste.

CHIMU

Die vorherrschende Kultur Nordperus nach dem Rückgang der Tiahuanaco-Einflüsse bis zur Eroberung durch die Inkas heißt Chimu. Dieses „Königreich" war ein Militärstaat, der die Küste von Túmbez im Norden in der Nähe von Lima aus beherrschte. Anscheinend war es eine Epoche mit zunehmender Bevölkerung, für die zusätzlicher Landanbau und bewässertes Land nötig waren. Deshalb wurden die Kanalsysteme benachbarter Täler so vereinigt, daß Wasser von einem ins andere geleitet werden konnte. Die Wirtschaft förderte das Wachstum großer Städte.
Chanchan, die Chimu-Hauptstadt, liegt im Moche-Tal nahe bei Trujillo. Vorhandene Überreste bedecken ungefähr 20 qkm. Das Gründungsdatum ist nicht bekannt, wahrscheinlich lag aber die Hauptbauperiode im 14. und 15. Jahrhundert. Innerhalb der Stadt lagen zehn oder mehr „Paläste", mit Mauern umgebene, rechteckige Bezirke. Einer dieser Paläste ist 490 × 335 m groß, seine heutigen Mauern sind über 9 m hoch. Diese Bezirke weisen Häuser, Straßen, Lagerhäuser, Speicher, bewässerte Gärten, Pyramiden mit Tempeln und Friedhöfe auf.
Sonderbarerweise aber liegt leider keine schriftliche Beschreibung dieser Metropole vom Zeitpunkt der Besetzung durch die Spanier vor. Sie muß mit den zahlreichen, mit Reliefs geschmückten oder glänzend bemalten Hauswänden prächtig ausgesehen haben. Vor der spanischen Besetzung, als Pizarro gegen die Inka-Hauptstadt marschierte, fanden seine Leute zehn Silberplatten, von denen jede 6 m lang, 30 cm breit und nach unterschiedlichen Angaben einen, zwei oder drei Finger dick war. „Diese Platten wurden gerade, wie uns die Indianer erzählten, nach Trujillo für den Bau eines Hauses für ihren Abgott namens Chimo gebracht. Der Toreingang zu diesem (Hause des Abgottes) wurde später gefunden und war 90 000 *castellanos* wert."
Die Chimu-Töpferwaren stellen ein Wiederaufleben der Mochica-Tonwaren dar, sind aber von geringerer Qualität. Die meisten Gefäße haben den Steigbügelausguß und weisen eingedruckte Zeichnungen auf. Ein kleines Tier, gewöhnlich ein Affe, zwischen dem gebogenen und dem vertikalen Teil des Ausgusses dient zur Identifizierung. Die gebräuchliche Farbe ist schwarz; farbige Dekoration ist selten.
Die meisten vorhandenen peruanischen Metallarbeiten sind im Chimu-Stil. Im 16. Jahrhundert wurden Gegenstände mit einem Gesamtwert von nahezu 1 Million Pesos aus einem einzigen Tempelunterbau in Chanchan herausgeholt. Seitdem sind die Chimu-Gräber durchstöbert worden und liefern immer noch große Mengen von Edelmetall. Die große Brustplatte auf Seite 189 ist ein typisches Beispiel der Geschicklichkeit der Chimu. Dieses Stück ist ein einziges Metallblech. Ein derartiger Brustschmuck bestand gewöhnlich aus fünf bis sieben Einzelstücken.

BRUSTPLATTE AUS GETRIEBENEM GOLD, DIE MIT VÖGELN UND SIEBEN REIHEN MENSCHLICHER GESTALTEN VERZIERT IST - CHIMU-STIL. (BR. 61 CM). LIMA, SAMMLUNG RAFAEL LARCO HOYLE.

Die Chimu-Hackmesser sind im allgemeinen aus Kupfer oder Bronze; es gibt jedoch auch eine Art mit einem goldenen Handgriff in Form einer stehenden menschlichen Gestalt (S. 191). Diese sind aus gegossenen und gehämmerten Teilen zusammengesetzt und haben Türkiseinlagen. Gelegentlich war ein Teil des Goldes mit Silber plattiert. Da diese Messer bis zu 45 cm lang sein können, wurden sie wahrscheinlich nur für zeremonielle Zwecke verwendet.

Spanische Inventarverzeichnisse der nach der Plünderung der Inka-Hauptstadt nach Spanien gesandten Gefäße und Statuen führen die einzelnen Gegenstände eher nach ihrem Gewicht als nach ihrer Größe auf. Es wird berichtet, daß „zwei große Krüge, einer aus Gold und der andere aus Silber, von denen jeder eine zerstückelte Kuh hätte fassen können", vorhanden waren. Der auf Seite 192 gezeigte Silberkrug ist von ähnlichen Ausmaßen, denn er hat einen Umfang von 1,70 m. Dieses große Gefäß war aus drei Teilen zusammengesetzt. Jede Hälfte des Rumpfstücks war gehämmert, um sie gesondert formen zu können; es scheint schwierig gewesen zu sein, die mittlere Naht zu verschließen. Der zylindrische Hals hat einen flachen Rand, der dicker als der übrige Teil des Gefäßes ist. Die in Relief dargestellte und viermal wiederholte Szene zeigt ein Paar riesiger Dämonen und zwischen ihnen ein kleines Opfer; außerdem sieht man unten vier Tiere und zwei arg zernagte Figuren auf den Schultern.
Dieser Krug hat folgende Geschichte. Er soll einer von elf in Chanchan nicht in einem Grab, sondern in einem unterirdischen Lagerraum zusammen mit vielen Textilien gefundenen Silbergefäßen sein. Drei Silberbecher dieses dem Verfasser bekannten Schatzes sind klein und weniger als 30 cm hoch. Der große Krug war möglicherweise dem Präsidenten Leguía übergeben worden. Als seine Regierung fiel und der Präsidentschaftspalast geplündert wurde, wachte der verstorbene Dr. Julio C. Tello darüber, daß er herausgebracht wurde und erwarb ihn für einen Sol. Einige Jahre später vermachte er ihn dem Museum von Lima.
Die kleine Silberschale auf Seite 193 ist ungewöhnlich, weil sie doppelwandig ist. Die dargestellte äußere Oberfläche ist vollständig mit kleinen Vögeln in Relief bedeckt. Ein einzelner Vogel in der Mitte ist von Vögeln in sechs konzentrischen Kreisen umgeben, die abwechselnd nach rechts und nach links blicken. Die innere Wandung verbindet die Innenrundung des Gefäßes mit einem flachen, 1,5 cm breiten Rand, der über die verzierte äußere festgeschlagen worden war. Sie sind beide so fachmännisch zusammengefügt, daß kein Lot nötig war. Der flache Rand ist mit Vögeln verziert. Um das Trinken daraus zu erelichtern, ist auf einer Seite die Weite auf mehr als die Hälfte verringert, etwa wie ein Schnabelbecher.
Das Zerschneiden lebender Personen anscheinend als rituelles Opfer geht weit in die peruanische Vergangenheit zurück. Bemalte Mochica-Gefäße zeigen vollständig zerschnittene Körper; modellierte Krüge stellen Personen mit fehlenden Nasen und Lippen oder amputierten Armen und Beinen dar. Manchmal haben die Tonkrüge die Form fehlender Glieder, Füße, Arme oder Hände, entweder einzeln oder paarweise. Gelegentlich waren solche Kopien aus gehämmertem Gold; augenscheinlich hatten die abgetrennten Glieder irgendeine esoterische Bedeutung und ihre Wiedergabe in Ton oder Metall wurde entlang der peruanischen Nordküste bis zur spanischen Eroberung ununterbrochen durchgeführt.
Man vermutete, daß goldene Hände wie die auf Seite 10 gezeigten wirklich vom Toten getragen worden waren. Das bezweifeln wir, weil bei zu mindest einem Beispiel die Öffnung im Vorderarm durch eine Kappe verschlossen worden ist und sich in der Handinnenfläche eine Vertiefung befindet, die vielleicht Weihrauch oder irgendeine

ZEREMONIEN-HACKMESSER AUS KUPFER MIT EINEM GOLDENEN HANDGRIFF - AUS ILLIMA (BEZIRK LAMBAYEQUE, PERU). DIE EINLAGEN BESTEHEN AUS TÜRKIS - CHIMU-STIL - (H. 40,5 CM). LIMA, SAMMLUNG MIGUEL MUJICA GALLO.

GROSSER KRUG AUS GEHÄMMERTEM SILBER AUS EINEM UNTERIRDISCHEN LAGERRAUM IN CHANCHAN (PERU) - CHIMU-STIL. (H. 69 CM; UMFANG: 1,70 M). LIMA, MUSEO NACIONAL DE ANTROPOLOGÍA Y ARQUEOLOGÍA.

andere zeremonielle Spende aufnehmen sollte. Die Verzierung hinten auf den Händen und den Vorderarmen stellt zweifelsohne Tätowierungen dar, so wie man sie recht oft auf mumifizierten Körpern sieht.

Chimu-Textilien sind in technischer Hinsicht ausgezeichnet und dank ihrem verhältnismäßig jüngeren Datum oft in gut erhaltenem Zustand unter Beibehalten ihrer glänzenden Farben. Federn halten sich überraschend gut in den trockenen Küstenebenen Perus. Es ist nicht ungewöhnlich, Federn, die ihre ursprüngliche Farbe und Elastizität behalten haben, zusammen mit Tonwaren zu finden, die jedoch infolge der Absorption und Kristallisation von Salzen zerbröckelten.

ÄUSSERE OBERFLÄCHE EINER SCHALE AUS GEHÄMMERTEM SILBER, DIE MIT KLEINEN VÖGELN VERZIERT IST. CHIMU-STIL - (DURCHMESSER: 17,5 CM). LIMA, SAMMLUNG RAFAEL LARCO HOYLE.

PONCHO UNBEKANNTER HERKUNFT MIT FEDERVERZIERUNG, DIE AUS VÖGELN, PUMAS UND FISCHEN BESTEHT UND VON EINER GEOMETRISCH GEMUSTERTEN KANTE UMGEBEN IST - CHIMU-STIL - (H. 79 CM). CHICAGO, ART INSTITUTE.

KOPFBEKLEIDUNG AUS FEDERN UND PONCHO, DIE MIT STILISIERTEN EULEN VERZIERT SIND - VON DER PERUANISCHEN KÜSTE. (GESAMTE HÖHE: 130 CM). CAMBRIDGE (ENGLAND), UNIVERSITY MUSEUM OF ARCHAEOLOGY AND ETHNOLOGY.

HALSKRAGEN AUS KÜGELCHEN GEFÄRBTER MUSCHELN - AUS CHANCHAN (PERU) - CHIMU-STIL - (H. 43 CM).
NEW YORK, AMERICAN MUSEUM OF NATURAL HISTORY.

Federn wurden weitgehend für Kopfschmuck verschiedener Art verwendet. Sie wurden auch an gewebten Textilien, in der Hauptsache Ponchos, zur Bildung dekorativer Muster (S. 194, 195) befestigt. Die hierbei angewandte Technik bestand darin, die Enden der Schwanzfedern in eine Schlinge zu stecken und sie einzeln zu befestigen. Die mexikanische Technik, die Federn zu zerschneiden und sie zu einem Mosaik zusammenzusetzen, kannte man in Peru nicht.

SÜDPERU

Der südliche Teil Perus ist, was die Kunst anbetrifft, von großer Bedeutung. Da sogar das Küstenklima trockener als im Norden ist, werden gewöhnlich in diesem Gebiet die schönsten Textilien aller Perioden gefunden. Ferner förderten die südlichen Hochlandgebiete das Anwachsen und die Ausbreitung der beiden großen, in ganz Peru anzutreffenden Kulturen, Tiahuanaco und Inka. Südperu ist wegen seiner üppigen Farben auf Textilien und Töpferwaren berühmt. Es wurden große Steinschnitte in mehreren Stilen geschaffen. In der Metallurgie jedoch kam der Süden bis zur Inka-Periode weder in der Technik noch in der Menge dem übrigen Teil des Landes gleich. Vorkeramische Fundstätten wurden der peruanischen Südküste entlang entdeckt. Nach Radiokohlenstofftesten ist dieses Gebiet vor wenigstens 5000 Jahren besiedelt worden. Über frühe Keramikarten wurde wohl berichtet, aber der erste bemerkenswerte Stil, den wir besprechen können, ist der von Paracas.

PARACAS

Paracas ist der Name einer großen, felsigen Halbinsel wenige Kilometer südlich des Hafens von Pisco. Als archäologischer Begriff muß er näher bezeichnet werden, da er zwei verschiedene archäologische Typen umfaßt. *Paracas Cavernas* wird für die ältesten, vielfarbigen, zusammen mit sehr einfachen Textilien gefundenen Töpferwaren des südlichen Peru angewendet. Mit *Paracas Necropolis* wird eine phantastische und vielfältige, farbenreiche Gruppe von Textilien und eine sehr einfache Art von Töpferwaren bezeichnet. Eine genaue zeitliche Einordnung der beiden Stile besteht nicht, und es ist wohl möglich, daß sie sich teilweise überschneiden.

Die Paracas Cavernas-Töpferwaren weisen zahlreiche Formen einschließlich Schalen (S. 198), runder Krüge mit vorspringendem Kopf und Ausguß, die durch einen flachen Handgriff verbunden sind, und auch Gefäße mit Bildwerk exzentrischer Formen auf. Sie sind durch Einschneiden, schwarz auf schwarz gebrannte Muster, negative Bemalung und durch viele Farben mit eingeschnittenen Umrissen verziert. Großenteils wurden die vielfarbigen Pigmente nach dem Brennen mit einer Art Lackgrundlage aufgetragen; die Verwendung feuerfester Farben wurde innerhalb der um 100 n.Chr. zu Ende gehenden Stilperiode entwickelt.

Die Motive der Verzierungen können rein örtliche Bedeutung haben oder Vorläufer der nachfolgenden Nazca-Stile sein. In vielen Fällen sind sie im Steinstil der Chavin-Periode (siehe unten). Die Paracas Cavernas-Töpferwaren sind in vier Zeitabschnitte unterteilt worden, wodurch es möglich wurde, die Chavin-Skulpturen Nordperus in eine ähnliche zeitliche Reihenfolge einzuordnen.
Die Paracas Necropolis-Textilien wurden um den sitzenden Körper eines Toten gewikkelt, wobei ein 150 × 150 cm großes, konisches Bündel entstand. Man findet Gürtel, Turbane, Ponchos und Umschlagtücher. Manche sind Miniaturen und Symbole. Oft haben Kleidungsstücke wie Ponchos und Umschlagtücher zusammenpassende Muster. Diese Bündel wurden schichtweise umwickelt, und da sie so an Größe zunahmen, wurden die

Die Einflüsse des Chavin-Stils sind besonders an den Paracas-Überresten aus dem Ocucaje-Abschnitt des Ica-Tals bemerkbar. Die Entwicklungsstufen konnten in eine zeitliche Aufeinanderfolge bis zurück zu den Steinskulpturen in Nordperu eingeordnet werden. Die hier wiedergegebene Schale hat vier verzierte Flächen, drei mit Vogelmotiven und eine mit einem Jaguarkopf. Das Eckige in der Linie und die Einteilung in parallele Bänder werden als Merkmale des späten Chavin-Stils angesehen. Der Jaguarkopf ist ungewöhnlich. Der Rachen mit vier Eckzähnen ist frontal, der obere Teil des Kopfes mit einem einzigen Auge im Profil gezeigt.

SCHALE AUS OCUCAJE (ICA-TAL, PERU), DIE MIT EINEM JAGUARKOPF UND VOGELMOTIVEN DEKORIERT IST. PARACAS CAVERNAS-STIL. LIMA, MUSEO NACIONAL DE ANTROPOLOGÍA Y ARQUEOLOGÍA.

einzelnen Kleidungsstücke größer, bis sie zum Tragen zu groß waren. Die Außenhüllen bestanden aus ungemustertem Stoff. Einige aufgefundene Gewebe maßen 24 × 6 m. Wir bezweifeln, daß entsprechend große Handwebstühle zu ihrer Anfertigung bisher irgendwo in der Welt bestanden haben. Offensichtlich konnten sie nur durch eine Gruppe von Frauen betätigt werden; es schwindelt einem jedoch, wenn man bedenkt, welche Aufgabe es war, die Webaufzüge zu versorgen und sie zum Einsetzen der Einschüsse zu beherrschen. Die verzierten Kleidungsstücke, ob sie nun übergroß für zeremonielle Zwecke oder für den täglichen Gebrauch gedacht waren, bestehen aus Baumwolle oder Kamelhaar. Letzteres läßt auf eine Verbindung mit dem Gebirgsinnern schließen; dies wäre aber erst noch archäologisch zu beweisen.

Man glaubt, daß das Weben in Peru mehr künstlerische Techniken umfaßt, als es in irgendeinem andern Gebiet der Welt der Fall ist. Außerdem legten die Paracas Necropolis-Weber Wert auf Stickerei. Typisch sind große, rechteckige Umschlagtücher oder Mäntel mit festen Borten gestickter Muster an den Längsseiten, die an den Ecken wohl einen Winkel, aber keinen festen Saum an den Schmalseiten bilden. Dutzende kleiner gestickter Figuren, die sich gewöhnlich abwechselnd in entgegengesetzter Richtung gegenüberstehen, bedecken das Mittelfeld schachbrettartig.

Um sich von den Paracas Necropolis-Begräbnisausstattungen ein Bild machen zu können, führen wir die bei der als Mumie 49 bekannten Person gefundenen Gegenstände auf. Erstklassig verzierte Kleidungsstücke bestanden aus elf großen Mänteln, zwanzig Ponchos und Hemden, elf Röcken, sechs Turbanen und fünf Gürteln. Viele Mäntel, Ponchos und Röcke waren mit zusammenpassenden Mustern und Farben bestickt. Außerdem fand man 26 ungemusterte Gewebe. Das größte, ein einziges Webstuhlerzeugnis, ist 27 × 3,4 m groß. Es besteht aus schätzungsweise 160 km zweifach geführten Garns. Daneben fand man zwölf Goldbleche, eine Muschelhalskette, einen Fuchspelz, einen Fächer, einen Holzstock, eine Keule mit einem Steinkopf, einen hölzernen Messergriff und eine Schleuder.

Die Paracas-Mäntel wurden normalerweise aus drei gesondert gewebten Textilien von genau gleicher Länge zusammengesetzt. Da die Enden nicht zugeschnitten waren, war dies an sich fast ein Kunststück, dessen Gelingen von der Gleichförmigkeit beim Spinnen, der gleichmäßigen Spannung des aufgezogenen gedrehten Fadens und dem gleichmäßigen Einschuß abhing.

Der große Mittelteil wurde im allgemeinen aus Alpakawolle gewebt; die schmaleren Seitenfelder bestanden aus Baumwolle. Alle waren mit gestickten und im wesentlichen ähnlichen Motiven verziert, jedoch in vielfältigen Farben und mit kleineren Einzelheiten wie Gesichtsverzierungen. Im Mittelfeld wurden diese Motive gewöhnlich schachbrettartig angeordnet; in den Seitenteilen sind sie aneinanderliegend, und der Untergrund ist mit fester Wollstickerei ausgefüllt. Wir zählten im Mittelteil eines einzigen Mantels 320 gestickte Figuren mit 36 größeren Wiederholungen des gleichen Motivs in den beiden Borten. Zweifelsohne gibt es noch sorgfältiger gearbeitete Stücke. Die Verwendung von Baumwolle für die Borten war weniger glücklich, da die Baumwolle nach jahrhundertelangem Verweilen in der Erde vollständig verrottete

„und nichts weiter übrigblieb als eine verknäulte Masse von Wollstickerei — entmutigend und niederschlagend", während die wollene Mittelfläche mit nur geringer Beschädigung erhalten blieb.

Um nochmals zur Mumie 49 zurückzukehren, so wird einer der Mäntel mit diesem Edelmann in der klassischen Analyse der Paracas Necropolis-Gewebe von Bird und Bellinger als „ein ausgezeichnetes Beispiel vollendeter Einfachheit" beschrieben, „solide, einfarbige Wollstickerei in einem mittleren Dunkelgrün auf rosarotem Baumwolluntergrund". Die Borten normaler Größe sind durch Paare von überladen gestickten Streifen quer unterteilt. Die Mittelfläche hat 13 Paare 4 cm breiter gestickter Kreuzstichmuster, die schätzungsweise aus mehr als 1,2 Millionen Stichen bestehen. Die Borten enthalten wahrscheinlich ungefähr 800 000 Stiche mehr. Wir können nicht

MYTHOLOGISCHER DÄMON, DER EINEN TROPHÄENKOPF TRÄGT - VON DER HALBINSEL PARACAS (PERU) - STICKEREI IM PARACAS NECROPOLIS-STIL. (H. 23 CM). LIMA, MUSEO NACIONAL DE ANTROPOLOGÍA Y ARQUEOLOGÍA.

MYTHOLOGISCHER VOGEL VON DER HALBINSEL PARACAS (PERU) - STICKEREI IM PARACAS NECROPOLIS-STIL - (H. 21,5 CM).
LIMA, MUSEO NACIONAL DE ANTROPOLOGÍA Y ARQUEOLOGÍA.

GRUNDSTILE VON TEXTILMUSTERN - PARACAS NECROPOLIS.

Die Hauptmotive auf den Paracas Necropolis-Textilien sind entweder in zwei bestimmten Stilen gestickt oder gemalt. Eine typische geometrische Stickerei (oben links) weist nur gerade Linien und Winkel mit kleineren Darstellungen des Grundmotivs zum Ausfüllen der leeren Zwischenräume auf. Das Motiv der Stickerei mit gekrümmten Linien (Mitte) ist ohne irgendeine Beschränkung, dennoch werden die Grundzüge des Musters mit geringfügigen Abänderungen wiederholt. Nur zwei große bemalte Gewebe sind dem Verfasser bekannt. Bei den Motiven treten keine Wiederholungen auf; alles ist eine einzigartige, exotische Schöpfung.

abschätzen, wieviel Zeit in der fernen Vergangenheit eine Frau ihrem Haushalt widmete und wieviel ihr zum Weben übrigblieb. Darüber dürfte jedoch kein Zweifel bestehen, daß die meisten Paracas-Textilien bis zu ihrer Fertigstellung eine Arbeitsleistung von Monaten bis zu vielen Jahren darstellen.

Die gestickten Paracas Necropolis-Muster können in zwei Hauptgruppen eingeteilt werden. Geometrische oder lineare Muster stellen Jaguare, Vögel und Schlangen dar, und zwar immer mit rechteckigen Umrißlinien. Blanke Flächen werden gewöhnlich mit kleineren Darstellungen des Hauptmotivs ausgefüllt. Die andere Gruppe mit den aus gekrümmten Linien bestehenden Mustern geben wir bildlich wieder. Die dargestellten Gegenstände und die Art ihrer Wiedergabe sind anscheinend unbegrenzt: Tänzer, Krieger, Tiere, Schlangen, Vögel und Fische. Gewöhnlich werden mehrere Teile miteinander zu einer einzigen Figur vereinigt, um drachenähnliche Ungeheuer oder Dämonen mit menschlichen Zügen zu bilden. Es ist indessen erwähnenswert, daß viele Entwürfe symbolischer Natur wie Doppelzungen (S. 201), Schlangenzungen, Mundmasken und Gürtel mit Schlangentroddeln (S. 204) anscheinend ihren Ursprung in diesem Stil hatten, jedoch in abgeänderter Form in späteren Perioden und in andern Gegenden erhalten blieben.

TÄNZERGESTALT MIT STAB UND FÄCHER - VON DER HALBINSEL PARACAS (PERU) - STICKEREI IM PARACAS NECROPOLIS-STIL - (H. 23 CM).
LIMA, MUSEO NACIONAL DE ANTROPOLOGÍA Y ARQUEOLOGÍA.

MYTHOLOGISCHE GESTALT MIT SCHLANGENZUNGEN, GÜRTEL UND KLAUENFÜSSEN - VON DER HALBINSEL PARACAS (PERU) - STICKEREI IM PARACAS NECROPOLIS-STIL - (H. 23,5 CM). LIMA, MUSEO NACIONAL DE ANTROPOLOGÍA Y ARQUEOLOGÍA.

TEIL EINES AUS GESTRICKTEN FIGUREN ZUSAMMENGESETZTEN GEWEBES - PARACAS NECROPOLIS-STIL.
GÖTEBORG, ETNOGRAFISKA MUSEET.

PRÄCHTIGES, GANZ AUS GESTRICKTEN FIGUREN ZUSAMMENGESETZTES GEWEB
DIESE DREIDIMENSIONALE BORTE WIRD GEWÖHNLICH ZU UMRANDUNGEN BENUT

RACAS NECROPOLIS-STIL - (52×104). GÖTEBORG, ETNOGRAFISKA MUSEET.
IST DAS EINZIGE BEKANNTE VOLLSTÄNDIGE STÜCK.

Wir besprachen die Art der Darstellung der menschlichen Gestalt auf den gemalten Gefäßen der Mochica. In der Paracas Necropolis-Kunst erscheinen die Beine normalerweise im Profil, aber Körper und Kopf werden frontal gezeigt. Die Vogelköpfe bilden hierbei eine Ausnahme, denn sie werden in beiden Stilen mit geometrischen und gekrümmten Linien im Profil dargestellt.

Die Neigung in der Necropolis-Kunst, anscheinend nicht miteinander in Beziehung stehende Formen zu verbinden, wird auf Seite 201 wiedergegeben. Auf den ersten Blick scheint eine Eule mit Flügeln und Schwanz dargestellt zu sein. Das Gesicht hat indessen einen Schnurrbart, der eine Katze vermuten läßt. Aufrecht gehaltene, schlangenähnliche Arme packen ein Paar kleine, tanzende menschliche Figuren. Innerhalb des Vogelkörpers sieht man einen Jaguar mit Doppelzunge und in seinem Bauch eine kleinere Darstellung des gleichen Tiers.

Auf den Seiten 200 und 203 sieht man gestickte Gestalten, die anscheinend tanzen. Die erste, mit gewaltiger Zunge, deren Füße durch Klauen ersetzt sind, dürfte eine mythologische Bedeutung haben. Der andere Tänzer, mit Hemd und Gürtel, trägt eine Rute und einen Fächer, die wahrscheinlich Symbole der Macht bedeuten.

Auf Seite 204 sieht man eine der verwickelteren Necropolis-Zeichnungen. Das einzige getragene Kleidungsstück ist ein kleiner Schurz mit einem Gürtel, an dem Wimpel in der Form sich kringelnder Schlangen befestigt sind. Diese sind durch eine Schlangenzunge aufgewogen, die über den Kopf geht und aus der eine zweite Schlangenzunge ihren Ausgang nimmt. Kleine Tiere auf beiden Seiten neben dem Gesicht wurden als Füchse identifiziert. Dieses Beispiel ist eines der bestbekannten Necropolis-Grabbeigaben. Jedes Gewebe hat seine eigene grundsätzliche Verzierungsart mit Farbvariationen. Die Gesichter der Hauptfiguren sind eindeutig charakteristisch. Über sechzig wurden in Farbe veröffentlicht, wovon jedes im Muster grundverschieden vom andern war.

Die Paracas Necropolis-Textilien haben oft Borten mit Fransen, die durch verschiedenartige technische Vorgänge gestaltet wurden. Bei Kleidungsstücken dieser und der nachfolgenden Nazca-Periode sind die äußeren Kanten, Hals- und Armöffnungen mit Streifen oder kleinen Vollfiguren gesäumt. Mit der als Stab-Strickstich oder Nadelstrickarbeit bekannten Technik erhält man die beschriebene dreidimensionale Borte. Bei einem bemerkenswerten kleinen Mantel im Ethnographischen Museum von Göteborg, der auf den Seiten 205-207 wiedergegeben wird, sind nicht nur die äußeren Kanten durch Vollfiguren eingesäumt, sondern das ganze, in quadratische Flächen aufgeteilte Mittelstück ist durch viele verschiedenartige Bilder angefüllt.

Mehrere Tausende von Paracas Necropolis-Textilien sind heutzutage ausgegraben. Einzelne Gewebe erforderten sicherlich nicht nur monate-, sondern jahrelange Webarbeit. Auf keinerlei Weise kann die zum Sammeln der Baum- und Rohbaumwolle und die zum Spinnen und Färben benötigte Zeit abgeschätzt werden. Die Täler Südperus sind nicht groß, und die Bevölkerungszahl war durch die für die Bewässerung zur Verfügung stehende Wassermenge begrenzt. Die Necropolis-Weber dürften daher einen großen Teil ihres Lebens nur damit verbracht haben, Kleidungsstücke anzufertigen, die in die Gräber ihrer Angehörigen gelegt wurden.

NAZCA

Die Nazca-Periode ist durch die vielfarbigen Töpferwaren, die in Südamerika hergestellten vielfältigsten und farbigsten, wohlbekannt. Sie fing damit an, nachgebrannte, chavinähnliche Motive der künstlerischen Technik der gebrannten Farben anzupassen, sich Paracas Necropolis-Muster einzuverleiben und eine neue und naturalistische Darstellung von Tieren, Vögeln, Fischen und Früchten aufzunehmen. Neue Gottheiten wie der Katzendämon (auf dem Kopfschmuck der Gestalt auf Seite 211 sichtbar) und der Zackenstab-Dämon (S. 210 links) wurden eingeführt.

Kürzlich sind die Nazca-Töpferwaren in neun aufeinanderfolgende Phasen zwischen 100 und 800 n.Chr. eingeordnet worden. Der jeweilige geographische Bereich änderte sich in den Küstentälern in den einzelnen Zeitabschnitten. Zu Beginn wurden die Nazca-Töpferwaren hauptsächlich in den benachbarten Pisco-, Ica- und Rio Grande de Nazca-Tälern angefertigt, breiteten sich jedoch zuletzt von Asia im Norden bis nach Acari im Süden aus. Spätere Formen drangen bis ins südliche Hochland ein.

Die Formen der Nazca-Gefäße sind Schalen, Becher, mehrere Arten von Krügen und Flaschen mit durch eine Brücke verbundenem Doppelausguß (S. 210). Bemalte Oberflächen (Streifen) weisen wenigstens sechs verschiedene Farben auf, von denen einige oder alle auf den verschiedenartigen Teilen desselben Gefäßes verwendet wurden. Die Anzahl der zur Verzierung benutzten Farben hängt teilweise davon ab, wie man sie bezeichnen will. Die im allgemeinen angetroffenen umfassen Weiß, Beige, Gelbbraun, Braun, Rot, Kastanienbraun, Purpurrot, Grau und Schwarz. Die Verzierung wird manchmal im freien Linienstil durchgeführt; üblicher ist es jedoch, die Flächen in Schwarz oder Weiß zu umreißen und dann mit Farbe auszumalen — theoretisch wenigstens. In der Praxis jedoch wurden, wie eine genaue Prüfung ergab, zuerst die Grundfarben, danach die Farben zum Ausmalen angewandt und schließlich die Umrißlinien eingezeichnet. Diese Reihenfolge erfordert wohl ein bis ins einzelne gehendes Erinnerungsvermögen an die komplexen Motive; auf diese Weise wird aber die für den Stil typische Beschaffenheit der Linie erreicht. Hinsichtlich der Zeichnungen selbst können mehrere Dutzend ihrem Namen nach identifiziert werden. Die früheren Typen neigen mehr zu natürlichen Formen und sind verhaltener. In späteren Jahrhunderten wird die Verzierung flammend. Durch die sogenannte Standard-Darstellung einer Gottheit, die oft zusätzlich mehrere Sinnbilder erfordert, tritt eine weitere Kompliziertheit ein. So wird der Katzendämon mit wenigstens 15 außergewöhnlichen Sinnbildern dargestellt wie Kakteen und anderen Pflanzen, Vögeln, Mäusen, Schlangen, Fischen, Trophäenköpfen und verschiedenen, gewöhnlich andern Gottheiten beigeordneten Symbolen. Solche Verbindungen erscheinen uns verworren und dunkel, aber zur Zeit der Nazca waren sie wahrscheinlich gang und gäbe und allgemein verständlich. Dies kann zu den vielfältigen Obliegenheiten einzelner Heiliger in der katholischen Kirche in Vergleich gesetzt werden. Durch schriftliche und mündliche Überlieferung verstehen wir sie, dennoch wären viele Aspekte verlorengegangen, würde unsere Kenntnis einzig und allein von Kunstformen und Symbolen herrühren.

Die älteren Gefäße sind oft nur mit einem einzigen Motiv verziert, das gegebenenfalls wiederholt wird. Spätere Stile stellen gewöhnlich eine Vielfalt von Motiven dar. So hat der typisch späte Krug unten rechts oben viele Trophäenköpfe. Unter ihnen befinden sich zwei Kaktusdämonen, von denen jeder eine mit Lilien verzierte, dreifache Kopfbekleidung trägt. Darunter läuft ein Band ineinander verschlungener, gekräuselter Stufen. Unten ist ein Trophäenkopf. Das Geschlecht ist durch einen Schnurrbart angedeutet; die Lippen sind mit blutigen Dornen verschlossen. Der Krug mit Ausguß unten links hat zwei Reihen identischer Gesichter mit dazwischen befindlichen Trophäenköpfen. Im oberen Teil sieht man eine Darstellung des Zackenstab-Dämons.

Nazca-Textilien sind von ausgezeichneter Qualität, aber man findet sie nicht mehr in großen Bündeln, wie es zu zeiten von Paracas Necropolis üblich war. Die Stickerei ist weiterhin in Mode, aber andere künstlerische Techniken wie die Herstellung von Wandteppichen, Brokat, Kette- und Schuß-Streifen, Gaze und bemalten Stoffen kommen häufiger vor. Dreidimensionale Borten werden noch hergestellt. Neue, zur zeitgenössischen Keramik in Beziehung stehende Muster treten auf.

TONKRUG MIT DOPPELTEM AUSGUSS UND EINEM VERBINDENDEN STEG ALS HANDGRIFF (LINKS) UND ZYLINDRISCHER KRUG (RECHTS). SPÄTER NAZCA-STIL. (H. 16,5 UND 18 CM). LIMA, MUSEO NACIONAL DE ANTROPOLOGÍA Y ARQUEOLOGÍA.

ZEREMONIEN-KRUG, DER MIT MYTHOLOGISCHEN FIGUREN UND TROPHÄENKÖPFEN VERZIERT IST - NAZCA-STIL - (H. 63,5 CM).
LIMA, MUSEO NACIONAL DE ANTROPOLOGÍA Y ARQUEOLOGÍA.

Die Nazca-Töpferwaren sind eher ihrer Farben als ihrer Formen wegen berühmt, dennoch gibt es einige Gefäße mit Bildwerken. Gewöhnlich sind sie klein, immerhin findet man im Museum von Lima mehrere große, vielfarbige Krüge mit Bildwerk. Das auf Seite 211 wiedergegebene Beispiel ist trotz fehlenden Bodens noch über 60 cm groß. Das Modellieren ist in der Hauptsache auf den Kopf beschränkt, der zeigt, wie die sogenannten goldenen Mundmasken mit gegen die Nase gerollter Spitze getragen wurden. Zwei kleine menschliche Figuren sind in die Arme eingehakt. Trophäenköpfe umschließen den unteren Teil vorn und hinten, und andere sind an einem Band hinten am Nacken befestigt. Zwei große sternübersäte Höcker auf den Schultern sind hohl und nach innen zum Gefäß hin offen.
Welcher Zweck mit einem solchen Bildwerk-Gefäß verfolgt wurde, ist nicht ersichtlich. Aus dem Nazca-Gebiet sind keine großen Skulpturen in Holz oder Stein bekannt. Diese und andere große Keramikfiguren sind schon eindrucksvoll genug, um als Götzenbilder verehrt werden zu können. Das hier zur Betrachtung herangezogene Stück hat eine 12,5 cm große, durch den Kopf verborgene Öffnung und konnte anscheinend als Behälter dienen.
Während der Nazca-Periode wurden Metalle verhältnismäßig wenig benutzt. Goldblechmundmasken wie die auf Seite 211 gezeigte werden häufig auf Töpferwaren dargestellt, dennoch wurden nur wenige gefunden. Gehämmerte Goldplättchen wurden manchmal auf Hemden aufgenäht. Da sie die auf den Töpferwaren gefundenen Motive wiederholen, können sie in die Aufeinanderfolge der Töpferwaren eingeordnet werden. Die Kanten waren in charakteristischer Weise zugerichtet, um die erhaben ausgearbeiteten Muster zu umreißen. Kein technischer Fortschritt wurde erzielt bis fast zum Ende dieser Periode, als einige kleine Kupfergegenstände wie Zapfen für Speerwerfer gegossen wurden.
Es scheint so, als hätte die Nazca-Kultur Jahrhunderte hindurch bestanden, um dann aus sich heraus zusammenzubrechen. Die Ausdruckskraft und der Geist der frühesten Phasen gab den Weg zu überströmender und überladener Weitschweifigkeit frei, auf die eine technische und stilistische Zersetzung folgte. Als Tiahuanaco-Motive die Südküste von Peru erreichten, verschwand die Nazca-Überlieferung endgültig. Nachdem die Tiahuanaco-Flut allmählich abebbte, begannen neue Keramikstile wie Ica und Chincha aufzutauchen. Diese haben mit den älteren Kunstformen nichts gemein außer einer Vorliebe für vielfarbige Verzierungen.

TIAHUANACO

Die berühmten Ruinen dieses Namens liegen auf der bolivianischen Seite des Titicacasees in 3800 m Höhe, also oberhalb der Baumgrenze und fast zu hoch gelegen für die Entwicklung einer Wirtschaft von Bedeutung. Daher wird Tiahuanaco als ein von Pilgern erbautes Zeremonien-Zentrum angesehen. Nachdem es bereits vor der spanischen Eroberung verlassen worden war, diente es in der darauffolgenden Zeit nur noch als Steinbruch für spätere Erbauer.

Obgleich größer als die andern, ist diese Stele eine typische Tiahuanaco-Statue im klassischen Stil. Diese voll herausgearbeiteten, pfeilerähnlichen Statuen sind in anatomischer Hinsicht weniger behandelt als andere wahrscheinlich früheren Datums. Die Hauptumrißlinien von Kopf, Körper und Gliedern sind entweder vertikal oder horizontal; es wurde wenig Wert darauf gelegt, Körperrundungen oder Muskulatur zu zeigen. Die eingeschnittenen und Flachreliefzeichnungen sind auf den Körper aufgesetzte Textilmotive.

DIE BENNETT-STELE, AUS TIAHUANACO.
(H. FAST 6 M). JETZT IN LA PAZ (BOLIVIEN).

DAS SONNENTOR IN TIAHUANACO (BOLIVIEN) - (3×3,80 M).

DIE KLASSISCHE PERIODE

Das größte Bauwerk in Tiahuanaco war eine Stufenpyramide von 64 qm Grundfläche und 15 m Höhe. Sie war einst mit Steinen belegt. Oben befinden sich noch Hausgrundmauern und ein Wasserspeicher. Ein anderes, heute als Calasasaya bekanntes, sieht wie ein geschlossenes Grundstück von 136 × 130 m Größe aus, aber ursprünglich war es eine mit Steinen belegte Terrasse. Die Mauerwerkstechnik erforderte das Aufstellen großer, aufrecht stehender Platten, deren Zwischenräume untereinander mit kleineren Steinen ausgefüllt wurden. Die Steinblöcke waren sorgfältig angepaßt und manchmal durch I-förmige Kupferklammern zusammengehalten. Das berühmte, aus einem einzigen Stein bestehende Sonnentor bildete einen Teil dieses Komplexes. Die Mauerwerksbauten von Tiahuanaco gelten als die schönsten in Amerika und übertreffen sogar an Genauigkeit die der Inkas. Einige der Blöcke wiegen etwa 100 Tonnen.
Die Tiahuanaco-Kunststile werden in zwei Gruppen eingeteilt. Der eine heißt klassischer oder bolivianischer Stil; der andere wird als Küsten- oder peruanischer Stil bezeichnet. In Tiahuanaco selbst trifft man in der Bildhauerei zwei Schulen an. Die eine fertigte massive sitzende oder kniende Figuren mit eindeutigem Versuch realistischer Darstellung an. Die andere, als klassisch angesehene, schuf große stehende Statuen, auch

Türstürze und aus einem einzigen Stein bestehende Toreingänge, die mit anscheinend von den Textilien entlehnten Mustern in Flachrelief ausgeschmückt waren. Dieser Stil breitete sich über ganz Peru aus.

Stehende Statuen können bis zu 7,30 m hoch sein. Körper, Arme und Beine sind roh entworfen ohne Versuch irgendeiner realistischen Darstellung. Sie wirken eckig, als wären die Kanten einer quadratischen Säule abgerundet und die Seiten flach gelassen worden. Die Eckigkeit des Kopfes wird durch einen horizontalen Turban unterstrichen, der genau parallel zu den Vorderarmen, zum Gürtel und zu den Füßen verläuft. Die Hände halten immer einige Gegenstände senkrecht, oft für Zeremonien verwendete Stäbe oder Becher. Die gesamte Oberfläche dieser Statue weist in Flachrelief eingeschnittene Textilmuster auf.

Das aus einem Stein bestehende Sonnentor ist ein Steinblock der Größe 3 × 3,80 m mit einem herausgeschnittenen Torweg. Über dem Eingang befindet sich die stehende Figur einer in Hochrelief geschnittenen Gottheit. Sie hält Stäbe mit Kondorköpfen. Das Gesicht ist von Strahlen umrahmt, die in Scheiben und Pumaköpfen enden. Auf jeder Seite dieser Figur ist ein Fries in Flachrelief mit drei Reihen von Läufern, von denen einige Kondormasken tragen. Ihre Mäntel flattern hinter ihnen. Unten befinden sich winklige, gebrochene Stäbe, die dem Kopf der Gottheit in der Mitte ähnliche Gesichter einschließen.

Klassische vielfarbige Töpferwaren aus Tiahuanaco haben Zeichnungen in Schwarz, Grau, Gelb und Weiß auf rotem Grund. Die dargestellten Gegenstände, menschliche Figuren und Gesichter, Kondore und Pumas findet man auch in Stein, aber die Beschaffenheit der Linie ist ganz anders. Klassische Tiahuanaco-Textilien blieben nicht erhalten. Metallarbeiten sind nicht allzu verbreitet, jedoch umfassen sie Gegenstände aus Gold, Silber, Kupfer und Bronze, was eine örtliche Erfindung sein kann.

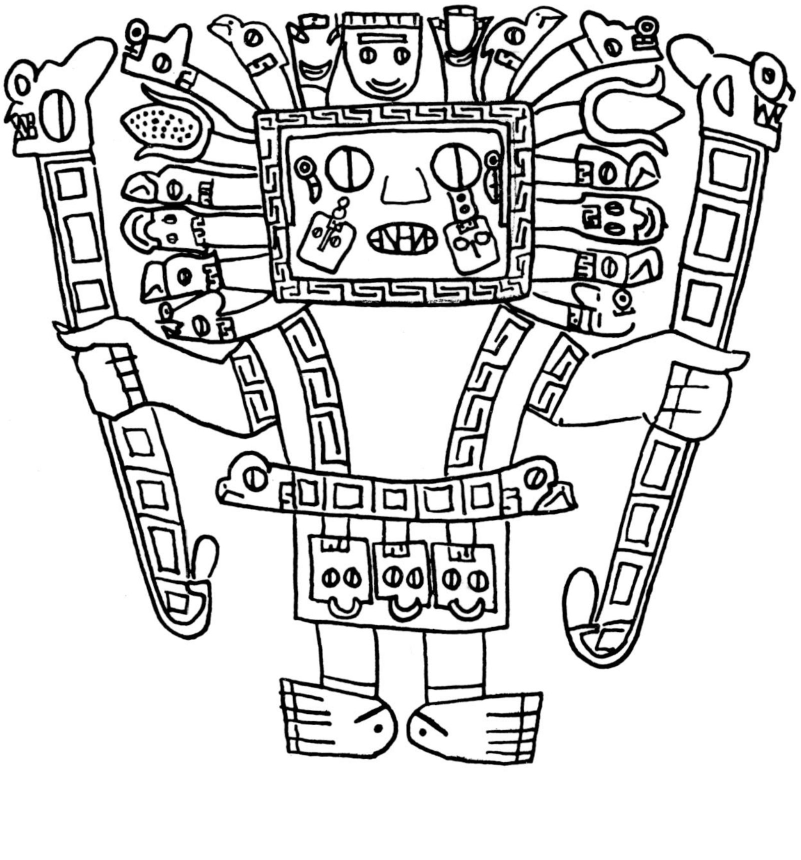

DER SONNENGOTT VON TIAHUANACO, WIE ER AN DER PERUANISCHEN KÜSTE DARGESTELLT WIRD.

Einige der klassischen Tiahuanaco-Muster treten an der peruanischen Küste in nur leicht abgeänderter Form auf. Die hier dargestellte Gottheit ist in Relief auf dem Sonnentor in Tiahuanaco eingeschnitten. In dieser Version ist sie mehrmals auf großen glitzernden Krügen von Fundo Pacheco (Rio Grande de Nazca, Peru) gemalt.

DAS KÜSTENGEBIET

Die Ausbreitung des klassischen Tiahuanaco-Stiles kann nicht vollkommen erklärt werden. Man vermutete, daß das Klima in Tiahuanaco dieses Gebiet als ein Zentrum stilsitischer Neuerungen ausschlösse und daß der große, bewohnte Platz von Huari im Hochland Perus das wahre Entwicklungszentrum sei. Das dürfte aber unwahrscheinlich sein, weil sowohl örtliche als auch von der Nazca-Kunst beeinflußte Töpferwarenstile in Huari vorkommen und die Tiahuanaco-Formen eingedrungen sein können. Weiterhin erreichte die ganze Tiahuanaco-Kultur in ihrer Gesamtheit niemals die von Huari, sondern nur ihre religiösen Symbole. Typische, aus Mauerwerk ausgeführte Bauten und Steinschnitte wurden weder in Huari noch an der Küste gefunden.

Es ist sehr wahrscheinlich, daß die Religion einen bedeutenden Anteil bei der Verbreitung eines bolivianischen Kunststils hatte. Kriegerische Eroberung und Besetzung sind wegen der vollkommenen Ausmerzung aller vorangegangenen Stile am größten Teil der peruanischen Küste zu vermuten. Nur die Mochica-Kunst überlebte, und zwar in der als Chimu-Kunst bezeichneten abgeänderten Form. Jedoch weder Eroberung noch Religion können das Auftreten von Symbolen, die denen von Tiahuanaco ähnlich sind, bis nach Costa Rica und Chile erklären. Während der Ära der Tiahuanaco-Herrschaft trat ein neuer Faktor an der peruanischen Küste auf. Zum ersten Mal werden *guaras* oder Kielschwerte mit dem Toten begraben. Dies ist ein Beweis dafür, daß das Segeln erfunden worden war und somit das Befahren des Meeres erleichtert wurde.

Unter den Töpferwaren ist die unmittelbarste Verbindung zwischen dem bolivianischen Hochland und dem Küstenland Perus eine Anzahl großer, bauchiger, glitzernder, in Fundo Pacheco im Tal des Rio Grande de Nazca gefundener Krüge. Innen und außen sind sie mit stehenden Figuren bemalt, die vom Sonnentor entlehnt sein können (S. 215). Sie haben eckige Köpfe, die von in Puma- und Kondorköpfen endenden Strahlen umrahmt sind. Die weinenden Augen zeigen kleine Köpfe enthaltende Tränen. Sie tragen kurze Röcke, die durch Hosenträger auf den Schultern gehalten werden, einen mit Streifen verzierten Gürtel und halten Zeremonienstäbe mit Tierköpfen. Nur zwei neue Eigentümlichkeiten treten in der Darstellung im Küstengebiet zusätzlich auf. Der Mund mit N-förmigen Eckzähnen wird in Bolivien nicht gefunden, sondern ist für das Küstengebiet typisch. Auch das senkrecht unterteilte, zweifarbige Auge ist für dieses Gebiet charakteristisch.

Eine vereinfachte Darstellung des klassischen Tiahuanaco-Kopfes wird auf Seite 217 gezeigt. Das Gesicht ist noch eckig, aber es fehlen die umrahmenden Strahlen. Die Tränen der Augen enden in Köpfen; das gleiche Motiv ist auf dem Nasenrücken wiederholt. Um den oberen Rand herum befindet sich ein Band mit Pflanzenformen, die mit versuchtem Realismus wiedergegeben sind.

Der Krug mit Bildwerk auf Seite 218 stellt ebenfalls das eckige Gesicht in der Tiahuanaco-Art sorgfältig gemalt oder tätowiert dar. Die viereckige Mütze ist eine wohlbekannte Art, die gewöhnlich aus Haarzeug angefertigt wird und an den Ecken kleine, aufrecht stehende Ohrenklappen hat. Außer dem Gesicht beschränkt sich das Modellieren auf Hände und Zehenspitzen. Der Rumpf des Gefäßes stellt einen mit zusammenhaltenden farbigen Ringen verzierten Flickwerk-Poncho dar.

EIN ZU EINEM PAAR GEHÖRENDER MEHRFARBIGER KRUG AUS CAHUACHI (RIO GRANDE DE NAZCA, PERU) - KÜSTENSTIL VON TIAHUANACO. (H. 63,5 CM). LIMA, MUSEO NACIONAL DE ANTROPOLOGÍA Y ARQUEOLOGÍA.

KRUG MIT BILDWERK (EINER VON ELF) AUS FUNDO PACHECO (RIO GRANDE DE NAZCA, PERU). DIE HÜLLE IST DREIFARBIGES FLICKWERK. KÜSTENSTIL VON TIAHUANACO - (H. 49,5 CM). LIMA, MUSEO NACIONAL DE ANTROPOLOGÍA Y ARQUEOLOGÍA.

MEHRFARBIGER ZEREMONIEN-KRUG AUS LA VICTORIA (CHURUNGA, CUENCA DE OCOÑA) - ER WURDE ZUM AUFBEWAHREN VON TEMPELWAND-BEHÄNGEN BENUTZT - RUKANA-STIL - (H. 94 CM; UMFANG: 1,90 M). LIMA, MUSEO NACIONAL DE ANTROPOLOGÍA Y ARQUEOLOGÍA.

GEFÄSS, DAS EIN MÄNNLICHES LAMA DARSTELLT - AUS FUNDO PACHECO (RIO GRANDE DE NAZCA, PERU) - KÜSTENSTIL VON TIAHUANACO. (H. 73,5 CM). LIMA, MUSEO NACIONAL DE ANTROPOLOGÍA Y ARQUEOLOGÍA.

Vor einigen zwanzig Jahren grub ein Arbeiter in einem alten Erdhügel, um Ton für die Herstellung von Luftziegeln zu suchen. Dabei brachte er acht große Tongefäße ans Licht, von denen jedes ein Dutzend großer, mit Federn geschmückter Mäntel enthielt. In der Nähe wurden schöne Textilien, Töpferwaren und verschiedene silberne Gegenstände gefunden, die eindeutig zum Inka-Stil gehören. Dieser zufällige Fund stammt wahrscheinlich nicht aus einer Begräbnisstätte, sondern er dürfte einen Vorrat von Ausrüstungsgegenständen eines Tempels darstellen, die wahrscheinlich zur Zeit der spanischen Eroberung verborgen wurden. Die mit abwechselnd gelben und blauen Rechtecken verzierten Federmäntel waren offensichtlich keine allgemein getragenen Kleidungsstücke. Angeheftete Schnüre zum Zusammenbinden deuten an, daß sie horizontal zur Schau gestellt wurden, wahrscheinlich auf Tempelwänden. Man sagt, die genaue Anzahl der Mäntel betrage 96, von denen über 50 ins Museum von Lima gelangten. In den Vereinigten Staaten gibt es etwa 20. Sie wurden in einer Leihgaben-Ausstellung vereint und bildeten eine sehenswürdige Wandverzierung.
Sechs der acht vielfarbigen Krüge sind jetzt im Museum von Lima. Sie sind alle in der Form eines Kopfes mit Halskragen. Auf dem Gefäßrumpf sind Zeichnungen gemalt. Nicht zwei gleichen sich, aber keiner von ihnen kann als zum Inka-Stil gehörig betrachtet werden. Das auf Seite 219 wiedergegebene Beispiel hat drei Trophäenköpfe auf einer Mittelfläche. Auf jeder Seite sieht man Pumas im Profil, die eine Schlange mit einem Menschenkopf halten. Der Hals des Kruges stellt offensichtlich ein Kopfband dar. In der Mitte sieht man eine entartete Form des wohlbekannten Nazca-Lilien-Motivs von Seite 210. Wir finden es nicht seltsam, daß Gefäße für zeremoniellen Gebrauch im Tempel jahrelang aufbewahrt und schließlich zusammen mit Gegenständen einer viel späteren Periode gefunden wurden. Ein anderer Krug ist mit einem Affen in der langgezogenen Form, die nur auf späten Nazca-Töpferwaren zu sehen ist, verziert. Auf verschiedenen Gefäßen stellten wir Tiahuanaco-Küstenstilzüge fest wie Puma- und Kondorköpfe im Profil, senkrecht unterteilte, zweifarbige Augen, dreifingerige Hände, N-förmige Eckzähne und tränende Augen.
Peruanische Kamele einschließlich der Haustiere Alpaka und Lama gedeihen besonders im kühleren Gebirgsklima, wurden aber ebensogut an der Küste verwendet. Sie sind in den Mochica-, Chimu-, Nazca- und Paracas-Stilen dargestellt. Auch sind sie auf Gefäßen mit Bildwerk aus der Zeit des Tiahuanaco-Küstenstils zu sehen. In verschiedenen Stellungen, stehend, liegend, weidend und scharrend, werden sie dargestellt. Ein Gefäß ist wie ein Lama-Schädel geformt und anatomisch sehr genau modelliert. Das auf Seite 220 gezeigte stehende muntere und anmutige männliche Lama ist eine der größten dieser Figuren. Es dürfte dem in dem spanischen Inventarverzeichnis des Inka-Schatzes erwähnten goldenen und silbernen „Schaf" ähnlich sein.
Die Grundlage einer guten Webarbeit ist gutes Spinnen, denn eine ausgezeichnete Garnqualität ist die beste Garantie für gutes Tuch. Textilexperten stimmen darin überein, daß der vollkommene Faden nicht gesucht zu werden braucht; lange vorher wurde er in Peru bereits hergestellt. In der Regelmäßigkeit des Zwirnens und dem so erhaltenen gleichmäßigen Durchmesser des Garns waren die peruanischen Frauen der besten

DETAIL EINES WANDBEHANGS - KÜSTENSTIL VON TIAHUANACO. CHICAGO, ART INSTITUTE.

Spinnmaschine von heute überlegen. Der moderne mechanische Webstuhl erhöht wohl den Produktionsdurchsatz, verbessert aber nicht die Qualität des Gewebes. Die Wandbehänge im Tiahuanaco-Küstenstil sind wegen ihrer harmonischen Farben und der ausgezeichneten Webarbeit berühmt. Sie sind mit Baumwollkette und Vicuña-Wolle-Schuß, der besten tierischen Faser, angefertigt, und zwar mit 2500 pro Zoll. Ein vor mehreren Jahrhunderten gewebter Wandteppich hat durchschnittlich 20 Ketten und 85 Schuß pro Zoll. Wandbehänge im Tiahuanaco-Küstenstil wurden analysiert, die 40 bis 50 Ketten pro Zoll und die unglaubliche Zahl von 200 bis 300 Schüssen pro Zoll aufweisen. In kleineren Bezirken wurden sogar 500 Schuß pro Zoll gezählt. Die Wandbehänge der Inkas unterscheiden sich von ihnen nur im Muster, sonst sind sie von gleich guter Qualität. Beim Vergleich der Handwerkskunst der beiden Kontinente müssen wir betonen, daß in der Neuen Welt leichter mit Fasern umgegangen werden konnte, während in der Alten Welt technische Entwicklungen in andern Industrien, besonders die Herstellung metallener Schneidwerkzeuge und Waffen, wie überhaupt alles, was mit Metallurgie zusammenhängt, fortgeschrittener waren.

Die Muster auf den Textilien im Tiahuanaco-Küstenstil beruhen auf der klassischen bolivianischen Skulptur, aber nur ein Experte wird in vielen Fällen voll erfassen können, daß sie mehr als reine Gedankenbilder sind. Der auf Seite 222 gezeigte Wandbehang weist in jedem Feld einen Auszug des wohlbekannten Pumamotivs auf. Was auch immer die symbolische Bedeutung dieses Tieres sein mag, sein Wesentliches wird durch ein zweifarbiges, unterteiltes und tränendes Auge, durch ein eckiges S-förmiges, Maul und Zähne darstellendes Element und, von einer diagonalen Linie abgeschnitten, einen den Körper andeutenden stufigen Schnörkel bewahrt.
Die Archäologen unterteilen die Kunstperiode des Tiahuanaco-Küstenstils in zwei oder mehr Phasen. Wahrscheinlich begannen sie sehr schnell. Das endgültige Abklingen und die Verschmelzung mit neuen örtlichen Kunstschulen muß für jedes Küstental besonders bestimmt werden. Bis jetzt sind keine Daten bekannt. Das ganze Tiahuanaco-Phänomen können wir in der Feststellung zusammenfassen, daß in der Neuen Welt nirgendwo ein Einfluß in der Kunst derartige Ausmaße erreichte. Wie, wann und warum bleibt ein archäologisches Problem, das vielleicht niemals ganz gelöst werden wird.

DIE INKAS

Die Inkas waren eine Dynastie unbedeutender Führer, die jahrelang zu kämpfen hatten, um sich in der Nachbarschaft von Cuzco zu behaupten. Ein Jahrhundert vor der Ankunft der Spanier in Peru begannen die Inkas überall dort ständige Besatzungen zu lassen, wo immer ihre Truppen Siege errangen. Innerhalb von vier Generationen hatten sie so ein Reich errichtet, das sich von Kolumbien bis nach dem südlichen Mittelchile und dem nordwestlichen Argentinien ausdehnte. Ferner hatten sie ihm eine feste Gesellschaftsordnung auferlegt und in ihm Verbindungsmöglichkeiten geschaffen, die ihnen erlaubten, ein weit ausgedehntes, vielsprachiges Gebiet zu beherrschen, das niemals weder vorher noch nachher eine politische Einheit gewesen ist.
Die Ausbreitung der Inkas vollzog sich nicht ohne harte Kämpfe, aber sie war auch von schlauer Diplomatie begleitet. Viele von Feinden bedrängte oder auf niedrigerer Kulturstufe stehende Stämme schätzten die von den Inkas angebotenen wirtschaftlichen Vorteile und die militärische Sicherheit und unterwarfen sich daher freiwillig. In militärischer Hinsicht hatten die Inkas einen großen Vorteil gegenüber der höher entwickelten Bevölkerung in den Küstentälern, da sie von rückwärts angreifen und den Wasserzufluß zur lebensnotwendigen Bewässerung abschneiden konnten.
Unsere Beschreibung der Inka-Herrschaft ist weitgehend spanischen Quellen entnommen, die sich in der Hauptsache für die überwundene militärische und politische Macht interessierten. Wir wissen sehr wenig über die Völker, die freiwillig oder gewaltsam dem Inka-Reich einverleibt wurden. Offensichtlich fanden jedoch Aufstände statt, deren Einzelheiten wir nicht kennen. Pizarro kam gerade nach einem erfolgreichen Umsturz an. Der legitime Herrscher Huáscar war von seinem Halbbruder Atahualpa besiegt und gefangengenommen worden. In der Auffassung gründete sich die

Oberherrschaft der Inkas auf ihre Abstammung von Sonne und Mond. In der Tat leitete sich ihre Macht jedoch von einem fortgeschrittenen Wirtschafts- und Regierungsaufbau und von der Schaffung schneller Verbindungen ab, die einer normalen Verwaltung förderlich waren und ein schnelles Zusammenziehen militärischer Kräfte notfalls erlaubten. Es war das einzige echte, jemals im ursprünglichen Amerika geschaffene Reich, das die besiegten Völker in seinen Bau auf die Dauer einordnete.

An der Spitze des Systems stand der herrschende Inka mit absoluter Gewalt, der zu Lebzeiten als Gottheit verehrt wurde. Bei späteren Regierungen war seine Schwester die Königin, um das Inka-Blut vollkommen rein zu halten. Jedoch hatte er viele Nebenfrauen, deren Kinder eine neue königliche Sippe oder *ayllu*, einen erblichen Adel, bildeten. Hohe Beamte waren reiner Inka-Abstammung, während Beamte niederen Ranges aus der königlichen Sippe kamen. Das Reich dehnte sich so schnell aus, daß aus den Führern, die sich freiwillig unterworfen hatten, eine erbliche Klasse bevorrechtigter Inkas geschaffen wurde, um eine genügende Anzahl von Beamten zu haben. Die Bevölkerung war in Familiengruppen von 10 000 bis 100 eingeteilt, von denen jede durch einen adligen Inka regiert wurde. Kleinere Einheiten von 10 bis 50 Familien wurden nichterblichen Beamten unterstellt. Die gesamte Bevölkerung wurde auch in Altersgruppen eingeteilt, von denen jede angemessene Aufgaben und Pflichten zu erfüllen hatte. So war jedem einzelnen eine Beschäftigung zugeteilt: Landbearbeitung, öffentliche Arbeiten, Bergbau usw., außerdem wurden Spezialisten herangebildet wie Metallarbeiter oder Weber.

Dieses System arbeitete gut, denn es sorgte für den einzelnen, die Regierungsbeamten und die Tempel. Um es in gang zu halten, war ein Rechensystem nötig, das mit einer als *quipu* bezeichneten Vorrichtung durchgeführt wurde. Sie bestand aus einer Hauptkordel, an der geknotete Schnüre verschiedener Farbe und Dicke befestigt waren. Der Bedeutung nach war jede Schnur vermutlich eine rein persönliche Angelegenheit, denn die *quipus* wurden oft mit dem Toten beigesetzt. Die Knoten bildeten ein auf Dezimale und Stellenbezeichnung aufgebautes Zahlensystem. Sie wurden nach der Art des sogenannten „Henkersknotens" gebildet; die Zahlen von 1 bis 9 wurden durch die Anzahl der Windungen eines jeden Knotens angezeigt. Höhere Einheiten, Zehner, Hunderter, Tausender usw. wurden durch die Lage eines Knotens im Verhältnis zu ausgestreckten Fingern, Hand und Arm bestimmt. Dieses System ist nicht vigesimal wie das von den Maya und andern mittelamerikanischen Völkern verwendete. Es enthielt keine visuelle Methode, Null auszudrücken, aber nichtsdestoweniger konnten sehr große Zahlen aufgezeichnet werden.

Wahrscheinlich verwendeten die Inkas auch irgendein Längenmaß, es konnte jedoch nicht ermittelt werden. Peru war das einzige Gebiet der Neuen Welt, in dem Waagen benutzt wurden. Sie bestanden aus schöngeschnittenen, kleinen Balken aus Holz, Knochen oder Metall mit an jedem Ende angehängten Netzen oder kleinen Schalen. Versuchsweise wurde die Gleichartigkeit eines Gewichtssystems festgestellt, das nach der Eroberung abgeändert worden war, um es der spanischen Geldwährung, in der die Tribute bezahlt wurden, anzupassen.

Die Aufrechterhaltung des Inka-Reichs hing von den Straßen, von denen viele früheren Datums waren, ab. Sie wurden in zwei großen, nördlich und südlich parallel laufenden Systemen vereinigt, die durch zahlreiche Querstraßen verbunden waren. Da das Rad noch nicht erfunden worden war, war keine große Straßenbreite nötig. An der Küste warf der Bau einige Probleme auf; an vielen Stellen waren sie oberhalb des Bodenniveaus angelegt, und zwar besonders in der Nähe von Zeremonienzentren wie Pachacamac. Die Hauptgebirgsstraße von der Grenze von Ecuador und Kolumbien durch Quito und Cuzco zum Titicacasee, wo sie nach Argentinien und Chile abzweigte, war eine schwere Aufgabe für die Ingenieure. Zur Überquerung der Gebirge mußten manchmal Tunnel und Stufen in den lebenden Fels gehauen werden. Reißende Ströme verlangten Brücken. Einige waren aus Balken oder Steinplatten nach dem Prinzip der von den Maya verwendeten Kragsteingewölbe gebaut. Andere waren durch große Seile aus Pflanzenfasern getragene Hängebrücken mit Holzböden und als Geländer dienenden Seitenseilen. Die Unterhaltung war ein ernstliches Problem, da die Seile faulten und häufig erneuert werden mußten. Zur Zeit der kolonialen Herrschaft fand man nirgendwo etwas Besseres, und die berühmte Inka-Brücke über die Apurimac-Schlucht wurde noch bis vor weniger als einem Jahrhundert benutzt. Mehrere derartige Hängebrücken sind zum Beispiel in Costa Rica noch in Benutzung.

Das Reisen war nur auf die Erledigung von Regierungsgeschäften beschränkt; der Straßendienst war gut organisiert. In häufigen Zwischenräumen standen auf jeder Straßenseite einige Häuser, wo die *chasqui* genannten Läufer darauf warteten, Botschaften weiterzubefördern. Alle paar Kilometer gab es Gasthöfe, die auch als Lagerhäuser dienten. Hohe Beamte und die Inkas reisten in Sänften. In jeder Provinz wurden vollständig eingerichtete Paläste für die Bequemlichkeit des Herrschers errichtet. In einem dieser befand sich ein rundes, mit Salzwasser gefülltes Schwimmbecken, das in Krügen vom Meer heraufgetragen worden war.

Aus politischer Klugheit erlaubten die Inkas den besiegten Völkern oft, wie bisher weiterzuleben und ihre eigenen Götter zu verehren. Für die Staatsreligion wurden jedoch Sonnentempel in allen wichtigen Zentren errichtet.

Die Inka-Herrscher wurden Herr über alle in ihrem Gebiet hergestellten Erzeugnisse; denn unter ihren Untertanen waren viele gute, in den örtlichen Cuzco-Stilen arbeitende Handwerker. Wo immer Inka-Truppen marschierten und besonders dort, wo Garnisonen eingerichtet wurden, kann man erwarten, daß Artefakten im Inka-Stil auftauchen. Obgleich die Inka-Besatzung nur kurzfristig war, hatte doch schon die Aufnahme örtlicher Stile und eine Vermischung mit ihnen begonnen.

Die Inka-Herrscher verehrten die Sonne und den Mond, die sie als ihre Ahnen ansahen, und sie verlangten deshalb als Tribut das gesamte Gold und Silber ihres Gebietes, das diesem göttlichen Paar als Symbol entspricht. Diese Zusammenballung und Kontrolle des Reichtums ermöglichte es den Spaniern, den großen Schatz aus dem Lösegeld des gefangenen Kaisers Atahualpa und der Beute von Cuzco an sich zu reißen. Sobald ein Kaiser gestorben war, wurden die Räume, in denen er in seinem Palast in Cuzco geschlafen hatte, mit ihrer gesamten kostbaren Einrichtung versiegelt.

SILBERNE INKA-PUPPE AUS CERRO PLOMO (CHILE) - (H. 18 CM). SANTIAGO DE CHILE, MUSEO NACIONAL DE HISTORIA NATURA

SILBERNES INKA-LAMA MIT GOLDBELAG - (H. 23 CM). NEW YORK, AMERICAN MUSEUM OF NATURAL HISTORY.

INKA-VASE IN DER STANDARD ARYBALLOS-FORM - (H. 112 CM). PHILADELPHIA, UNIVERSITY MUSEUM.

Sein mumifizierter Körper wurde im Sonnentempel aufgebahrt. Seine goldene Statue blieb jedoch in seinem Palast und wurde von einem zahlreichen Gefolge so bedient, als wäre sie lebend. Starben diese Diener, wurden sie durch ihre Nachkommen ersetzt, die vom Staat unterhalten wurden. Der neue Herrscher mußte sich selbst einen neuen Palast in Cuzco bauen und den Schatz für seine Einrichtung zusammentragen.

Nach der Eroberung Mexikos wurden nicht nur Gold und Silber nach Spanien gesandt, sondern auch viele Artefakten, die als Beispiel für das technische Geschick und die künstlerische Höhe des Landes dienten. Von Peru hingegen wurden anscheinend nur Gold und Silber verschickt; das vorliegende Inventarverzeichnis über das Fünftel für den König gibt einen leichten Einblick. Es wurden 30 goldene Krüge, von denen jeder ein durchschnittliches Gewicht von 45 Pfund hatte, und 28 goldene Statuen von Männern, Frauen und „Schafen" (Lama) mit einem Durchschnittsgewicht von 40 Pfund aufgeführt. Zu dem Silber, das kunstvoller bearbeitet war als das Gold, gehörten drei „Schafe" und ein Hirte, zwölf Frauen und 29 Silberkrüge. Acht dieser großen Silbergefäße kamen an den spanischen Hof und wurden wie alles andere eingeschmolzen. Es gibt von ihnen keine bekannte Beschreibung, und möglicherweise sah sie Karl V. niemals.

Erhalten gebliebene Stücke der Gold- und Silberschmiedekunst der Inkas sind weder zahlreich noch in Größe und Geschicklichkeit hervorragend. Dennoch war die Anhäufung von Edelmetallen in den Händen der königlichen Familie beispiellos und setzte die Spanier instand, sich einen großen Schatz anzueignen. Sie erleichterte auch den Transport und das erfolgreiche Verbergen des zusammengerafften Reichtums aus Tempeln und Palästen, die wahrscheinlich viel enthielten, was von den Eingeborenen als künstlerisch und technisch besonders wertvoll betrachtet wurde.

Auf Seite 226 geben wir eine silberne Puppe wieder, die in einem für ihre Größe gewebten Mantel eingehüllt war. Sie lag zusammen mit dem Kind eines Inka-Beamten, der durch Aussetzen auf einer Bergspitze in Mittelchile geopfert worden war. Es ist interessant, daß diese hohle silberne Figur durch Zusammenfügen gehämmerter dünner Metallbleche geformt worden ist. Diese Technik wurde von Chavin-Handwerkern vor der christlichen Ära entwickelt. Daß sie wahrscheinlich während 2600 Jahren weiterverwendet wurde, ist charakteristisch für die konservative Einstellung der peruanischen Kunst.

Das Silberlama auf Seite 227 ist ein kompakter Guß. Trotz des konventionellen zylindrischen Körpers ist die muntere, für dieses Tier charakteristische Stellung (auch auf S. 220 gezeigt) festgehalten worden. Der Künstler schnitzte sein Wachsmodell, so daß viel von der Wolldecke, die den Rücken und den Umfang bedeckt, eingesunken war und mit Farben aufgefüllt werden konnte. Silbersterne ragen aus der Oberfläche hervor und bilden ein Muster. Die Seiten dieser Decke werden durch ein schmales, eingelegtes goldenes Zickzackband umrissen. Ein letztlicher Ausdruck technischer Virtuosität sind die winzigen goldenen Zehennägel. Die Größe der nach Spanien gesandten Statuen und Gefäße spiegelt der große Silberkrug auf Seite 192; diese kleine Figurine veranlaßte den phantasielosen Verfasser des offiziellen Inventarverzeichnisses zu der Bemerkung, daß das Silber besonders „künstlerisch bearbeitet" sei.

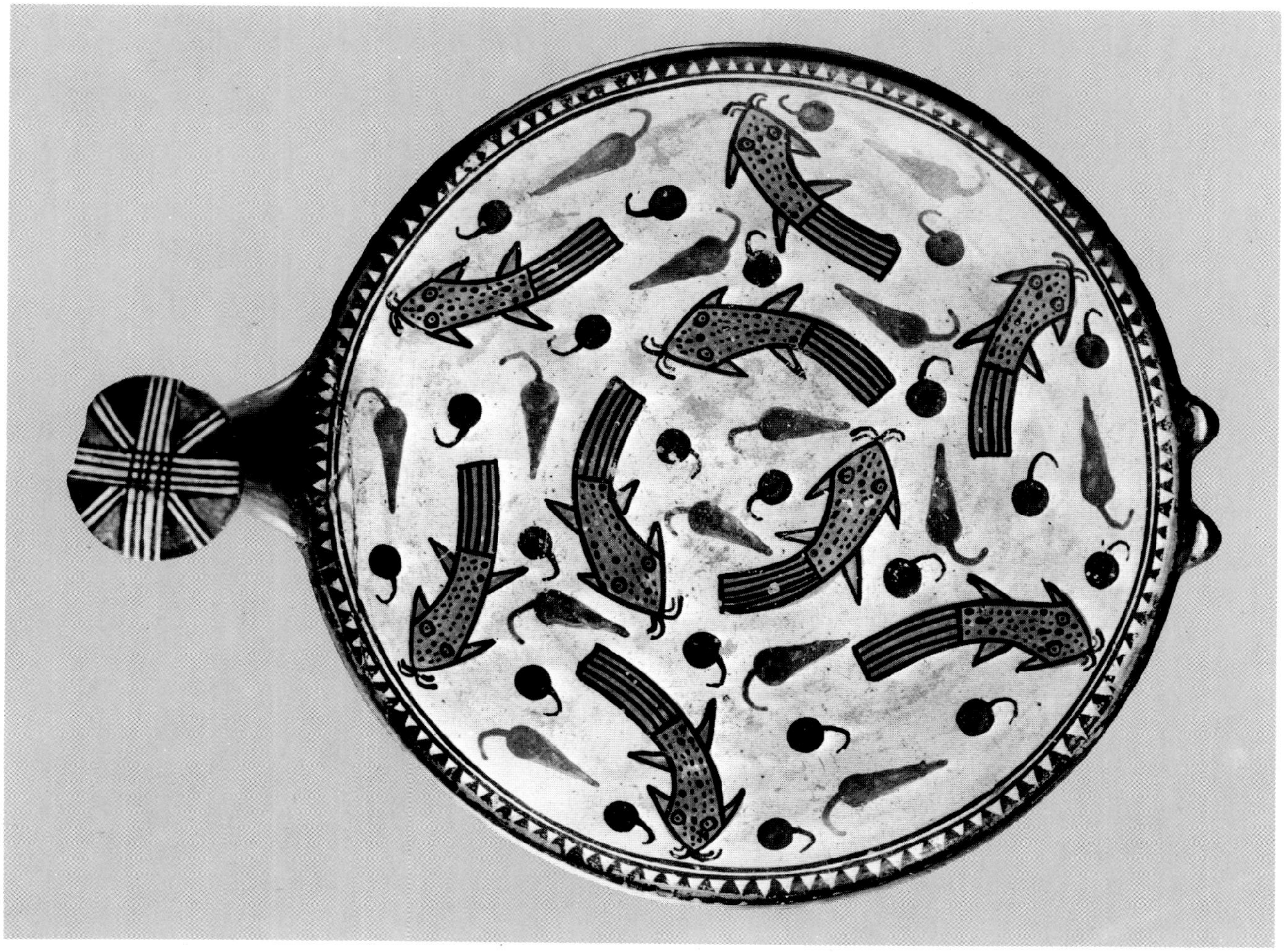

INKA-SCHALE - (DURCHMESSER: 24 CM). CHICAGO, ART INSTITUTE.

Die Töpferwaren der Inkas sind von ausgezeichneter Qualität, gut gebrannt und hart. Die Hauptformen bestehen aus kleinen Schalen (oben) und Vasen mit großen glitzernden Hälsen und einem konischen Unterteil (S. 228). Die Inka-Textilien, besonders in Art der Wandbehänge angefertigte Hemden, zählen mit zu den schönsten Webarbeiten (S. 231). Ein technischer Fortschritt in der Metallurgie war das Einlegen eines Metalles in ein anderes. Vielleicht noch wichtiger war die Ausbreitung der Verwendung von Bronze und die Schaffung geeigneter Kupfer-Zinn-Legierungen zur Verwendung für Werkzeuge mit scharfen Schnittflächen und zu sauberen Güssen für Verzierungen.

Die Inkas fertigten keine großen Holz- oder Steinstatuen an, aber sie schnitten kleine Gegenstände wie Steinschalen, Lamafiguren, sterngeformte Schlagstockköpfe. Sie waren jedoch ausgezeichnete Maurer und Steinschneider. Wir erwähnten schon ihr großes Straßensystem. Weiterhin bauten sie Ackerbauterrassen und Wasserleitungssysteme zur Bewässerung und für den Hausgebrauch. Sie errichteten auch eine erstaunliche Anzahl an Regierungs- und öffentlichen Gebäuden wie Paläste, Tempel und Festungen. Diese bestanden in den Küstentälern aus Luftziegeln, aber in den Gebirgsgegenden von Ecuador bis Argentinien aus behauenen Steinen.

INKA-PONCHO, VON DER TITICACA-INSEL (BOLIVIEN) - (76×96,5). NEW YORK, AMERICAN MUSEUM OF NATURAL HISTORY.

Der Ruf der Inka-Maurerarbeiten ist voll und ganz berechtigt, weil sie mit Ausnahme des klassischen Tiahuanaco-Stils in der Neuen Welt unerreicht waren. Es gibt mehrere Stile, die nach früherer Auffassung nacheinander aufgetreten sein sollen, jetzt aber als gleichzeitig angesehen werden. Sorgfältig zugerichtete Steinblöcke wurden in Gänge gelegt, manchmal mit einer glatten Außenfläche — manchmal mit einer leichten Ausbauchung auf der Außenseite, wodurch eine gefällige Licht- und Schattenwirkung hervorgerufen wurde. Polygonales Mauerwerk besteht aus eckigen Blöcken besonderer Formen, von denen jeder so bearbeitet wurde, daß er in die ihm zugeteilte Stelle paßte. Diese Art des Mauerwerks trifft man bei Hauswänden an, aber öfter noch unter Verwendung großer Blöcke bei terrassenförmigen und Grundmauern. Sacsahuaman, die große dreirängige Inka-Festung an der Grenze von Cuzco, ist wegen ihres polygonalen Mauerwerks berühmt; einige ihrer Steine sind etwa 6 m groß.
Wir sind wenig über das Aussehen und die Inneneinrichtung der großen Inka-Gebäude unterrichtet. Die Mauern waren 4,50 bis 6 m hoch; die Giebeldächer wurden durch große Holzbalken gestützt, die mit einem dicken Strohdach bedeckt waren. Trapezförmige Toreingänge und Nischen waren das hauptsächliche architektonische Merkmal. Der als *Coricancha* bekannte Sonnentempel in Cuzco (der Goldene Hof) besaß ein zweihandbreites, die Außenwände umgebendes goldenes Band und ein breiteres um den Innenhof herum. Nach der Eroberung wurden sie durch Stuck ersetzt. Teile dieses Gebäudes sind heutzutage einer Dominikanerkirche einverleibt. Anscheinend bestand es aus einer Reihe von Kapellen und wies keine großen Räume auf, dennoch sollen einige der Paläste Hallen enthalten haben, die bis zu 60 × 200 Schritt groß waren. Es leuchtet ein, daß die Spanier derartige Gebäude nicht gebrauchen konnten. An den Straßen in Cuzco stehen heutzutage noch äußere Mauern aus der Inka-Zeit; das Innere wurde jedoch zerstört. In mehreren Fällen waren den siegreichen Spaniern so große Wohnsitze zugewiesen worden, daß sie unter mehrere einzelne aufgeteilt wurden.
Wie zu erwarten, standen die imposantesten Inka-Gebäude in Cuzco, der ehemaligen Hauptstadt, und ihrer Umgebung. Trotzdem dieses Gebiet bald von Europäern bewohnt wurde, die die Inka-Bauten in der Hauptsache als Steinbrüche benutzten, ist heute noch viel vorhanden. Vor einem halben Jahrhundert war eine überraschende archäologische Entdeckung die jetzt als Machu Picchu bekannte verlassene Inka-Stadt. Sie zieht sich an einem 1600 m hohen und an drei Seiten von dem Urubamba-Fluß umgebenen Bergkamm entlang. Von dort hat man einen herrlichen Blick auf die umliegenden Berge. Die Spanier kannten diese Stadt gar nicht. Ihre Mauern bestanden aus dem schönsten Inka-Mauerwerk; die Ausgrabungen brachten verschiedenartige Artefakten reinen Inka-Stils ans Licht, jedoch keinen Edelmetallschatz.
Machu Picchu ist ein archäologisches Juwel, aber es bleibt ein Rätsel. Es bestehen keine Anzeichen, daß es jemals erobert und geplündert wurde. Auch liegen keinerlei Anhaltspunkte dafür vor, warum oder wann seine Bewohner ihre Sachen zusammenpackten und abzogen. Große Gebiete in den peruanischen Anden sind auch heute noch ganz unbekannt. Wenn sie einmal erforscht sein werden, geben sie uns hoffentlich Einblicke, die uns das Leben in der Vergangenheit enthüllen.

SCHLUSSWORT

Man kann sich nur darüber wundern, was die Zukunft den Azteken und den Inkas, den beiden wichtigsten politischen amerikanischen Mächten des 16. Jahrhunderts, bescherte. Beide wurden von einer Eroberungsflutwelle getragen; beide hatten den Keim der Selbstzerstörung in sich. Die Inkas schufen ein großes Reich und eine Organisation, um es zu beherrschen, aber ein Bürgerkrieg zerbrach die Stetigkeit der Regierungen, so daß die nächste Zukunft nicht überschaubar war. Die Azteken waren anscheinend im Begriff, ihre Eroberungen durch die Errichtung von ständigen Besatzungen zu festigen, aber sie mußten erst noch ein vereinheitlichendes Regierungssystem schaffen. Feindliche Nachbarn bedrohten sie. Hätte ein eingeborener Führer diese einigen können, um die Azteken zu überwältigen, oder aber hätte sich einer nach dem andern den Aztekenheeren ergeben?

Blickt man weiter zurück in die Vergangenheit, enthüllen archäologische Funde das Auf und Ab sich unterscheidender Kunststile, wobei die von größerer Bedeutung sowohl hinsichtlich der geographischen Verteilung als auch der Lebensdauer aus Mexiko, Peru und den benachbarten Gebieten stammen. Wir können nicht erklären, welche Kräfte etwa den Chavin- oder Olmeken-Stil, die beide anscheinend ohne Vorläufer waren, aufkommen ließen. In einigen Fällen wie in Teotihuacan deutet alles auf eine Zerstörung durch Feuer und Schwert hin, in andern hingegen wie beim Nazca-Stil können innerer Zerfall und Zersetzung den Weg für die nachfolgenden Tiahuanaco-Stile bereitet haben. Was das Ende mancher Stile einschließlich des der klassischen Maya-Kultur herbeiführte, ist reine Mutmaßung. Die Aussichten auf ein Überleben der Azteken- oder Inka-Kulturen waren durch die wiederholte Ausmerzung älterer Kulturen keinesfalls besser geworden.

Ein Vergleich der Kunst der Alten Welt mit der der Neuen ist kaum angebracht, da die Art und Weise der Betätigung, der Symbolismus und die Schönheitsideale zu weit voneinander entfernt sind. Über das technische Geschick kann jedoch vergleichsweise etwas ausgesagt werden. Die ureingesessenen Amerikaner bauten normalerweise eher Gemeinde-Zentren oder Kultstätten denn wahre Städte mit geballter Besiedlung.

Tenochtitlan, die Hauptstadt der Azteken, soll indessen 300 000 Einwohner, Wasserleitungen zur Versorgung mit Frischwasser und ein angemessenes sanitäres System gehabt haben. Peruanische Wasserbauingenieure setzten zur Beförderung von Wasser in Häuser, Tempel und Festungen das Prinzip des umgekehrten Saughebers in die Praxis um. Peruanische und bolivianische Mauerwerksbauten aus einzelnen Steinen von mehr als 100 Tonnen Gewicht sind unübertroffen. Maya-Gebäude aus Kalkmörtel, die mit einer Schicht behauener Steine bedeckt waren, blieben im tropischen Dschungel jahrhundertelang erhalten.

Die Skulpturen der Neuen Welt, vom Lanzon der Chavin-Kunst bis zur Coatlicue der Azteken, stellen die geheimnisvollen, mißgestalteten, jedoch ehrfurchteinflößenden Götter symbolisch dar. Für europäische Augen haben indessen die kleinen, die zeitgenössische Welt darstellenden Skulpturen einen ausgesprochenen Reiz. Maya-Figurinen, kleine Schnitte der Azteken, Porträts und Tierfiguren der Mochica sind hervorragend. Die Bemalung beschränkt sich auf Wände und Tongefäße. In Teotihuacan sieht man in beiden Fällen religiöse Motive. In der Maya-Malerei werden weder die Entfernung durch Perspektive noch die Konturen durch Schatten angedeutet, doch wird der Körper in jeder Stellung, die durch einen Schattenriß dargestellt werden kann, wiedergegeben. Viertelansichten und die Andeutung einer Bewegung werden so möglich. Die Töpfer der Mochica wollten anscheinend ähnliche Wirkungen hervorrufen, aber es fehlte ihnen die Geschicklichkeit dazu.

Manche amerikanische Kunstformen erreichten eine bemerkenswerte Höhe. Durch die Art des Spinnens, die Dichte des Gewebes, die Verschiedenartigkeit in der Technik und den Glanz der Farben sind die Textilien unübertroffen. Die Metallbearbeitung lag in den Händen geschickter Handwerker. Eine hervorragende Leistung sind der Zweimetallguß von Gold und Silber sowie ein Verfahren zur Bearbeitung von Platin mehrere Jahrhunderte früher, als dies in Europa der Fall war. Steinschneider, besonders in Mexiko, schufen ausgezeichnete Jade-, Smaragd-, Kristall-, Onyx- und andere Halbedelsteinschnitzereien. Eine einzigartige, jetzt in Vergessenheit geratene Kunstfertigkeit in Mexiko war die Verwendung von Federn als Pigment. Einige in Madrid vorhandene Kopien europäischer Malereien enthüllen eine kaum zu glaubende Meisterschaft. Hingegen fehlten den amerikanischen Indianern die alltäglichen Merkmale zeitgenössischer europäischer Kultur. Haustiere wie Pferde, Ochsen und Schafe gab es nicht. Das Rad als Transportmittel war noch nicht erfunden. Noch wichtiger aber ist die Tatsache, daß alles, was mit Eisen und Stahl zusammenhängt, unbekannt war. Legierungen mit vergleichbarer Härte wie Bronze (Kupfer-Zinn) und *tumbaga* (Kupfer-Gold) wurden wohl seit Jahrhunderten hergestellt, jedoch erreichte ihre Verwendung zu Werkzeugen und Waffen niemals die volle Entwicklungshöhe. Die Neue Welt nahm indessen begierig die Erzeugnisse der Alten auf, die sich dann auf diesem Kontinent mit bemerkenswerter Schnelligkeit ausbreiteten.

Andererseits hatten die Europäer, abgesehen von dem vorhandenen Reichtum, wenig Interesse an Amerika. Nur zwei Italiener und ein Deutscher hinterließen eine niedergeschriebene Wertschätzung der nach Spanien gelangten mexikanischen Artefakten.

Zwei der Cortez'schen Schatzschiffe wurden von den Franzosen gekapert, doch wissen wir mit Ausnahme eines einzigen Gegenstandes, nämlich des großen, pyramidenförmigen Smaragdes Montezumas, der so groß war wie eine Handfläche, nichts von ihrer Ladung. Dieser Smaragd wurde den Kronjuwelen einverleibt und verschwand während der französischen Revolution.
Europäische Künstler zollten zuerst den Künsten anderer Kontinente Anerkennung, wobei ihnen ein ständig wachsendes Publikum folgte. Andere Länder wurden also vor Amerika anerkannt. Erst vor weniger als einem halben Jahrhundert zeigte das Museum of Fine Arts in Boston in einer Kunstausstellung Artefakten der Neuen Welt; wenige Jahre später folgte ihr der Burlington Fine Arts Club in London. Von diesen beiden Ausstellungen her rührt das ständig zunehmende allgemeine Interesse für das handwerkliche Geschick, die Kunst und die exotischen Schönheitsideale, die die Veröffentlichung dieses Bandes ermöglichten.

NAMEN- UND ORTSVERZEICHNIS

VERZEICHNIS DER ABBILDUNGEN

DIE MAYA

MITTELAMERIKA

PERU

INHALTSVERZEICHNIS

FERTIGGESTELLT UNTER DER TECHNISCHEN LEITUNG
VON EDITIONS D'ART ALBERT SKIRA S.A.

SKIRA

PHOTOLITHO: LITH-ART, BERN

DRUCK: FARBENDRUCK WEBER AG, BIEL

CIP-Kurztitelaufnahme der Deutschen Bibliothek

Lothrop, Samuel K.:
Azteken – Maya – Inkas: Kunst und Kultur in Mittel- und Südamerika / Text von Samuel K. Lothrop. (Aus dem Englischen von Charles Hofer.)
Stuttgart: Skira/Klett-Cotta, 1981.
Einheitssacht.: Treasures of ancient America (dt.).
Teilausgabe.

ISBN 3-88447-065-5

IN DER SCHWEIZ GEDRUCKT